Carmen Renate Köper
ZWISCHEN EMIGRATION UND KZ

EDITION **STEINBAUER**

Carmen Renate Köper

ZWISCHEN EMIGRATION UND KZ
Fünf Leben
Hermann Langbein
Viktor Matejka
Bernhard Littwack
Karl Paryla
Trude Simonsohn

EDITION **STEINBAUER**
Wien 2008

Dieses Buch entstand mit Unterstützung durch:
Die Kulturabteilung der Stadt Wien, Wissenschafts- und Forschungsförderung
Das Bundesministerium für Wissenschaft und Forschung in Wien

Bibliografische Information der Deutschen Bibliothek
Die Deutsche Bibliothek verzeichnet diese Publikation in der Deutschen
Nationalbibliografie; detaillierte bibliografische Daten sind im Internet über http://dnb.ddb.de abrufbar.

Edition Steinbauer
Alle Rechte vorbehalten
© Edition Steinbauer GmbH
Wien 2008
Redaktion: Reingard Grübl-Steinbauer
Druck: Druckerei Theiss GmbH
Printed in Austria

ISBN: 978-3-902494-29-0

INHALT

- 7 **Einführung**
  Menschen, die ich nie vergessen werde!
- 15 **Hermann Langbein**
  Schreiben um zu überleben
- 57 **Viktor Matejka**
  Erinnerungen für die Zukunft
- 83 **Benko und Eva Littwack**
  Der lange Weg nach Frankfurt – 20 Jahre auf der Flucht
- 115 **Karl Paryla**
  Keine Helden – aber Menschen, die man nie vergisst!
- 159 **Trude Simonsohn**
  Warum hab' ich überlebt?

- 204 Personenverzeichnis
- 207 Publikationen der Gesprächspartner
- 207 Bildnachweis

EINFÜHRUNG

Menschen, die ich nie vergessen werde!

Vor vielen Jahren, beim Betrachten alter Fotoalben, fiel es mir auf und ich erschrak. Auf einem Weihnachtsbild strahlte am schwarzen Anzug meines Vaters das Parteiabzeichen der NSDAP. Daneben stand ich – ein kleines Mädchen, das in einem mörderischen Regime aufwuchs. Eine heile deutsche Familie unter dem Weihnachtsbaum. Geprägt von der Schule mit morgendlichem „Heil Hitler! Frau Lehrerin" bis zu den geliebten Jungmädeltreffen, so wuchs ich auf. Da wurde im Chor gesungen und bis heute sind mir Texte und Melodien von unzähligen fanatischen Liedern im Kopf. Der Einsatz als Schülerin an der Westfront schuf Freundschaften über viele Jahre hinweg, aber schließlich auch das Bewusstsein, auf der Seite der Verlierer zu stehen. Das Herz und mein Verstand haben sich lange dagegen gewehrt – aber die Prägung dieser Jugendjahre ist nicht zu leugnen.
Und dann war der Krieg zu Ende, war ein Regime zu Ende, das in gewisser Weise auch mein Leben nachhaltig beschädigt hat.
Und es brach das große Schweigen aus. Es war nicht opportun, darüber zu sprechen, was geschehen war. Es wird so gerne betont, dass nach dem Krieg jeder mit sich selbst beschäftigt war, dass man gehungert hat und der Wiederaufbau alle und alles in Anspruch nahm. Ich habe – wenn auch sehr jung – erlebt, in welcher Weise man nach dem Krieg einfach darüber hinwegging, was geschehen war in den zwölf Jahren Diktatur. Der Krieg war aus, und das Naziregime hatte ein unrühmliches Ende gefunden. Jetzt wurde nicht mehr mit „Heil Hitler" gegrüßt! Alle, die vorher die Hand hochgehoben hatten, hielten sie nun nicht mehr hoch und waren plötzlich ganz andere Leute. Die Hitlerbilder verschwanden auch in unserem Haus, die Hakenkreuzfahnen, die bei jeder möglichen Gelegenheit aus den Fenstern gehangen wurden, waren plötzlich nicht mehr da. Das hat natürlich nicht nur die Täter verstummen lassen, auch die Opfer, die noch unter uns weilten, wagten nicht sich zu äußern. Heute berichten uns Menschen, die alle Schrecken überstanden hatten, dass sie nicht einmal den eigenen Kindern von ihren Erlebnissen erzählen wollten. Dazu kam auch, dass die jüdischen Menschen, die aus den KZ kamen oder aus der

Emigration, nach dem Krieg kaltgestellt wurden, weil man nicht daran erinnert werden wollte, was man vielleicht selbst versäumt hatte. An Hilfeleistung! An Mut! An Mitgefühl!
Heute frage ich mich: wann begann meine Bewusstseinsveränderung? Durch das Theater, das mir schon mit vierzehn Jahren als einzige Berufsmöglichkeit vorschwebte? Die Konfrontation mit Literatur im Schauspiel ließ mich langsam aufwachen aus den unreflektierten Denkinhalten meiner Kindheit und Jugend.
Und dann begann ich mich zu informieren, zu forschen, zu lesen, zu fragen.
Ich las die Bücher von Hermann Langbein, von Eugen Kogon. Aber auch die Gedichte von Nelly Sachs, von Gertrud Kolmar.
Und dann die große Herausforderung für eine Schauspielerin! Eine Begegnung mit Paul Celan. Ich wurde 1964 bei der Verleihung des „Großen Kunstpreises des Landes Nordrhein-Westfalen" an Celan auserwählt, vor dem großen Dichter mehrere seiner Gedichte vorzutragen. Ich kannte den Gedichtband „Mohn und Gedächtnis" – die Todesfuge mit dem „goldenen Haar Margaretes und dem aschenen Haar Sulamiths", wurde zum greifbaren Anstoß. Ich las bei diesem Anlass nicht die „Todesfuge" – aber ich las sie immer wieder und war entschlossen, in einer mir angemessenen Weise tätig zu werden.

Meine Idee, Lebensläufe mit Filmen und Büchern zu dokumentieren, entsprang der Erkenntnis: Was aufgenommen und aufgeschrieben wird, ist nicht verloren. Als Quereinsteiger muss ich auch heute noch, nach vielen Jahren den Sendern danken, die mir die Arbeit, Filme über Holocaustüberlebende, über Zeitzeugen zu machen, ermöglicht haben. Denn ich habe nicht nur aus Altruismus gehandelt!
In vielen Gesprächen im Rahmen dieser Filmarbeiten für das deutsche Fernsehen haben sich Menschen mir anvertraut. Meine Protagonisten hatten die Kraft und auch den Mut auszusagen, stellvertretend für die vielen, die nicht mehr berichten konnten.
Sie haben sich geöffnet, sich erinnert, geredet, geweint, und sie haben mich tief beeindruckt und meinem Leben neue Richtungen gewiesen. Auch neue Einsichten verschafft und mich bereichert. Bewundernswert war die Offenheit, mit der alle Beteiligten erzählten. Beim Lesen der Gesprächsprotokolle musste ich mich beschämt als Ausbeuter erkennen, der in Lebensbereiche eindrang, die mich ganz persönlich auch betrafen. Ich versuchte, meine Erinnerungen mit denen meiner Gesprächspartner zu vergleichen. Zeiträume parallel zu betrachten, ergab für mich die Tatsache: hier stehen sich Täter und Opfer gegenüber. Aber diese Opfer, diese Menschen, die ich nie

vergessen werde, waren ohne Vorbehalte. Mit einigen von ihnen blieb eine Verbindung bestehen – Freundschaften entstanden, für die ich dankbar bin.

So verschieden diese fünf Menschen sind, die mir ihre Lebensgeschichte erzählt haben, so verbindet sie doch etwas Wesentliches. Sie waren Überlebende. Überlebende eines Schreckensregimes.

Aber es verbindet sie noch mehr, alle waren – unabhängig von ideologischen Festlegungen – überzeugte und vor allem tätige Antifaschisten.

Wir können uns nicht von dieser Vergangenheit lösen, auch wenn wir selbst weder handelnde Täter noch Opfer gewesen sind, sondern der nachfolgenden Generation angehören. Wir können nur auf eine friedliche Zukunft hoffen, wenn wir die Vergangenheit wirklich annehmen und daraus lernen. Hermann Langbein hat von „der Bürde der späten Geburt" gesprochen. Er hat auch gesagt: „meine Generation hat versagt" – das hat einen nachhaltigen Eindruck auf mich gemacht.

Das war das Motiv für mich, mich mit den Jahren dieses Terrorregimes, „von dem wir alle so wenig bemerkt hatten", auseinander zu setzen. Ich bedaure zutiefst, dass nie ein Gespräch zwischen meinen Eltern und mir über dieses Thema stattgefunden hat. In meiner Kindheit und Jugend war es nicht opportun, die Eltern zu befragen. Ich habe nie gefragt – wundert es uns, dass die Überlebenden des Holocaust auch geschwiegen haben? Ich wollte mit der Arbeit in meinen Filmen erreichen, Vergangenes zu dokumentieren, es für die Zukunft greifbar zu machen, um vielleicht einen kleinen Beitrag zu leisten, um zu verhindern, dass sich etwas wiederholt, was eine Nation und ein Jahrhundert schwer belastet hat.

Es gibt ein wunderbares chinesisches Sprichwort: „Wenn ein alter Mensch stirbt, verbrennt eine Bibliothek". Der Grundgedanke in meinen Filmen war, Lebensläufe, Biographien festzuhalten, Erlebnisse für die Nachwelt zu sichern, lebendig zu halten.

Erinnern und bewahren, das ist ein Auftrag für alle – ganz gleich auf welcher Seite sie standen –, die sich an die schrecklichen Jahre der Hitler-Diktatur erinnern können. Bald wird unsere Generation nicht mehr auf dieser Erde sein – so gilt es, alles, was noch möglich ist, zu sichern, zu bewahren.

Ich war, was diese Zeit anbelangt, durch meine Erziehung, durch mein Elternhaus sehr verunsichert. Auf der Suche nach mehr Wahrheit habe ich diese Menschen gefunden und habe sie befragt. Nicht um meine Neugier zu befriedigen, sondern um der Wahrheit näher zu kommen.

Es gibt noch viele unbeantwortete Fragen. Ich habe damals der Filmreihe die Überschrift gegeben: „Erinnern für die Zukunft" – als Zeichen dafür, was ich erreichen

wollte. Und mehr denn je scheint mir heute der Hinweis auf das, was Exil, Einwanderung und Ausbürgerung bedeutet, notwendig zu sein in unserer multikulturellern Welt. Wie viele Menschen gehen heute in ein mehr oder weniger „freiwilliges" Exil! Sei es aus politischen Motiven, oder aus Furcht vor schweren Strafen. In unseren Gesellschaften ist Einwanderung sehr gegenwärtig und als gesellschaftliche Tatsache nicht zu leugnen. Vergleiche hinken meistens, so auch hier, in Bezug auf die Exilanten des Dritten Reiches und die Flüchtlinge, die aus allen Ländern der Erde bei uns einwandern. Aber ein Blick zurück macht vielleicht toleranter.
Vergessen wir nicht, dass nach dem Krieg manchem Rückkehrer aus der Emigration ein verhängnisvoller Spruch vorgehalten wurde: „Ihr habt es doch gut gehabt in England, in Amerika! Wir hatten hier den Bombenkrieg zu ertragen!" Es ist für uns heute kaum nachvollziehbar, wie das Leben sich für Einwanderer in einem fremden Land gestaltet hat, mit welchen Schwierigkeiten die Vertriebenen zu kämpfen hatten, um sich in einem neuen Umfeld einzurichten. Welche bedrohlichen Zwangslagen in einem unbekannten Land – wo man ja immer auch nur geduldet war, dessen Sprache man oft nicht verstand – sich für die Fremdlinge auftaten. Fuß zu fassen, ein neues Leben aufzubauen, und in einem manchmal auch anderen Kulturkreis ein neues Zuhause einzurichten, kann man das als Außenstehender heute nachempfinden? Daran sollte gedacht werden, wenn wir selbstsüchtig die ausländischen Mitbürger als Eindringlinge sehen, die „unseren" Arbeitslosen die Stellen wegnehmen!

Das Ehepaar Littwack konnte sich die Emigration gar nicht leisten. Es fehlte an Geld und an Verwandten in Amerika, die bereit gewesen wären, mit einem Affidavit die Verpflichtung einzugehen, die Verfolgten zu beschützen und zu ernähren im fremden Land. Es war ein schwerer Schritt, ins Exil zu gehen, alles aufzugeben, was man sich in Deutschland aufgebaut hatte, was man erworben hatte. Sich in einem anderen Sprachraum zu behaupten, war eine große Herausforderung für Ärzte, Juristen oder gar für Schauspieler. Und das gelang im fremden Land auch oft nicht. Das Ehepaar Littwack hat die Chance wahrgenommen – nach dem Berufsverbot in Deutschland – im Spanischen Bürgerkrieg im geliebten Beruf zu arbeiten und man war glücklich, seine Arbeitskraft für eine wichtige Sache einsetzen zu können.
Der Vorwurf, der von vielen „Daheimgebliebenen" gegen die Menschen, die im Exil eine Lebensrettung sahen, formuliert wurde, hat mich bewogen, besonders auf Karl Paryla hinzuweisen, der mit seinem Exil, das für nicht Eingeweihte gar nicht so spektakulär klingt, den Schritt nicht nur in eine unsichere Zukunft getan hat. Er

hat seine Heimat aufgegeben, genau wie die Menschen, die über den großen Teich geflohen sind.

Karl Paryla hat das Glück gehabt, im Exil in seiner Muttersprache in der Schweiz weiterarbeiten zu können – immer mit dem Hintergedanken, eines Tages ein neues Theaterbewusstsein im Heimatland aufbauen zu können. Das Exil, das Paryla erlebte, war sicher nicht vergleichbar mit der Auswanderung nach Mexiko oder Amerika. Aber auch er musste alles, was er sich an Reputation oder an Besitz in Deutschland und Österreich erworben hatte, hinter sich lassen. Er und seine Kollegen am Zürcher Schauspielhaus mussten immer wieder mit der Kündigung ihrer Verträge rechnen. Ich möchte ausdrücklich betonen, dass das Exil für jeden, auch wenn er nicht existentiell bedroht war an Leib und Leben, ein sehr schwerer Schritt war. Dennoch war für viele Menschen das Exil der einzige Ausweg.

Was war mit denen, die nicht die Möglichkeit hatten zu fliehen aus der Hölle, die kein Affidavit bekamen?

Und die vielen anderen? Die Nichtverfolgten? Die daheim blieben?

Die tatenlos oder wohl eher auch hilflos zusahen, was neben ihnen geschah?

Die nicht nachfragten, wenn ein Nachbar plötzlich verschwunden war?

Die ans Fenster traten, wenn auf der Straße Schreie laut wurden – aber nicht zur Tür rannten, um zu helfen?

Die sich von ihren jüdischen Ehepartnern trennten, um keine Schwierigkeiten zu bekommen, um in Freiheit zu bleiben?

Was dachten die Schauspieler, die plötzlich ein wunderbares Engagement bekamen, weil jüdische Kollegen hinausgeflogen waren aus dem Ensemble?

Und die Intellektuellen? Die ja klüger sein sollten als die Masse der Menschen?

Ich habe sehr viel gelesen – ich habe mit sehr vielen Menschen gesprochen. Da tauchte dann immer wieder der Begriff auf: „Innere Emigration" – doch was war das eigentlich?

Die Definition dieses Begriffes ist eine komplizierte. Künstlern etwa half die „innere Emigration", im Dritten Reich zu überleben. Schriftsteller, Dichter, konnten trotz ihrer distanzierten Haltung dem Regime gegenüber, durch den Ausweg ins Privatleben, weiter arbeiten. Viele politisch Andersdenkende sahen eine Überlebenschance nur im Schweigen, im „Sich zurückziehen". In diesem Zusammenhang sollte man aber auch nicht die vielen Versuche vergessen, die sich unverhüllt gegen den Terror wandten und in einigen Fällen mit ihrem offenen Widerstand auch Erfolge erzielen konnten.

Die Frage „Emigration" und „innere Emigration" führten nach dem Krieg zu vielen kontroversen Diskussionen. Man muss verstehen, dass viele nicht die Kraft, den

Mut, oder das Geld hatten, sich dem mörderischen Regime durch Flucht zu entziehen. Nur so ist manches scheinbare „Mitläufertum" während des Dritten Reiches zu sehen und zu erklären. Nach dem Krieg erwarteten die zurückgekommenen Emigranten meistens nur Unverständnis und Schweigen. Für beide Seiten war es wohl sehr schmerzhaft, Freunden wieder zu begegnen, die aus dem Exil heimkehrten. Wurde man doch bitter an die eigenen Unterlassungssünden erinnert.

Meine Hinwendung, mein Interesse – vielleicht auch meine Schuldgefühle – haben mich mit meinen Interview-Partnern verbunden.
Aber auch untereinander gibt es Verknüpfungen. Hermann Langbein erlebte den Spanischen Bürgerkrieg als Mitglied der Internationalen Brigaden, Benko Littwack setzte sich als Arzt im Spanischen Bürgerkrieg ein. Leicht hätte man einander begegnen können, beide waren getrieben vom Wunsch, sich gegen ein faschistisches Regime zur Wehr zu setzen. Und beide erlebten anschließend eine unglaubliche Odyssee! Wenn ich an Eva und Benko Littwack denke, fällt mir immer ein Spruch von Bert Brecht ein: „Die kleinste soziale Einheit ist nicht der Mensch, sondern sind zwei Menschen." Meine tiefe Bewunderung ist bei diesen zwei alten Menschen, die Hand in Hand durch ihr schweres Leben gingen.
Auch bei Viktor Matejka tauchen Spanienkämpfer auf, hilfreiche Menschen beim Herstellen seiner Pick-Bücher, während seines KZ-Aufenthaltes in Dachau. Hermann Langbein und Viktor Matejka hätten sich treffen können – beide waren in Dachau inhaftiert. Für Hermann Langbein war Dachau nur eine Zwischenstation, bald schon wurde er nach Auschwitz geschickt. Beim Bedenken der Schilderungen ihrer KZ-Erlebnisse, scheint Hermann Langbein der Tragiker, und Viktor Matejka, der Komiker des Schreckens zu sein. Matejka war sogar im KZ der eifrige Lehrer, Mahner, Aufklärer. Nach dem Krieg wurde er zum bewundernswerten Retter vieler Künstler. Hermann Langbein sah nach diesen Schreckensjahren in den Lagern seine Aufgabe darin, das Schweigen zu beenden. Er hatte wesentlichen Anteil am Zustandekommen des Frankfurter Auschwitz-Prozesses 1963–1965. Als Gerechter unter den Völkern wurde er 1967 von Yad Vashem ausgezeichnet.
In den letzten Monaten des Terrorregimes hatte der „Reichsführer SS" Heinrich Himmler befohlen, dass kein KZ-Häftling lebend in die Hände der immer näher rückenden alliierten Truppen fallen dürfe. So begannen die mörderischen Todesmärsche von tausenden Inhaftierten. Trude Simonsohn hat auch diese Schrecken überstanden und nach dem Krieg ihre Aufgabe in der Aufklärung der Jugend gesehen. Noch heute geht die siebenundachtzigjährige Frankfurterin von einer Schule

zur anderen und berichtet, erklärt und begeistert durch ihre Offenheit viele Schüler, die alle diese Erzählungen nur aus ihren Schulbüchern kennen. Sie leistet Aufklärungsarbeit an den wichtigsten Schnittpunkten unserer Gesellschaft.

Was damals Unrecht war, ist auch heute Unrecht – und wird Unrecht bleiben. Unsere Welt ist kälter geworden, wir brauchen Menschen wie Trude Simonsohn, die durch ihr großes Herz junge Menschen erreicht mit ihren Erzählungen aus den Schreckensjahren einer Diktatur. Wir brauchen Menschen, die etwas unternehmen, Gesicht zeigen, sich leidenschaftlich engagieren. Wir müssen aufstehen und dagegen halten, wenn rassistische Äußerungen und Aktivitäten sichtbar werden.

Die Erlebnisse, die mir diese Menschen erzählt haben, sind spontan erzählt und natürlich dadurch auch unvollkommen.

Mir war es ein Bedürfnis, durch die Beleuchtung von Einzelschicksalen den ganz konkreten Bezug zur gelebten Wirklichkeit herzustellen und zu erhalten. Die Aufnahmen zu den folgenden Gesprächen sind zwischen 1990–95 entstanden. Es wäre gut, junge Menschen zu erreichen, als Warnung – und Hoffnung auf eine friedliche Zukunft.

Das Geschehen im zwanzigsten Jahrhundert ist mittlerweile Geschichte geworden. Sorgen wir dafür, dass diese Geschichte nicht verfälscht wird. Dass aus damaligen Mördern und Verbrechern nicht normale Mitbürger gemacht werden. Dafür brauchen wir Filme und Bücher, die der Wahrheit auf der Spur sind. Wir müssen dafür sorgen, dass in unseren Zeiten nicht weggeschaut wird, wenn Unrecht geschieht – dass nicht tatenlos zugeschaut wird, wenn Menschen in Not geraten sind. Wir könnten lernen aus der Geschichte!

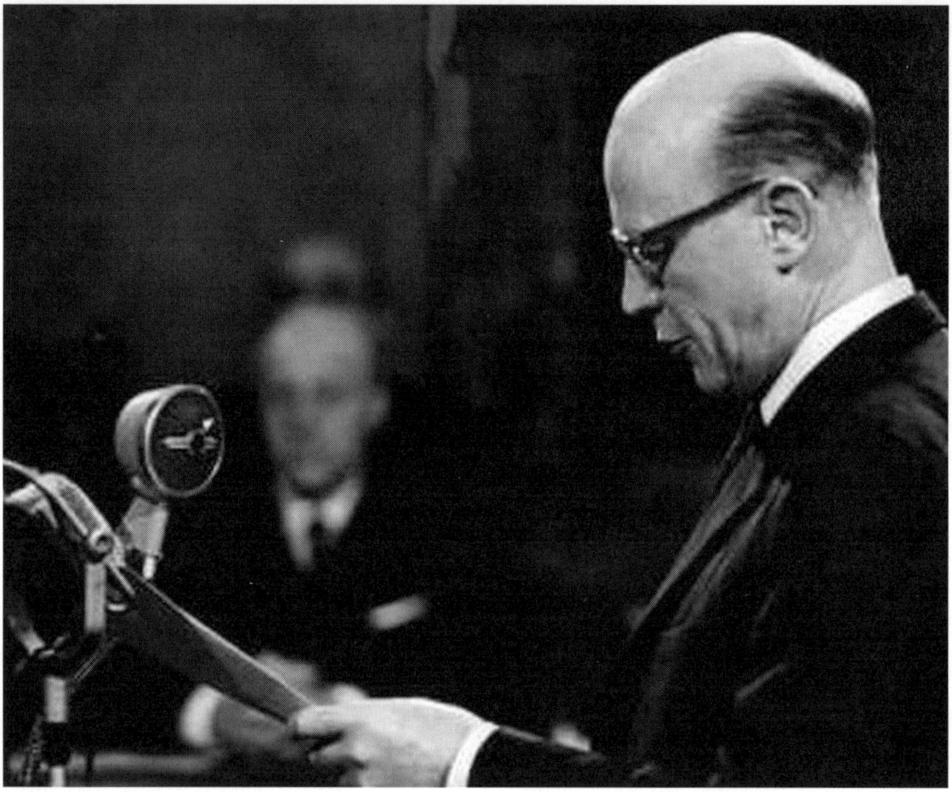

Hermann Langbein

SCHREIBEN UM ZU ÜBERLEBEN

Mein Unbehagen über die nicht stattgefundene „Aufarbeitung der Vergangenheit" war im Lauf der Jahre mächtig in mir gewachsen. Einige Erlebnisse mit so genannten Intellektuellen hatten mir gezeigt, wie groß doch der Wunsch nach Vergessen und Verdrängen auch in den Köpfen von Menschen ist, die zu denken gelernt haben. Wie war das nun mit den Überlebenden des Holocaust? Hatten Sie auch diesen Wunsch, nicht mehr an die Schrecken erinnert zu werden? Einen Schlussstrich unter diese Zeit zu ziehen und ein neues Leben zu beginnen? Wie konnte man mit diesen Erlebnissen fertig werden? Ist es möglich, Todesschreie nicht mehr zu hören, Verwesungsgeruch nicht mehr wahrzunehmen, Kälte und Hunger nicht mehr zu fühlen, Erniedrigung und Demütigungen aus dem Gedächtnis zu streichen? Welche Mittel hatten diese so geschlagenen, der Willkür von Terror und Vernichtung ausgesetzten Menschen, um mit ihren Erlebnissen fertig zu werden? War es überhaupt möglich, ins Land der Täter zurückzugehen? Musste man nicht auf jeden, der einem begegnete, mit Misstrauen reagieren? Was konnte man tun, um den noch immer lebendigen Schreckensbildern auszuweichen? Wollten die Überlebenden lieber schweigen oder sprechen?
Ich erinnerte mich an einen betagten Kollegen, der im Alter, als ihm das Lernen von Texten immer schwerer fiel, seine Rolle Wort für Wort, mit Komma und Punkt händisch aufschrieb. Dadurch schien sich der Inhalt in sein Gehirn zu bohren, für alle Zeiten festgeschrieben und nicht mehr auszulöschen. War nicht das Aufschreiben von Erlebtem ein paradoxer Vorgang um zu vergessen? Wurde nicht durch den Vorgang des Schreibens das Erlebte vertieft, ja, noch einmal erlebt und erlitten? Steckte dahinter nicht ein selbstzerstörerischer Akt?
Ich wusste von Hermann Langbein, dass er einer der ersten war, der sich aufgemacht hatte, seine Erlebnisse in den Schreckensjahren des Naziregimes aufzuschreiben, um sie einer ignoranten Bürgerschaft unter die Nase zu reiben. Und er hörte nicht auf zu schreiben. Es muss ein Zwang gewesen sein, dem er gehorchte, auch um seiner Empörung Ausdruck zu geben über diese Gleichgültigkeit und

Feigheit seiner Mitmenschen. Er hat versucht, die Wahrheit öffentlich zu machen.

Ich hatte ein Telefongespräch mit ihm geführt. Zu meiner Überraschung war er gleich selbst am Apparat, keine Sekretärin, die den Sekretär des „Comité International des Camps" in Wien abschirmte. Freundlich, offen und kooperativ gegenüber der Unbekannten, die ich für ihn war, erklärte er sich gleich bereit, mir für ein Interview mit Kamera zur Verfügung stehen zu wollen. Wir verabredeten einen Gesprächstermin, auf dem ich bestand, um ihn kennen zu lernen. Es hat sich immer ausgezahlt, viel Zeit und Geduld zu investieren, das Vertrauen des Interviewpartners zu gewinnen, die Beziehung zu ihm zu vertiefen, um einen lebendigen Beitrag zu erhalten. Ich war nach dem Telefongespräch schon sehr beruhigt und sicher, einen mitteilsamen Gesprächspartner in ihm zu haben.

Ein paar Tage später stand ich ihm gegenüber und eine Welle von Zuneigung gab uns beiden ein gutes Gefühl der Vertrautheit. Ich hätte sicher Schwierigkeiten gehabt, das kleine, niedrige Haus, in dem er wohnte, ohne einen kundigen Taxifahrer zu finden. Versteckt und von Büschen umgeben, lag es abseits von der Straße, ein Siedlungshaus, eher ein verbessertes Schrebergartenhaus. Langbein öffnete mir selbst die Tür und führte mich nach freundlichem Handschlag in einen kargen Raum mit einem Tisch und vier Stühlen. So karg wie der Raum war auch der Hausherr. Aber von großer Liebenswürdigkeit war dieser eher kleine, schmale Mann mit dem interessanten Charakterkopf. Es gab keinerlei Fremdheit zwischen uns, gleich verstrickten wir uns in eine heftige Debatte über die Schwierigkeiten, die wir mit unseren so verschiedenen Lebensläufen hatten. Er war zwar ein wenig älter als ich, aber ich stand schicksalhaft auf der anderen Seite, auf der Seite der Täter. Das musste gleich gesagt werden, um das Vertrauen, das er mir entgegenbrachte nicht zu missbrauchen. Ich erinnere mich gern und oft an dieses Gespräch, weil es mir eine Hoffnung vermittelte, dass Menschen so wie Hermann Langbein es schaffen würden, eine Brücke zu schlagen nicht nur zwischen Tätern und Opfern, sondern auch eine Brücke zu der jungen Generation.
Das musste in Zukunft im Vordergrund aller Bemühungen stehen die Vergangenheit zu „bewältigen".
Mit einem sehr kleinen Team zogen wir ein paar Wochen später bei ihm ein. Mein bewährter und einfühlsamer Kameramann baute im ersten Stock in Langbeins Arbeitszimmer, das nur aus einer überladenen Schreibplatte bestand und den mit Aktenordnern und Büchern voll gestopften Regalen, seine Arbeitsgeräte auf. Es gab

wenig Platz, das ganze Haus war von extremer Einfachheit und unterstrich den Charakter dieses Mannes, der es wohl immer vorgezogen hatte, sein einfaches, fast mönchisches Leben nicht dem Konsum und seinen jetzt so reichlich angebotenen Gütern zu unterwerfen. Als wir mit dem Interview begannen, kam es mir vor, als wären wir zu einer kleinen, verschworenen Gemeinschaft geworden. Ich saß eingeklemmt, die Beine so gut es ging unter den Hocker, auf dem ich Platz gefunden hatte, geschoben und sah dicht vor mir – wie eingerahmt von den Aktenordnern hinter dem Schreibtisch – seine freundlichen, aufrichtigen Augen. Ich begann das Gespräch mit der einzigen Gemeinsamkeit, die uns verband:

„*Unter anderen Umständen hätten wir Kollegen sein können, Sie waren doch eigentlich Schauspieler?*"

„Ich war nicht eigentlich, sondern wirklich Schauspieler. Ich bin unmittelbar nach der Matura als Eleve ans – wie es damals hieß – Deutsche Volkstheater in Wien engagiert worden. Zwei Jahre, dann hörte es auf, dann kam die Wirtschaftskrise. Auch die Theater haben die Wirtschaftskrise gespürt. Ich war dann nur mehr auf Rollen engagiert und hab' dann vor allem davon gelebt, indem ich Stunden gegeben habe, Nachhilfestunden für Schüler."

„*Und wann kam es zu Ihrer politischen Entscheidung, sich der KPÖ anzuschließen? Sie kamen doch aus einem sehr bürgerlichen Elternhaus. Sie hatten schon mit der Entscheidung Schauspieler zu werden einen Schritt getan, der ziemlich ungewöhnlich war.*"

„Das war ein längerer Weg. Ich war immer schon für soziale Gerechtigkeit und bin es bis heute. Beeinflusst wurde ich erstens durch meinen Bruder, der älter war und der diesen Weg vor mir gegangen ist, und vor allem: ich hab' damals unheimlich viel gelesen. Ich war bei einer Bibliothek eingeschrieben, wo man die Bücher ganz billig bekommen hat. Ich hab' also die Bücher gefressen, und zwar vor allem Bücher aus Amerika: Sinclair Lewis, B. Traven. Es gab in der Sowjetunion, wie hat das geheißen? ‚Der stille Don' und ähnliche Bücher. Diese sozialkritischen Bücher haben mich sehr beeinflusst, die haben mich eigentlich auf den Weg gebracht."

„*Aber in eine Partei einzutreten, ist ja noch ein weiterer Schritt.*"

„Ja, der letzte Schritt wurde dann von mir gegangen. Ich hab' damals zu mir gesagt: Es gibt zwei Möglichkeiten, entweder einen Beruf, den ich gern hätte – ich war ein sehr ambitionierter Schauspieler – oder der politische Weg. Nach einigen Versuchen beides zu schaffen habe ich festgestellt, es geht doch nicht beides. Ich bin der Kommunistischen Partei beigetreten – nicht zufällig – zur selben Zeit wie der Hitler Reichskanzler geworden ist in Deutschland. Weil ich den Eindruck hatte, die Kommunisten sind die, die am energischsten gegen den Nationalsozialismus kämpften. Das hatte damals den Anschein. Später hat's etwas anders ausgeschaut, das wissen Sie ja. Die Kommunistische Partei wurde im Mai 33 verboten in Österreich. Damals war ein kleriko-faschistisches Regime in Österreich – Dollfuß und später Schuschnigg –, und da wurde ich dann im Gefolge des Verbots der Kommunistischen Partei mehrmals eingesperrt. Und das hat natürlich die Schauspielerlaufbahn ziemlich gehemmt. Ich musste einsehen, es geht doch nicht beides gleichzeitig."

Ich murmelte ein „Schade" vor mich hin und dachte, dass das Leben doch auch anders hätte spielen können. Wer weiß, vielleicht hätten wir dann irgendwann zusammen auf der Bühne gestanden. Aber Hermann Langbein nahm für mich immer mehr die Gestalt eines Berufsrevolutionärs an. Ich fragte nach der Zeit zwischen 1933 und 1938 und wie das war mit Hitlers Einmarsch in Österreich.

„Ich hab' in dieser Zeit mehr schlecht als recht gelebt in Wien bis zum Einmarsch Hitlers. Und das war bös. Das war sehr böse. Es war damals eine Situation, die schwer zu schildern ist. Schuschnigg[1] der damals die Regierung führte, hat ein paar Tage vorher zu einer Abstimmung aufgerufen für Österreich. Da gab es also eine heftige Diskussion der einen, die für ein eigenständiges Österreich waren, einschließlich der Linken, einschließlich auch der illegalen Sozialdemokraten und Kommunisten, und auf der anderen Seiten die vielen Nazis, die vom Anschluss träumten. Die Nazibewegung war in Österreich ab 1930 stark gewachsen, vor allem auch durch die unleidlichen Verhältnisse der kleriko-faschistischen Diktatur. Da gab es also Demonstrationen, die ganz eigenartig gewirkt haben. Die Polizei ist dazwischengestanden und hat nicht gewusst, wo sie hin soll. Unmittelbar nachher am 11. März hat Schuschnigg kapituliert, und bei der Polizei haben sich viele die Hakenkreuzbinden umgehängt, die sie schon längst in der Tasche gehabt hatten.

Ich hatte viele jüdische Freunde, ich habe manche besucht, aber die Stimmung dort ist schwer zu beschreiben. Ich erinnere mich, als Hitler am Heldenplatz geredet hat, da bin ich über die Hauptstraße gegangen, die vom Westen nach Wien führt, da sind die Menschen Spalier gestanden und haben gewartet, dass der Hitler durchfährt. Ich habe dort die Leute gesehen. Und das war deprimierend, diese Hoch-Stimmung zu erleben. Wobei man immer hinzufügen muss: Wien hat eineinhalb

---

[1] Kurt Alois Josef Johann (bis 1919: Edler von) Schuschnigg * 14. Dezember 1897 in Riva del Garda bei Trient (damals Welschtirol); † 18. November 1977 in Mutters bei Innsbruck, war während der Zeit des austrofaschistischen Ständestaates Bundeskanzler von Österreich.

Millionen Einwohner, und da sind Hunderttausende auf der Straße gestanden, aber es waren nicht alle, das sollte man immer bedenken."

Es musste ihn schrecklich bedrücken, daran erinnert zu werden, wie seine Landsleute Hitler auf dem Heldenplatz zugejubelt haben. Heute weiß man, dass es wohl nicht ganz so viele waren, wie man damals zu Propagandazwecken verbreitet hatte. Die Veröffentlichung dieser Zahlen, der Bilder war geschickt vorgebracht. Gut ausgewählt, um der Welt zu zeigen, dass Hitler der Triumphator war.

„Haben Sie in der Zeit zwischen 1933 und 1938 in irgendeiner Form widerständlerisch gearbeitet?", fragte ich ihn.

„Gearbeitet ist ein großes Wort. Ich war in der Kommunistischen Partei illegal tätig. Wir haben Zeitungen herausgegeben, illegal abgezogene. Wir sind eingesperrt worden, ich sagte es schon, deswegen. Also, das war eine Tätigkeit ohne wesentlichen Effekt, aber immerhin, es war ein Bemühen."

„Gab es Unterstützung für Widerstand in der Bevölkerung? Waren es nur die Kommunisten, die Widerstand gegen aufkommenden Faschismus geleistet haben?"

„Es gab eine mächtige sozialdemokratische Partei, die illegal wurde und die noch nicht ganz zerbröselt war. Es gab Gruppen, die versuchten, eine Einigung zu schaffen zwischen illegalen Sozialdemokraten und Kommunisten. Die Kommunistische Partei in Österreich war nie so stark wie in der Zeit, als sie illegal war. Später auch nicht. Das war eine ganz eigenartige Situation. Es war klar, dass man ein Leben im Untergrund würde führen müssen, oder außer Landes gehen. Ich wollte schon früher nach Spanien. Ich war eingesperrt 1936/37, ich glaub' fast ein Jahr. Und als ich rauskam, da hab' ich den Wunsch geäußert, nach Spanien zu gehen. Der Bürgerkrieg in Spanien begann im Sommer 1936. Damals hat die Parteiführung mir das nicht gestattet. Sie hat gesagt: Wir brauchen – wie damals das Wort hieß – unsere Kader im Land. Und ich hab' mich dem gefügt und bin in Österreich geblieben. Als der Hitler gekommen ist, war für mich klar, jetzt muss ich weg, oder ich bin eingesperrt. In unserer Wohnung war schon die Gestapo, aber ich war nicht zu Hause. Und da habe ich also nicht mehr gefragt, sondern bin einfach weg."

Ein absurder Gedanke, dass es für viele Antifaschisten damals der einzige Weg war, mit der Waffe in der Hand zu kämpfen. Er schien meine Überlegung zu ahnen, und sagte:

„Eigenartig. Als ich nach Spanien gegangen bin, hatte ich eine gewisse Angst, Hemmung, wie man es nennen will, vor dem Militarismus. Ich bin kein Militarist. Und ich war sehr angenehm überrascht, dass wir in den Internationalen Brigaden – und nicht nur in den Internationalen Brigaden, in der ganzen republikanischen Armee

– nicht den militärischen Drill, nicht das Habt-Acht-Stehen, nicht das Jawohl-Sagen hatten. Wir haben z. B. in unserer Brigade einen Brigade-Chef gehabt, einen Floridsdorfer Schutzbündler. Ich war einfacher Soldat, er war der Chef der Brigade. Wir sagten alle ‚Du' zueinander. Und das war überhaupt kein Problem, von Habt-Acht-Stehen war keine Rede. Es gab trotzdem keine Disziplinlosigkeit. Das war eine Atmosphäre, die schwer zu vermitteln ist, ohne jeden militärischen Drill. Vor allem das Verhältnis zu den jungen Spaniern, die damals schon in den internationalen Brigaden eingegliedert waren, hat mich beeindruckt. Die Internationalen Brigaden wurden zu der Zeit – ich bin ja erst 1938 nach Spanien gekommen – mit Spaniern aufgefüllt. Es sollte eine Verbindung zwischen den Internationalen und den Spaniern geschaffen werden. Ich war da mit sehr jungen Spaniern beisammen. Und das Verhältnis war ein ganz eigenartiges. Sprachlich sehr schwierig. Ich konnte nicht Spanisch. Wir haben versucht, Spanisch zu lernen – mit großer Mühe. Die Spanier selbst konnten keine andere Sprache. Aber wir haben uns trotzdem gut verstanden. Nach der Ebro-Schlacht im Sommer 1938 wurden die Internationalen Brigaden zurückgezogen. Damals gab es Verhandlungen zwischen den Großmächten. Auf der einen Seite sollten die Mussolini-Truppen und die Hitler-Spezialeinheiten zurückgezogen werden, auf der anderen Seite sollten die Internationalen Brigaden zurückgezogen werden. Als die Internationalen Brigaden also zurückgezogen wurden nach der Ebro-Schlacht, der entscheidenden Schlacht, an der ich teilgenommen habe, die keine einfache war, da hat mir ein junger Bursche, ein Katalane, ich glaube, er war erst 18 Jahre – hat nichts zu verschenken gehabt – er hat mir seinen Hosengürtel gegeben, einen ledernen Hosengürtel. Und den hab' ich durch die ganzen KZ-Jahre getragen. Den hab' ich behalten. Irgendwie, um zu zeigen, dass da ein Verhältnis war, wo Worte keine Rolle spielten."

„Sie haben richtig im Frontbereich Einsatz gehabt?", fragte ich etwas ungläubig.

„Ja. Also, die Ebro-Schlacht war, wie die Leute sagen, die den ganzen Spanischen Bürgerkrieg mitgemacht haben, die schwerste Schlacht."

„Der Spanische Bürgerkrieg ist für mich immer mit der Legion Condor verbunden. Ich erinnere mich aus meiner Kindheit, dass in Deutschland eine unglaubliche Heldenverehrung für diese deutsche Kampfgruppe herrschte. Die Vernichtung von Guernica wurde ja als großer Sieg gefeiert. Das wurde uns in der Schule vermittelt, als der Spanische Bürgerkrieg vorbei war, wie die Legion Condor bei ihrer Rückkehr gefeiert wurde."

„Wir haben die Bomben dieser deutschen Truppe gesehen, wie sie runtergefallen sind. Die glitzerten in der Sonne wie weiße Eier in der blauen Luft.

Es gab auch eine jüdische Brigade. Die Internationalen Brigaden waren sprachenmäßig getrennt. In unserer Brigade, die 11. Brigade, waren Österreicher, Deutsche, Skandinavier vor allem – und Spanier. Es waren auch Juden dabei. Wir haben oft gar nicht gewusst, wer ist ein Jude und wer ist kein Jude. Wir haben ja keine Ariernachweise gebraucht. Es gab natürlich Schwierigkeiten, ideologische Schwierigkeiten. Die Schwierigkeiten, die es angeblich zwischen den Sozialdemokraten und Kommunisten im Spanischen Bürgerkrieg gegeben haben soll, sind mir nicht begegnet. Ich kenne mehr die Schwierigkeiten, die international bekannt wurden mit den so genannten Trotzkisten, die vor allem von der russischen Geheimpolizei, die in Spanien eine Macht war, bitter verfolgt wurden.
Da gab es einen Aufstand, schon im Jahr 1937 in Barcelona. POUM (Partido Obrero de Unificatión Marxista, die Arbeiterpartei der Marxistischen Einheit) hieß diese Organisation. Es gab danach Prozesse. Davon habe ich nur durch die spanischen Zeitungen erfahren, die ich gelesen habe. Selber zu tun hatte ich mit denen nichts. Ich war nicht in Barcelona."

„Das Kriegsende, wie haben Sie das erlebt?"

„Die Truppen wurden über die Pyrenäen nach Frankreich abgeschoben. Wir mussten fliehen, es war eine Flucht. Wir mussten über die Grenze und haben an der Grenze unsere Waffen den Franzosen abgeliefert."

„Aber damit waren Sie nicht in Freiheit?"

„Nein, im Gegenteil. Als die Internationalen Brigaden zurückgezogen wurden im September 1938, bemühten wir uns, die wir nicht nach Hause konnten, – also die Österreicher, die Deutschen, die Tschechen konnten nicht nach Hause, logischerweise – die Jugoslawen konnten nicht nach Hause, die Polen konnten nicht nach Hause, überall war Hitler! – da bemühten wir uns, Einreisevisa in irgendwelche Länder zu bekommen. Das war damals so schwer wie heute. Und deswegen denke ich über dieses Problem heute ganz anders als manche, die das nur aus der Sicht ihrer täglichen Bequemlichkeit sehen. Eigentlich bekamen nur jene, die in diesen Ländern zufällig irgendwelche Freunde, Bekannte hatten mit Verbindungen und den entsprechenden Mitteln, ein Visum.

Die Regel war, dass wir keine bekommen haben. Und die Franzosen empfingen uns auf eine Art, die schockierend für uns war. Wir haben doch eigentlich gegen den Nationalsozialismus in Spanien gekämpft. Nicht zufällig hieß die Einheit, in der die meisten Österreicher waren, das Zwölfte Februar Bataillon. Der 12. Feber ist der Tag, an dem in Österreich gegen den Faschismus gekämpft worden war, zwar ohne Erfolg, aber immerhin ist das ein Symbol gewesen. Also die Franzosen haben uns in die Lager getrieben, diese hießen nicht KZ, sondern camps d'accueil – Empfangslager. Das klingt sehr vornehm. Sie waren auch nicht zu vergleichen mit Nazilagern. Ich kannte drei Lager, nur das schwerste, Le Vernet, eine Art Straflager, war gar nicht schön. Aber ein Vergleich mit einem Nazi-KZ ist undenkbar. Es wurde geschlagen, aber nicht totgeschlagen, wenn ich den Unterschied mit einem Satz sagen soll. Aber für uns war das irgendwie beklemmend, dass wir als Leute, die doch gezeigt haben, wie sie bereit sind, gegen den Nationalsozialismus zu kämpfen, dennoch eingesperrt werden. Und auch eingesperrt blieben in den Lagern, als Hitler mit Frankreich schon im Kriegszustand war. Wir haben uns damals gemeldet für die französische Armee. Dem General (Maurice Gustave) Gamelin, er war damals der Oberbefehlshaber der französischen Armee, haben wir geschrieben. Die Antwort war: Wir könnten uns für die Fremdenlegion melden. Das war ein Weg, den wir nicht gehen wollten. Die Fremdenlegion hatte nicht den besten Ruf. So blieb ich in den französischen Lagern von Feber 1939 bis April 1941, etwas mehr als zwei Jahre."

Hermann Langbein schwieg an dieser Stelle seiner Erzählung, es waren sicher besonders harte Jahre für ihn gewesen. Man weiß heute mehr über diese Internierungslager und die teilweise katastrophalen hygienischen Zustände. Er hatte ganz offensichtlich nicht vor, näher auf seinen Aufenthalt im Camp des Milles oder Gurs einzugehen.

„Heute wird gerne manches verschwiegen, vor allem von Kommunisten und links eingestellten Zeitgeschichtlern. In der Zeit, in der der Krieg geführt wurde, von der einen Seite von Frankreich und England, und auf der anderen Seite der Pakt, der zwischen der Sowjetunion und Hitler geschlossen war, in der Zeit hat die Kommunistische Internationale die Weisung ausgegeben: Dieser Krieg ist ein von beiden Seiten imperialistischer – wie das in ihrem Jargon hieß. Es war die Zeit, in der der französische Führer der Kommunistischen Partei, Maurice Thorez, sich zuerst freiwillig zur Truppe gemeldet hatte, und dann desertiert ist. In dieser Zeit bekamen wir von der Parteiführung, der illegalen Parteiführung der österreichischen Kommunistischen Partei, die in Paris ein kleines Zentrum hatte und die eine Verbindung – illegal natürlich – mit uns im Lager gehabt hat, die Weisung: Alle, die keine Juden sind und nicht sehr kompromittiert durch ihren Kampf gegen die Nazis in Österreich, sollen sich zurückmelden nach Deutschland. Wir haben uns dazu durchgerungen. Das war nicht leicht. Es war eine deutsche Kommission in den Lagern. Die hatten uns gesagt: Meldet euch zurück. Ihr kommt wieder, werdet umerzogen, ihr kommt wieder als Brüder zu Brüdern und so fort. Mit diesen Phrasen

wurden wir überzeugt! Und wir haben uns gemeldet. Darüber spricht man nicht mehr gerne, nachdem der Überfall auf die Sowjetunion stattfand, und es kein imperialistischer Krieg von beiden Seiten war. Aber das ist das Faktum. Wir kamen, gemeldet, selbst gemeldet, Ende April nach Deutschland. Und schon am 1. Mai kamen wir nach Dachau.
Ja, damit beginnt ein neues, schreckliches Kapitel in meinem Leben, das muss ich sagen."
„Sie haben doch sicher damals gewusst, was das ist, als Sie feststellten, dass Sie auf dem Weg in ein KZ waren?"
„Man hat uns nicht gesagt, wir kommen in ein KZ. Man hat gesagt, wir werden umerzogen und danach eingegliedert in das deutsche Volk usw. usf. Man hat uns nichts vom KZ gesagt. Der erste Eindruck war bös, sehr bös. Doch die SS hatte eine gute Taktik entwickelt. Sie hat das organisiert, was wir dann später, als ich das Lager und den Lagerjargon kannte, Zugangsschock genannt haben. Sie hat den Neuankommenden immer mit größter Härte empfangen, damit er gleich gebrochen wird, damit er so einen Gedanken erst gar nicht aufkommen ließ wie: Hier bin ich, also hab' ich eine Möglichkeit, mich irgendwie zu widersetzen. Das sollte ihm gleich genommen werden. Diesen Zugangsschock, den haben wir auch erlebt, das war nicht schön.
Es gab unangenehme Arbeiten für uns, nicht schwere körperliche Arbeiten. Mein erstes Kommando in Dachau – die Häftlinge waren immer in Arbeitskommandos zusammengefasst – mein erstes Kommando war, den Rollwagen zu führen – ich weiß nicht mehr, welche Nummer es war, es gab mehrere Rollwagen-Kommandos. Also, um es zu erklären: wenn ein Wagen geführt wurde, wurden im KZ nicht Pferde eingespannt, sondern Häftlinge – und wir haben den Wagen gezogen. Das ist keine furchtbar schwere körperliche Arbeit, aber auch nicht angenehm, nicht schön. Das Schlimmste war, dass die erste Tour am Tag der Transport der Leichen aus dem Krankenbau zum Krematorium war. Das war nicht angenehm. Das Leichenwasser stinkt, und das Leichen-Abladen ist auch nicht das Schönste. Also, das war eine unangenehme Arbeit, mein erstes Kommando. Aber das war ein Kommando, das ich einige Wochen – ich weiß nicht mehr genau, wie lang –, einige Wochen durchhalten musste."
„Man kann sagen, Sie hatten dann sehr viel Glück und wurden eingeteilt für den Krankenbau als Schreiber. Ich kann mir das gar nicht vorstellen! Sie waren doch plötzlich in einer anderen hierarchischen Situation im Verhältnis zu ihren Häftlingskollegen. Wie hat sich das ausgewirkt? Gab es eine Hierarchie – auch unter den Häftlingen?"

„Ja. Es gab eine Hierarchie."

Plötzlich wurde unser Gespräch unterbrochen. Die Kamera machte Geräusche, es war nicht ganz klar, was das bedeutete. Hermann Langbein und ich tauschten einen Blick miteinander. Er schien kein großer Liebhaber moderner Technik zu sein. Auf dem Schreibtisch stand eine Schreibmaschine – kein Computer. Auch in der Einrichtung seines Büros drückte sich eine Kargheit aus. Der Kameramann gab sein O. K. zum Fortfahren.

„Also, die Frage war, gab es in den KZ, jetzt zuerst mal in Dachau, eine so genannte Hierarchie unter den Häftlingen? Und wie hat sich das dann im Leben des Einzelnen ausgewirkt?"

„Es gab von der SS, ganz bewusst organisiert und das steigerte sich im Laufe der Jahre, eine Hierarchie, eine Pyramide, möchte ich sagen, die aufgerichtet wurde. In der Zeit, wo ich in den Nazi-KZ war, also ab Mai 41, wurden die KZ überschwemmt in wachsendem Maße mit Ausländern. Und als Deutsche – die Österreicher galten im KZ verständlicherweise immer als Deutsche – stand man an der Spitze der Hierarchie und die Ausländer an unterster Stelle, an letzter Stelle die Juden und Zigeuner, als überhaupt nicht lebenswert. Aber auch Slawen, auch tief unten die Russen, sehr tief. Angehörige westlicher Nationen, die keine Juden waren – natürlich, die Juden zählten nicht als Franzosen oder Tschechen, sondern als Juden insgesamt –, standen etwas besser. Diese Hierarchie wurde bewusst aufgebaut, um Gegensätze zu schaffen. Uns Häftlingen wurde in allen KZ, ich rede von der Zeit, in der die Ausländer die größte Zahl bildeten, ein Kampf ums Dasein aufgezwungen. Das Kommando, in dem man zu arbeiten hatte, entschied praktisch über die Lebenschance. Es gab Kommandos, die gut waren, und es gab Kommandos, die schlecht waren. Das zeichnete sich durch die Arbeitsbedingungen aus: War man dem Wetter ausgeliefert, war man in einem geschlossenen Raum, gab's eine Möglichkeit, sich etwas zum Essen zu organisieren oder gab es das nicht? Wenn man in der Küche gearbeitet hat oder im Schlachthaus, dann war das ein gutes Kommando. Wenn man in der Kiesgrube gearbeitet hat, hatte man keine Möglichkeit. Das Kommando entschied praktisch über die Überlebensmöglichkeit. Und jetzt hieß es, in ein gutes Kommando zu kommen, aber wie? Es gab eigentlich nur einen Weg, indem man irgendeinen anderen aus dem Kommando rausgebissen hat. Das soll man wissen, damit man versteht, dass der Häftling im KZ in einem Dschungel lebte und dass mancher dabei nicht nur physisch, sondern psychisch zerbrochen ist. Und erst, wenn man das weiß, kann man verstehen, was für ein großes Problem es war, Widerstand im KZ gegen dieses mörderische System zu leisten. Das waren Probleme, die man sich normalerweise nicht vorstellen kann. Das Wort Widerstand klingt wunderschön: heroisch, heldenhaft. Es war manchmal nicht so schön und nicht so heldenhaft und nicht so heroisch."

Wieder schwieg er. Seine Gedanken kreisten um ein Thema, das nicht mit Worten beschreibbar zu sein schien. Ich sah, wie es in ihm arbeitete. Vorsichtig wagte ich einzuwerfen:

„Die uns bekannten bürgerlichen Werte haben wohl keine Rolle mehr gespielt, nicht wahr? Moral oder so was, gab es den Begriff innerhalb dieser Gemeinschaft?"

„Moral war viel. Moral war viel. Es ging darum, dass man – wie soll man das sagen – die Kraft entwickeln musste, nicht zum völligen Objekt zu versinken. Das wollte die SS. Die SS wollte den Häftling dazu bringen, dass er nur ‚Jawoll!' sagt, Befehle durchführt und sich einfügt in dieses System, das praktisch zur Vernichtung führen sollte. Und wenn man durch glückliche Umstände nicht sofort bei diesem Zugangsschock zerbrochen ist, psychisch kaputtgegangen ist, wenn man Glück hatte, nicht allein zu sein, Bekannte zu haben, Freunde zu haben, Gesinnungsgenossen, wie immer, die einem Rückhalt boten, dann konnte man eine Kraft entwickeln, um – ich möchte es mal so formulieren – an eine Zeit nach dem KZ zu denken. Das ist nicht so einfach gewesen. 1942 war das nicht einfach, 1944 war es schon etwas leichter. Wenn man diese Kraft hatte, dann konnte man das, was Sie mit dem Wort Moral bezeichnet haben, dann konnte man das behalten."

„Es fällt mir schwer, zu formulieren, was ich meine", warf ich ein, *„war es nicht auch ein Wagnis nach beiden Seiten hin in so einer Position wie Sie sie zugewiesen bekamen, nicht zu Handlangern der SS zu werden?"*

„Das war das große Risiko. Jeder Häftling, der in einer privilegierten Position war, hatte also weit günstigere Lebensbedingungen als die allermeisten anderen. Ja, ich war in privilegierten Positionen in Dachau, ich war Schreiber im Krankenbau im Auschwitz. Ich war Schreiber des SS-Standortarztes, des höchsten SS-Arztes. Da konnte man schon Gefahr laufen, ein verlängerter Arm der SS zu werden. Nicht nur ich. Ich denke z. B. an Eugen Kogon, der in Buchenwald in einer ähnlichen Situation war wie ich: Schreiber des Leitenden SS-Arztes. Oder ich denke an Hans Marschalek, der in Mauthausen in der zentralen Schreibstube eine Schlüsselposition hatte. Wenn man in solchen Positionen war, ein wesentlich günstigeres oder weniger ungünstiges Leben zu führen im Stande war, mehr wusste und ganz andere Möglichkeiten hatte als ein gewöhnlicher KZ-Häftling, dann stand man vor einer Entscheidung, der man praktisch eigentlich nicht ausweichen konnte: entweder verlängerter Arm der SS zu werden und die Privilegien genießen, solange es geht, oder das Risiko auf sich zu nehmen, die Möglichkeiten auszunützen, gegen den Apparat der SS zu arbeiten. Das ist das, was Leute, die in solchen Positionen waren, bewogen hat – nicht alle, aber viele – bewogen hat, sich gegen diesen Apparat irgendwie aufzulehnen, Moral zu behalten, irgendwie das Menschsein nicht zu verkaufen."

„Ich weiß aber, dass Sie nicht den einfachen, angepassten Weg gegangen sind. Sie haben sich nicht zum verlängerten Arm der SS machen lassen. Ich glaube, man muss da den Zeitraum Dachau nicht besonders abgrenzen von Auschwitz. Mich interessiert Ihre Tätigkeit, wie weit Sie Ihre besondere Situation benutzt haben, Widerstand zu leisten. Diese Vokabel ist wirklich sehr fragwürdig in diesem Zusammenhang. Was bedeutete Widerstand eigentlich im KZ?"

„Widerstand kann man verschieden und sehr weit definieren. Wenn ich mein Brot teile mit einem anderen – und Brot teilen im KZ ist etwas anderes, als irgendwo in der Freiheit ein Stückerl Brot jemandem geben –, dann ist das Widerstand, es ist Hilfe für den Nächsten, es hilft ihm vielleicht zu überleben."

„Ich verstehe, sein Leben zu erhalten ist ein Akt gegen die Unterdrücker."

„Ich definiere Widerstand lieber so: Wenn man sich bemüht, mit allen Problemen, die damit verbunden sind – und das waren keine einfachen – nicht nur einem Freund, Bekannten, Gesinnungsgenossen zu helfen, sondern irgendwie – wenn ich eine Phrase gebrauchen darf – Sand in die Todesmaschine zu streuen. Das klingt schön, phrasenhaft, das war bis zu einem gewissen Grad möglich. Das war immer nur bis zu einem gewissen Grad möglich. Man konnte es nur machen, und das ist das Problem, mit dem vollen Bewusstsein, dass man diese Maschinerie nicht zerstören kann. Das war unmöglich, undenkbar. Auch in den kühnsten Phantasien haben wir uns z. B. in Auschwitz niemals überlegt, wir könnten die täglichen Vergasungen irgendwie beeinflussen. Das war nicht möglich. Man konnte versuchen, und das geschah und manchmal mit Erfolg, diese oder jene Vergasungsaktion zu begrenzen. Vielleicht eine Verschiebung zu erreichen oder Ähnliches. Das war nicht leicht. Das war riskant. Das war möglich, aber das war die Grenze. Und dabei im Bewusstsein dessen, nicht zu demoralisieren und nicht zu sagen: Ich kann ja doch nichts machen. Wozu soll ich mich bemühen, das Risiko auf mich nehmen, das groß war? Ich schau, dass ich heute durchkomme und dass ich morgen durchkomme. Alles andere ist mir wurscht. Diese Gefahr der Demoralisation war zu überwinden."

„Ich denke mir, dass Widerstand in dem Zusammenhang ja auch das ist, die anderen zu motivieren, an ein Leben nach dem KZ zu denken, d. h. an ein Ende des Faschismus."

„Sagen wir Nationalsozialismus, ich möchte nie das Wort Faschismus gebrauchen. Faschismus ist scheußlich. Aber Nationalsozialismus ist mörderisch. Der Unterschied soll nicht verwischt werden."

„Das verstehe ich, ein gravierender Unterschied. War es nicht schon Widerstand, dass man die Kraft hatte, den Nationalsozialismus durch Überleben zu überwinden? Gab es politische Überlegungen?"

„Politische Überlegungen? Also, ich werde des Öfteren gefragt, ich trau mich nicht zu sagen: Das oder jenes waren große politische Überlegungen. Nachher tut man gern etwas schönfärben. Politische Überlegungen? Es war, wenn ich wieder eine Phrase gebrauchen darf, das Bemühen, nicht Objekt zu werden, wie die SS es wollte, sondern Subjekt zu sein, sich nicht das Menschsein nehmen zu lassen. Wenn man dazu die Möglichkeit hatte, und die Möglichkeit musste sein, wenn man in dem Stadium war, dass man nur mehr denken konnte; wo kriege ich irgendetwas Essbares und wo kann ich mich vor Prügel schützen? Da gab's keine Möglichkeit, weiter zu denken. Das ist ausgeschlossen. Und das war für die weitaus größte Mehrzahl der Häftlinge die Situation. Wenn man von dieser schlimmsten Situation befreit war, dann konnte man daran denken und dann konnte man auch andere finden, an die man sich anhalten konnte und man konnte vielleicht auch selbst Halt geben. Einer allein, der ist sehr verloren gewesen in der Atmosphäre des KZ."

„Aber es gab doch die ‚Kampfgruppe Auschwitz'?"

„Ja, die gab es."

„Können Sie was sagen dazu?"

„Ja. Auch wenn es natürlich schwer ist, dazu etwas zu sagen, weil man leicht Gefahr läuft, es zu idealisieren. Es gab von Anfang an, als ich nach Auschwitz kam, ich kam im August 1942 nach Auschwitz, eine kleine Gruppe, die sich um einen Menschen gebildet hat, den ich höher schätze als jeden anderen, den ich kannte in den extremen Situationen von Auschwitz. Ernst Burger, ein junger Wiener, Jahrgang 1915, der eine privilegierte Position hatte. Er war Blockschreiber auf Block 4. Er hat verstanden, was nicht alle verstanden haben, nämlich seine privilegierte Position nicht für sich auszunützen, sondern für die Leute im Block. Jeder Privilegierte wurde von allen anderen Mithäftlingen sehr genau beobachtet, kritisch beobachtet. Aber Ernstl Burger hat diese Kritik positiv überstanden und hatte Ansehen im Lager. Und um ihn herum hat sich eine Gruppe gebildet, und zwar schon zusammengesetzt nicht nur aus politischen Häftlingen, nicht nur aus Österreichern. Es waren Franzosen dabei, es waren auch Juden dabei, für die es am schwersten war, sich irgendwie ganz selbstverständlich einzuschalten. Diese Gruppe bestand schon zu der Zeit, als ich nach Auschwitz kam. Eine kleine Gruppe, man soll sie sich nicht zu schön und groß vorstellen. Ich habe zu Ernstl Burger sehr schnell einen Weg gefunden. Es gab in Auschwitz schon früher eine polnische Widerstandsgruppe. Die Polen waren die ersten in Auschwitz. Die erste Zeit, als Auschwitz entstand, war Auschwitz im Wesentlichen ein Lager für polnische Intelligenz. Vor allem junge Burschen, Studenten waren dort, sehr viele Mittelschüler, Studenten. Unter ihnen hat sich eine polnische Widerstandsgruppe gebildet, die überaus mutige Dinge gemacht hat; die allerdings weitgehend sehr national – polnisch – eingestellt war. Leider, das soll man nicht verschweigen, war ein Teil von ihr antisemitisch eingestellt. Wobei man da nicht so sehr mit dem Kopf wackeln darf. Der Antisemitismus wurde den Häftlingen von der SS ganz bewusst aufgezwungen. Die Juden standen auf der untersten Stufe der Hierarchie. Und wenn du eine Stufe höher bist, ist es gut für dich. Dann bist du vor dem Schlimmsten bewahrt. Und da bist du interessiert, dass es noch eine Stufe unter dir gibt. Das ist, wenn ich es so illustrieren darf, der Antisemitismus, den die SS den Häftlingen aufgedrückt hat oder aufzudrücken versucht hat. Diese beiden Gruppen, diese polnische Widerstandsgruppe und die Gruppe, die sich um Ernstl Burger gebildet hat und bei der ich auch versucht habe, irgendwie mitzutun, die hat sich, ich kann das Datum genau sagen, am 1. Mai 1943 zusammengefunden. Warum kann ich das Datum sagen? Der 1. Mai war auch bei den Nazis ein Feiertag. Da wollten die SS auch frei haben, und viele Arbeitskommandos sind nicht ausmarschiert, weil keine Posten da waren. Wir hatten also auch frei. Ich habe ein Schlüsselgespräch geführt mit einem Polen, der in der Widerstandsbewegung die entscheidende Rolle gespielt hat. Er wurde später Ministerpräsident in Polen, Józef Cyrankiewicz. Dieses Schlüsselgespräch am 1. Mai hat dazu geführt, dass diese beiden Gruppen zusammengefunden haben – nicht so schnell, wie ich es jetzt sage, nicht so reibungslos, wie es jetzt vielleicht klingen mag. Aber es gelang, und sie hat sich dann den pompösen Namen ‚Kampfgruppe Auschwitz' gegeben. Das war eine Gruppe, die Leitung bestand aus Vieren: zwei Österreicher und zwei Polen."

„Die Hierarchie unter den Häftlingen Rot – Grün – Jude war, wie man sagt, sehr ausgeprägt. Sie trugen das Rote Dreieck der politischen Häftlinge. Gab es einen Kampf zwischen den Roten und den Grünen? Die Grünen, die Kriminellen?"

„Es gab in jedem KZ einen Kampf zwischen Rot und Grün, wenn man sie so bezeichnen darf. Die Farbe war gegeben von dem Winkel, den die Häftlinge zu tragen hatten. Jeder Häftling hatte nicht nur eine Nummer, sondern einen Winkel, also ein Dreieck. Der politische Häftling ein rotes Dreieck, der wegen seiner kriminellen Vorstrafen ins Lager Gebrachte ein grünes Dreieck. Und die SS benützte mit Vorliebe die Deutschen, (auch die Österreicher), mit grünem Dreieck für entscheidende Funktionen, weil sie in der Regel – von der Regel gab's Ausnahmen –, moralisch am labilsten waren und daher am leichtesten als verlängerter Arm zu benützen waren. Das muss man sich vorstellen. Ich kannte Leute, die mit grünem Dreieck, also wegen ihrer kriminellen Vorstrafen, nach Auschwitz kamen und die vorher schon beachtliche Jahre ihres Lebens in Gefängnissen verbracht hatten und immer und überall als letzter Dreck betrachtet worden waren. Und dann kamen sie nach Auschwitz und wurden Kapos, bekamen Funktionen. Die anderen Häftlinge haben vor ihnen gekniet, damit sie eine bessere Arbeit bekommen. So war das System."

Die Pause, die sich nun wie von selbst ergab, fiel in die Mittagszeit. Langbein rief von oben herunter ein fröhliches „Loisi, können wir essen?" seiner Frau zu und ohne ihre Antwort abzuwarten, forderte er uns drei auf, ihm zu folgen. Die Stiege, die ins Erdgeschoß führte, war eng und steil. Wir waren alle verkrampft vom schwierigen, eingeengten Sitzen. Das betraf vor allem mich. Der Tonmeister hatte die ganze Zeit am Boden gehockt, der Kameramann hatte die Arbeit in einer undefinierbaren Stellung verbracht. Mit anderen Worten, wir hatten uns die Pause redlich verdient. Am meisten jedoch unser Protagonist, der uns aber frisch und ganz heiter Plätze im karg möblierten Speiseraum anwies. Ein asketischer Raum, das richtige Umfeld für einen Mann, der sein ganzes Leben in äußerster Bescheidenheit zugebracht hatte. Loisi, seit vielen Jahren Hermann Langbeins Frau, Mutter seiner zwei Kinder und Mitstreiterin in allen politischen Kampf-Situationen. Die hatte es genug gegeben in seinem Leben. Ein unbeugsamer, nie opportunistischer Sozialist hatte in unserer Welt der Kompromisse nicht wenig zu kämpfen. Jetzt brachte sie uns Eindringlingen das zu Beginn versprochene Mittagsmahl, Wiener Schnitzel, so köstlich, dass sie mir in Erinnerung geblieben sind. Das Gespräch war eher spärlich, man benutzte die Pause um nachzudenken, dem Gehörten nachzusinnen. Bald saßen wir wieder auf unseren erprobten Plätzen dem unverwüstlichen Protagonisten gegenüber.
„Wo möchten Sie fortfahren?" fragte er mich lächelnd.
„Die Frage gebe ich Ihnen zurück", war meine Antwort, was natürlich allgemeines Gelächter auslöste.
Er lehnte sich zurück, schien kurz nachzudenken und sagte:
„Ich bin am 21. August 1942 von Dachau nach Auschwitz überstellt worden. Der Grund dafür war, dass in Auschwitz eine Fleckfieberepidemie ausbrach. Ich glaube,

Fleckfieber ist eine Krankheit, die heute unbekannt in Europa ist und die durch Läuse übertragen wird. Die Läuse im Lager hatten die Frechheit gehabt, auch SS-Leute zu beißen, was zu Fleckfieber führte und sogar SS-ler daran sterben ließ. Auch auf die Zivilbevölkerung ist das Fleckfieber übertragen worden. Deshalb kam ein zentraler Befehl von Oranienburg bei Berlin, wo die Zentrale aller KZ war, das Fleckfieber in Auschwitz zu bekämpfen. Da hat der Kommandant von Auschwitz sich nach Dachau gewandt. Dachau ist das Musterlager im Sinn der SS gewesen, das älteste KZ. An das hat man sich immer gewandt, wenn irgendeine spezielle Aufgabe war, man hat gesagt: Wir brauchen Häftlinge zur Fleckfieberbekämpfung, die dazu geeignet sind. Und in Dachau hat man das gemacht, was man in solchen Fällen dort immer gemacht hat. Man hat nicht Häftlinge ausgesucht, die besonders qualifiziert sind zur Fleckfieberbekämpfung, sondern man hat aus dem Personal des Häftlingskrankenbaus diejenigen ausgesucht, die man weghaben wollte. Und da wurden wir, 17 waren es, fast alle Deutsche und Österreicher – ein Jugoslawe war dabei – zu 17 also wurden wir überstellt. Unter den 17 waren 4 Schreiber. Ich war auch Schreiber. Also, Schreiber braucht man nicht unbedingt zum Fleckfieber bekämpfen. Aber das war ihnen wurscht, und wir kamen nach Auschwitz. Und da wir ja als Fleckfieberbekämpfer dort hingeschickt worden waren, wurden wir dem Personal des Krankenbaus überstellt. Ich kam in die Schreibstube des Krankenbaus in Auschwitz. Ich war vorher auch in Dachau in der Schreibstube im Krankenbau gewesen. Und ich weiß genau, ich erinnere mich sehr genau, wir hatten in der Schreibstube in Dachau ein Totenbuch. Da wurden der Datumsstempel und die Häftlingsnummer von jenen, die an dem Tag gestorben sind, eingetragen, so dass wir immer einen Überblick hatten, wie viel Tote es waren. Ich erinnere mich an Tage, wo es 6, 10, 12 Tote waren, und es gab einzelne Tage auch ohne Tote. Als ich nach Auschwitz kam und in die Schreibstube eingeliefert wurde, gab es dort eine Tag- und Nachtschicht. Das hatte es in Dachau nicht gegeben. In Auschwitz haben wir an 7 Schreibmaschinen in der Tag- und in der Nachtschicht nur Todesmeldungen geschrieben. Und zwar nicht von arbeitsunfähigen Häftlingen, die sofort nach der Einlieferung in die Gaskammern kamen. Von ihnen gab es keine Personalien, keine Totenmeldungen, keine Nummern, sondern nur von den Leuten, die schon als Häftlinge ins Lager gekommen waren und eine Häftlingsnummer hatten, körpermäßig erfasst waren sozusagen. Das hier waren die Seuchen und die Maßnahmen, die gegen die Seuchen ergriffen worden sind, die zu diesen Todeszahlen führten. Ich erinnere mich sehr genau, ich war erst ungefähr eine Woche in Auschwitz in der Schreibstube, ich war in der Nachtschicht und hatte bei Tag die Möglichkeit zu schlafen. Die Nachtschicht hat dann bei Tag geschlafen. Und meine Pritsche war im 3. Stock. Im Krankenbau von Block 21 waren die Pritschen dreistöckig. Und vom 3. Stock konnte ich in den Hof zwischen Block 20 und 21 sehen. Block 20 und 21 waren Blöcke des Krankenbaus, und Block 20 war der Infektionsblock. Und ich hörte, es war am 29. August 1942, ich hörte Geräusche, Gehen, Schreien, Rufen, und schaute hinaus vom 3. Stock hinunter durchs Fenster. Da sah ich, dass aus dem Block 20 die Häftlinge hinausgetrieben wurden, die kranken Häftlinge. Nur mit Decken um den Leib, – mehr und mehr – das Schreien nahm zu, bis der ganze Hof zwischen den beiden Blöcken voll war. Alles wartete. Und dann kam die SS. Der Sanitäter Klehr saß dort und überwachte das Ganze. Der Lagerarzt Dr. Entress war dort. Schließlich kamen Lastwagen und die Kranken – die meisten von ihnen waren sehr heruntergekommene Menschen – wurden dorthin verladen und weggeführt. Ich erinnere mich – es gibt Bilder, die man nicht vergisst –, als der Hof leer war, lag nur noch einer dort, ein Toter mit offenem Mund. Es schaute aus, als ob er lachen würde."

Ich wagte kaum zu atmen – Langbein schwieg einen Moment. Er holte tief Atem, aber es wurde ganz deutlich, dass er sprechen wollte – sprechen musste.
„Und ich erinnere mich auch, da kam ein junger Pole, der in derselben Stube gewohnt hat, wo ich im 3. Stock auf der Pritsche gelegen bin. Er kam herein und sagte zu einem Freund etwas in Polnisch. Ich konnte nicht Polnisch. Der andere sagte zu mir: Weißt du, was der jetzt gesagt hat? Er hat seinen Vater auf den Lastwagen verladen, der zur Gaskammer geführt worden ist.
Es war allen klar, das war eine Aktion, die vom damaligen Standortarzt Dr. Kurt Uhlenbroock aus Hamburg geleitet wurde. Nebenbei gesagt, der Uhlenbroock wurde nie vor ein deutsches Gericht gestellt, obwohl ich Strafanzeige erstattet habe gegen ihn und auch Zeugen genannt habe. Damals wurden weit über 700 Häftlinge – nicht nur Fleckfieberkranke – auch Häftlinge, bei denen noch keine Diagnose gestellt war, Rekonvaleszente – es gab ja auch Personen, die das Fleckfieber überstanden haben – und auch die Pfleger, die wurden dort in die Gaskammern gebracht und vergast. Dass das Fleckfieber damit nicht verschwunden war, ist klar, weil die Läuse weiterhin in den Strohsäcken und in den Betten lebten. Es war die erste Aktion gegen das Fleckfieber, die ich kennen gelernt habe. Uhlenbroock ist dann weggekommen, weil er selber krank wurde. An seine Stelle kam ein neuer Standortarzt, Dr. Eduard Wirths. Dieser hatte eine andere Einstellung, nicht nur eine andere Einstellung zum Lager gehabt, sondern auch zu den Krankheiten. Er

hat, um das nur kurz zusammenzufassen, was nicht so einfach war, doch einen Weg gefunden, das Fleckfieber tatsächlich zu bekämpfen. Und im Jahr 1944 gab's kein Fleckfieber mehr in Auschwitz. Aber einen Schritt konnten wir – wenn ich wir sage, so meine ich das, was ich als ‚Kampfgruppe Auschwitz' beschrieben habe –, bei Wirths durchsetzen, und zwar deswegen, weil Wirths ein Arzt war, dem das Arztsein durch die Uniform nicht voll abgenommen worden war. Es gab da eine böse Sache im Krankenbau: Wenn ein Häftling sich krankgemeldet hatte, nicht mehr arbeiten konnte, dann sagte er das am Abend seinem Blockältesten, und der Blockälteste konnte ihn, wenn er wollte, als Kranker in den Krankenbau bringen. Dort wurde er von einem Häftlingsarzt untersucht, eine Diagnose erstellt, Temperatur gemessen und was man halt schnell untersuchen kann. Über Nacht mussten sie dann in einem Zimmer in Block 28 sein – auch ein Block des Krankenbaus –, und am nächsten Vormittag kam der SS-Arzt, das war damals Dr. Friedrich Entress. Die Häftlinge wurden ihm vorgeführt, nackt vorgeführt. Der Häftlingsarzt, der vorher untersucht hatte, hielt die Karteikarte, wo die Kurzdiagnose und seine Beobachtungen geschrieben standen und wo auch die Häftlingsnummer und die Haftart des Häftlings vermerkt waren. Entress konnte also nicht nur sehen, wie viel Fieber hat er, und welche Schmerzen hat er, sondern er konnte auch sehen, was das für einer ist: Ist das ein Jude oder ist das kein Jude? Das war das entscheidende Kriterium. Und diejenigen, die vom Entress ausgesucht wurden, als offenbar nicht schnell wieder arbeitsfähig, die wurden nicht aufgenommen im Krankenbau, vor allem wenn sie Juden waren, die wurden, wie es im Lagerjargon heißt, zum Spritzen ausgesucht. Das heißt, sie wurden in den Block 20, dem Infektionsblock, geführt, nackt. Dort wurden sie dann einzeln in eine Stube gebracht, die gleich links beim Eingangstor war. Und dort hatten sie sich auf einen Hocker zu setzen und bekamen eine phenolische Spritze ins Herz. Darum hieß das im Lagerjargon ‚Spritzen'. Wenn sie tot zusammengesunken waren, wurden die Leichen über den Gang in die Stube gegenüber gebracht. Dort wurden die Leichen aufgeschichtet. Und wenn die Abführung fertig war, das Spritzen fertig war, wurden die Leichen ins Krematorium gebracht. Das wussten die Häftlinge. Und deswegen hatte jeder Angst, sich krank zu melden. Hatte man eine schwere körperliche Arbeit und keine Möglichkeit, sich zu verstecken, musste man sich krankmelden, wenn man unfähig war, zu arbeiten. Wenn man eine bessere Arbeit hatte, bei der eine gewisse Versteckmöglichkeit war oder ein Freund, der irgendwie helfen und die Arbeit abnehmen konnte, dann konnte man das überdauern. Aus diesem Grund, weil jeder Angst hatte, sich krankzumelden, schleppten sich viele auch mit hohem Fieber und mit deutlichen Krankheitssymptomen zur Arbeit. Deswegen hörten die ansteckenden Krankheiten auch nicht auf, obwohl sich im Gegensatz zu Uhlenbroock der Standortarzt ernsthaft bemühte, die ansteckenden Krankheiten zu überwinden. Ich war sein Häftlingsschreiber. Und es kam – nicht ohne mein Zutun – doch hie und da zu Gesprächen zwischen uns. Er hat mir nicht nur diktiert, mich nicht nur als Schreiber angenommen, auch als Gesprächspartner. Ich forcierte das, weil ich mich bemühte, ihn irgendwie beeinflussen zu können. Und als er einmal wieder sagte: Ja, wenn ich doch endlich einmal ... – es gab ja nicht nur Fleckfieber, es gab unter anderem auch Typhus – sagte ich zu ihm: Da müssen sie schauen, dass die Häftlinge keine Angst haben, sich krank zu melden. Er sagte: Warum sollen sie Angst haben? Da hab' ich gesagt: Weil sie Angst vorm Spritzen haben. Dr. Entress, der ihm unterstellt war, hat ihm gemeldet: gespritzt – wie es im Lagerjargon hieß – werden nur die Häftlinge, bei denen Tuberkulose festgestellt wurde. Damit war der Wirths einverstanden, weil man Tuberkulose in KZ-Verhältnissen nicht heilen kann. Und je schneller die Krankheit weg ist, desto geringer die Ansteckungskraft. Das war also für den Wirths eine Sache, die er akzeptierte. Jetzt musste ich dem Wirths beweisen, dass bei Entress aber nicht nur TBC-ler gespritzt wurden. Und da half unsere Organisation. Es gab einen Deutschen, einen Bayern, der Blockältester im Krankenbau war, in Block 28, wo diese Untersuchungen, die ersten Untersuchungen der Krankgemeldeten durchgeführt wurden. Ich sagte zu ihm: Du, ich brauche irgendwie einen deutlichen Beweis, dass die Leute, die zum Spritzen ausgesucht werden, keine TBC-ler sind. Da kam ein anderer, ein junger Pole, ein Läufer, ein sehr sympathischer Bursche, der durfte ins SS-Revier – das war außerhalb des Lagers. Er hatte einen Passierschein, konnte hinausgehen, um uns Dinge zu bringen, zu holen usw. Der brachte mir eines Tages die Dokumente und die Krankengeschichte eines Deutschen, der gespritzt worden war. Deutsche wurden sehr selten gespritzt –, und zwar war das ein Deutscher mit kriminellen Vorstrafen, ein älterer Mann, der offensichtlich schon sehr klapprig war. Und weil er Deutscher war, wurde bei der Einlieferung in den Krankenbau sofort eine Röntgenaufnahme gemacht. Bei Deutschen ist das also normal gewesen. Die Röntgenaufnahme war aber ohne Befund. Also Lunge, Herz waren in Ordnung. Doch er wurde zum Spritzen ausgesucht, weil er klapprig war, und offenbar dem Entress nicht gefallen hat. Er brachte mir das, der Läufer vom Blockältesten, mit der Röntgenaufnahme und dem Vermerk: ohne Befund. Da sagte ich dem Standortarzt: Sie sagen, dass nur TBC-ler gespritzt werden? Hier ist einer, der heute oder gestern gespritzt wurde. Der Arzt schaute sich das an und sieht, es gab irgendwelche Beschwerden, vielleicht Bauchschmerzen oder was ande-

res, aber das Röntgenbild ist ohne Befund, Lunge in Ordnung. Wirths sagte: Wieso?
Und ich: Das ist nicht der Einzige.
Das war eine sehr kritische Situation, ich hatte mich weit vorgewagt, aber es ist gut ausgegangen. Dr. Wirths hat gleich darauf seinen Spieß geholt und gesagt: Dr. Entress soll sofort zu ihm kommen. Ich fürchtete, dass damit unsere Aktion auffliegen könnte, weil man sich natürlich fragen würde: Woher hat der Wirths das Röntgenbild? Ich habe ihm deshalb gesagt: Ich darf den, der mir das gegeben hat, nicht in Gefahr bringen. Und Wirths sagte: Seien sie ruhig. Dann kam es zu einem Gespräch Entress – Wirths. Ich war nicht dabei. Ich weiß nicht mehr, welchen Ausgang es hatte. Ich weiß nur, dass der Entress in ein Außenlager versetzt wurde. Und weder dem Blockältesten noch dem Läufer noch mir ist irgendwas passiert".
Langbein schwieg. Ich hatte das ungute Gefühl, dass hinter diesem Bericht auch eine Art Anklage oder vielleicht nur Kritik verborgen war an all jenen, die sich nicht trauten, in irgendeiner Weise Widerstand zu leisten. Aber stand mir eine solche Überlegung zu?
Ich sagte vorsichtig, dass Wirths ja eigentlich gut funktioniert hat, und wie wunderbar es sei, dass das auch für ihn und seine Freunde so gut abgelaufen ist.
Jetzt wurde er fast ein bisschen unwirsch: „Wenn es nicht so gelaufen wäre, hätte ich es nicht erzählt. Man wurde oft vor Situationen gestellt, wo man etwas riskieren musste, wenn man etwas ändern wollte. Das Spritzen hat dann tatsächlich aufgehört. Es wurde nur mehr selten gespritzt. Die Angst vor dem Krankenbau hat aufgehört. Man hatte nicht mehr Angst, sich krank zu melden. Damit war die Grundlage gegeben, auch das Fleckfieber zu bekämpfen. Das Ganze spielte sich im Frühling 1943 ab und 1944 gab es endlich kein Fleckfieber mehr. Also, auf jeden Fall, die Basis war da, der Krankenbau war nicht mehr ein Schreckgespenst. Man konnte sich krankmelden, ohne die latente Angst zu haben, jetzt werde ich abgespritzt."
Ich versuchte, mir das alles vorzustellen. Mir wurde fast schlecht; er schaute mich ruhig an, als warte er auf die nächste Frage. Mir fiel dazu nichts ein und ich sah ihn hilflos an.
„Ja", sagte er, „damit ist eine frühere Frage von Ihnen beantwortet: Die ‚Kampfgruppe Auschwitz' ist nicht nur eine leere Phrase, ist nicht nur ein leeres Wort!"
Mir war gar nicht wohl in meiner Haut. Er musste das Gefühl haben, ich glaube ihm nicht, ich zweifele an seinen Aussagen. Aber so viel war mir doch längst klar geworden, dass das schlimme Wort, die Juden haben sich wie die Schafe zur

Schlachtbank führen lassen, nicht zutraf. Ich versuchte, ihm meine Haltung dazu klarzumachen. Er hörte mir zu – oder war er ganz woanders mit seinen Gedanken? *„Ich frage mich, wie geht man um mit Mördern, mit diesen Bestien. Die Täter, die in diesen KZ herumliefen, waren ja eigentlich Bürger, nicht zu Mördern erzogen worden, oder doch? Das Dritte Reich dauerte insgesamt 12 Jahre. Das ist für mich immer noch eine sehr erschreckende Frage. Ich bin in diesem mörderischen System groß geworden. Wenn man so will, waren diese zwölf Jahre entscheidende Jahre meiner Entwicklung. Ich habe das System eigentlich mit der Muttermilch aufgesogen. Aber ich bin kein Täter. Und doch hab' ich mich nach Kenntnis all dieser Vorgänge auf die Seite der Täter zu stellen! Ungern! Das ist mein Schicksal!"*
Vielleicht nahm Langbein meine Erklärung nicht wirklich ernst. Jedenfalls ging er darüber hinweg, als hätte ich mich nicht in dieser Weise geoutet.
„Die Leute, die in Auschwitz im Vernichtungsapparat tätig waren – und das waren nicht wenige –, davon waren vielleicht eine Handvoll Sadisten, aber die meisten waren keine Sadisten. Das waren Leute, die nicht erst durch Hitler, sondern durch die Ideologie, die es gab, bevor die Nazis an die Macht gekommen sind, erzogen waren. Es gab damals ein Wort, nicht erst bei den Nazis: Der blinde Gehorsam ist die höchste Tugend des Mannes. Akzeptiert man das und sagt zu jedem Befehl, – wenn einer einen Stern mehr hat oder ein Schnürl auf der Kappe hat, dann ist er die Autorität –, dann sagt man: ‚Jawohl', und dann macht man es. Wenn man diese Einstellung hat und wenn man so erzogen ist, dann ist man nicht mehr verantwortlich für das, was man tut. Dann hat man die Verantwortung abgegeben. Das war das Böse an dieser Ideologie. Diese Ideologie ist nicht von den Nationalsozialisten geschaffen worden. Sie ist von den Nationalsozialisten zum Extrem entwickelt worden. Aber sie war in ihren Grundzügen schon da. Denken Sie an das Buch ‚Der Untertan' von Heinrich Mann. Das war lange Zeit vor dem Nationalsozialismus. Es ist die Karikatur einer Ideologie-Entwicklung. Wenn die Verantwortung für das Handeln genommen wird, ist mancher bereit, Dinge zu tun, die er normalerweise nie gedacht hätte zu tun. Und das Gespenstische ist, und man erkennt daran erst das Mörderische dieser Ideologie, dass die meisten, die in diesem Vernichtungsapparat in Auschwitz tätig waren und nicht sofort von der Justiz ergriffen wurden, sich unauffällig in das normale Leben wieder eingefügt haben. Sie haben Befehle bekommen, sie gehorchten diesen Befehlen, waren in diese Strukturen eingebunden."
Ich konnte mir nicht verkneifen zu sagen: *„Solche Vorgänge gibt es doch heute noch!"*
„Das ist das Entsetzliche, was mich manchmal verzweifeln lässt. Aber ich möchte

Ihnen noch etwas erzählen. Es hat einen SS-Mann gegeben, einen jungen Burschen, Hans Stark aus Darmstadt. Er war 19 Jahre alt, als er nach Auschwitz kam. Er hatte über seinem Schreibtisch einen Spruch angebracht. Häftlinge, die dort zu arbeiten hatten, haben es gesehen: ‚Mitleid ist Schwäche' das war ein Spruch, den man nicht nur in Auschwitz und nicht nur bei der SS sagte. Er wollte eben nicht schwach sein. Er hat, wie heißt diese furchtbare Phrase, seinen inneren Schweinehund überwunden. Er hat kein Mitleid gezeigt, obwohl es ihm manchmal dazu zu Mute war. Mitleid ist Schwäche, Mitleid ist doch eine Stärke. Gerade hier muss man eine Ideologie von Anfang an in ihren Wurzeln zu bekämpfen versuchen. Und die Ideologie ist nicht mit Hitlers Selbstmord geschwunden. Das soll man wissen, damit man nicht in die Versuchung kommt zu sagen: Auschwitz, Vernichtungslager – das waren ein paar Sadisten in irgendeinem entfernten Kaff in Polen. Nein. Das war das Resultat einer Rassenideologie. Da gibt es Herrenmenschen und Untermenschen. Und wenn man das akzeptiert – und das akzeptiert man gern, wenn man der Herrenklasse angehörte. Das ist schön. Das korrumpiert. Wenn man der Herrenklasse angehört, und wenn da ein anderer, ein Untermensch, ist – nicht aus historischen Gründen, sondern vom Blut her, wie man damals sagte, nicht erst die Nazis sagten das –, wenn man das akzeptiert, dann ist man zu vielem fähig.

Ich darf das illustrieren, damit es keine Phrase bleibt. Es gab in Auschwitz ab Frühling 1942, als die Selektionen begannen, als Auschwitz zum Zentrum der Endlösung der Judenfrage wurde, wie es die Nazi in ihrem Bürokratendeutsch nannten, da gab es auch ein Frauenlager. Es gab Frauen, die als Jüdinnen deportiert und als arbeitsfähig selektiert worden waren. Die Arbeitsfähigen wurden selektiert und kamen als Häftlinge ins Lager, um für die Rüstungsindustrie zu arbeiten. Das Frauenlager war in Birkenau draußen. Das war ein Nebenlager vom Stammlager Auschwitz, ein Riesenkomplex mit Baracken, Holzbaracken, Pferdestallbaracken ohne Fenster, nur mit Lüftungsklappen. Dort waren – in der ersten Zeit, später wurde es besser – tausende Frauen untergebracht im Frauenlager Birkenau. Es gab in der ersten Zeit einen einzigen Wasserhahn bei der Küche. Da konnten sich einige Privilegierte waschen. Die ersten Monate gab es keinen Wäschewechsel. In den Baracken war gestampfter Lehmboden. Wenn es regnete und wenn Tausende herumgelaufen sind, wie es da ausgeschaut hat, brauche ich nicht zu schildern. Ich möchte Ihnen nur eines sagen, ich hab' es gesehen: Wenn eine Arbeitskolonne von Frauen zur Arbeit geführt worden ist, dann hat's gestunken. Dann konnte man leicht sagen: Schau, das sind doch keine Menschen wie du. Schau, wie die ausschauen. Wie die stinken. Wie die angezogen sind. Das ist doch Ungeziefer! Wenn man die Brutalität

und die Macht hat, Menschen auf ein Lebensniveau zu drücken, das in normalen Verhältnissen unvorstellbar ist, dann kann man den anderen sagen: Das sind nicht deinesgleichen. Das soll man sich vor Augen halten, das soll man wissen, weil es auch heute Unterschiede im Lebensniveau zwischen Menschen gibt und weil man auch heute gerne in den Chor einstimmt: Na schau, das sind doch nicht dieselben Leute wie du. Schau, wie die ausschauen. Und wie die wohnen! Und unter welchen Lebensbedingungen wachsen sie auf? Das ist, glaube ich, eine Lehre, die man aus Auschwitz zu ziehen hat, und zwar die Generation, die diese Zeit nicht erleben musste. Sie muss sich vor der Ideologie des Nationalsozialismus und der Ideologie der Herrenmenschen und der Untermenschen, des blinden Gehorsams und der Verantwortungslosigkeit bewusst entziehen. Ich sage jedem jungen Menschen, mit dem ich rede, und ich suche die Gespräche mit jungen Menschen, ich sage jedem: Bleib auf jeden Fall verantwortlich für das, was du tust. Es ist leichter die Verantwortung auf die Autorität abzuwälzen. Das ist immer leichter. Wähle nicht den leichten Weg. Es kann Komplikationen geben, wenn du einen Befehl, der dir irgendwie unheimlich scheint, nicht ausführst. Es gibt Befehle, Weisungen, es gibt Autoritäten in der Familie, in der Schule, im Beruf – muss es ja geben. Wenn du aber etwas befohlen bekommst, was dir irgendwie unheimlich scheint, frag' immer: warum? Erklärt man es dir nicht, mach es nicht. Und ich sage jedem jungen Menschen auch: Ich weiß, dass es dabei Schwierigkeiten geben kann. Ich weiß, dass du da blaue Flecken bekommen kannst. Aber: Der andere Weg hat nach Auschwitz geführt."
Mich trafen diese Sätze wie Ohrfeigen. Ich dachte an meine Kindheit im Dritten Reich, an meine Eltern, die mich, als 17-Jährige noch frohgemut in den Krieg hatten ziehen lassen. Wie unmündig war ich doch damals? Nie hätte ich gewagt, nein zu sagen, nicht einmal daran gedacht, meinen Eltern zu widersprechen, eine eigene Meinung zu haben. Entsetzt dachte ich: und meine Eltern? Was hatten sie eigentlich für eine Meinung?
„Ich möchte Ihnen doch gerne die Geschichte von Maria, der Krankenschwester, erzählen."
Dieser Satz riss mich aus meinen Gedanken. Ahnte er, woran ich gerade dachte und wollte mich von meinen Überlegungen befreien?
„Es ist eine bemerkenswerte Geschichte. Ich arbeitete im SS-Revier, wo der Standortarzt sein Büro hatte. Es gab dort zur Pflege von leicht kranken SS-Leuten ein Krankenzimmer samt Diätküche usw. Und in dieses SS-Revier kam eine SS-Schwester, also eine Krankenschwester – nicht für die Häftlinge, sondern für die leicht kranken SS-Angehörigen: die Schwester Maria Stromberger, eine Kärntnerin, eine ernst-

haft gläubige Katholikin. Ich sage deswegen ernsthaft gläubig, weil ich einige Leute kenne, die sich als gläubig bezeichnen, wobei man das mit Fragezeichen versehen muss. Diese Schwester kam und sah natürlich, was in Auschwitz geschieht. Das war nicht zu übersehen, das war zu riechen – das stank. Verbranntes Menschenfleisch stinkt. Und aufgrund dessen, was sie dort gesehen hat, suchte sie – das war am Anfang gar nicht leicht – einen Weg, mit uns Häftlingen, die wir im SS-Revier zu arbeiten hatten – wir waren ein Kommando von 15 bis 20 Häftlingen, meist junge Polen – einen Kontakt herzustellen, und zwar vor allem mit dem jungen Polen, der in der Diätküche, also wo sie ihr Herrschaftsgebiet hatte, wenn ich's so nennen darf, zu arbeiten hatte. Das war der Edek Pyś, ein junger Bursch, der als Student verhaftet worden war. Langsam hat sie dessen Vertrauen und auch unser Vertrauen erworben. Sie hat sich bemüht, ohne Rücksicht auf die Gefahr, die damit verbunden war, uns zu helfen. Nicht nur, indem sie uns zusätzlich mit Essen verpflegt hat, nicht nur, weil sie einen menschlichen Ton angeschlagen hat. Vielleicht kann man sich gar nicht vorstellen, wie viel Hilfe ein menschlicher Ton in einer Atmosphäre von Auschwitz bedeutete. Sie hat überdies Korrespondenzen geschmuggelt – meine Korrespondenz, aber nicht nur meine, auch andere. Sie hat auch welche empfangen. Ich möchte nur eine Episode erzählen, um diese Schwester Maria zu charakterisieren. Ich habe geschrieben, und sie hat die Briefe zu meinen Angehörigen befördert. Den ersten Brief, den ich ihr übergeben habe, habe ich ihr offen übergeben. Und sie hat ihn vor meinen Augen zugeklebt. Sie war dann in Wien bei meinen Angehörigen zu Besuch. Ich habe einmal eine Flucht geplant, die dann aus anderen Gründen nicht stattgefunden hat, ich musste aber die Schwester Maria davon verständigen. Denn es bestand ja die Gefahr, dass sie den Kontakt zu meinen Angehörigen weiter aufrechterhält, und man bei meinen Angehörigen natürlich sofort Hausdurchsuchungen und andere Repressalien vorgenommen hätte, wenn ich geflohen wäre, das war ganz klar. Ich musste daher Schwester Maria sagen, dass ich zu fliehen beabsichtige. Ich erinnere mich an das Gespräch sehr genau. Ich ging in die Diätküche, als der Edek nicht dort war, und ich habe ihr gesagt: Schwester Maria, bitte jetzt keinen Kontakt mehr mit meinen Leuten in Wien. Ich will fliehen. Sie schaute mich an und sagte: Wenn ich nicht wüsste, dass Sie ein gottloser Kommunist sind, würde ich Sie jetzt bekreuzigen. Und ich habe gesagt: Bekreuzigen Sie mich."

Er hatte die ganze Geschichte mit einer gewissen Emphase erzählt, ja mit Begeisterung. Es schien, als würde die Tatsache, dass es doch auch eine Hoffnung gegeben hat in dieser ausweglosen Terrormaschinerie, das Vergangene irgendwie freundlich beleuchten. Er atmete tief durch und fuhr gleich wieder fort:

„Übrigens, begonnen hat dieser Kurierdienst folgendermaßen: Als mir Schwester Maria sagte, dass sie auf Urlaub nach Kärnten fährt – wenn man von Auschwitz nach Kärnten fährt, muss man über Wien fahren –, da hab' ich sie gebeten, meine Angehörigen in Wien zu besuchen. Sie hat das akzeptiert. Das war, bevor diese Flucht geplant war. Ich bekam jeden Monat vom Standortarzt zwei Berichte diktiert für Berlin, der ging in die Zentrale – einen offiziellen Bericht, der war mehr oder weniger nichts sagend, und einen Geheimbericht, in dem sehr deutlich über die Vorkommnisse in Auschwitz berichtet wurde. Den bekam ich diktiert. Da habe ich einen Durchschlag mehr von dem Bericht gemacht und wollte ihn der Schwester Maria mitgeben. Aber, es war ja Krieg, es hätte irgendein Zufall dazu führen können, dass sie durchsucht wird. So musste ein Weg gefunden werden, die Nachricht zu verstecken. Ernstl Burger, mein Freund, hatte dann die Idee mit der Kleiderbürste, die er sich dafür ‚organisierte', wie man das im Lagerjargon nannte. In den gelockerten und ausgehöhlten Griff dieser Kleiderbürste wurde der Durchschlag, ein dünnes zusammengerolltes Papier, hineingelegt. Und dann wurde der Griff durch die Borsten der Kleiderbürste wieder zugeschraubt, so dass von der Manipulation nichts sichtbar war. Ich habe Schwester Maria die Kleiderbürste gegeben. Sie verstand natürlich, dass ich keine Kleiderbürste nach Wien schicke, sondern irgendetwas Wichtiges damit nach Wien bringen will. Aber sie fragte nicht. Mein Bruder in Wien hat die Kleiderbürste bekommen, hat die Schrauben bemerkt und sie aufgemacht. Damals bestand in Wien eine kleine Gruppe, eine sehr kleine Gruppe, die sich im Frühling 1944 bemüht hat, gegen das Regime anzukämpfen. Gemeinsam mit dieser Gruppe hat mein Bruder ein Flugblatt über Auschwitz entworfen und in einer Auflage von 2000 Stück hergestellt, es in Telefonhütten, in Telefonbücher gelegt, in Briefkästen geworfen und ähnliches. Ich weiß nicht, wie viele es gelesen haben. Aber auf jeden Fall, einige haben es gelesen. Und da stand alles über Auschwitz als Vernichtungslager, wie sich das abgespielt hat – alles genau, mit Fakten. Und die Prozentzahlen der Todesraten von Auschwitz, die sind erhalten geblieben durch dieses Schriftstück."

„Widerstand in Auschwitz", sagte ich, *„das klingt ganz unwahrscheinlich. Gab es denn außer Maria noch andere Kontakte nach draußen?"*

„Na ja, die ‚Kampfgruppe Auschwitz' und andere Leute, die sich irgendwie mit dem Widerstand befasst haben, vor allem polnische Zivilarbeiter, die dienstverpflichtet waren in Auschwitz, haben versucht, Kontakte nach außen herzustellen. Jeder Häftling in Auschwitz hatte zu arbeiten, vor allem in Rüstungsbetrieben, dazu sind sie ja ins KZ gekommen. Es gab z. B. neben dem Stammlager Auschwitz eine Krupphalle – Krupp brauche ich nicht zu erklären. Dort arbeiteten Häftlinge, und es arbeiteten auch einige polnische Zivilarbeiter, weil bestimmte komplizierte Maschinen von Häftlingen nicht bedient werden durften, auch nicht die Diesellok, mit der man Dinge hin und her beförderte. Die polnischen Zivilarbeiter durften keinen Kontakt mit Häftlingen aufnehmen – logischerweise. Aber man konnte nicht neben jeden Häftling ständig einen Posten stellen, und da gab es einige Polen, die den Mut hatten, Kontakte herzustellen. Mit ihrer Hilfe sind Nachrichten hinausgeschmuggelt worden und auch Nachrichten ins Lager hinein gekommen. Es wurden sogar Medikamente nach Auschwitz geschmuggelt. Wir hatten ja fast keine. Die SS lieferte nur die einfachsten Medikamente. Es gab zwei Quellen: Man konnte, wie man das im Lagerjargon nannte, aus den Habseligkeiten der Deportierten, die auch Medikamente hatten, organisieren. Oder es bestand die Möglichkeit, von polnischen Zivilleuten Medikamente ins Lager zu schmuggeln. Doch das war ein großes Problem. Stellen Sie sich vor, Sie sind ein Häftlingspfleger in einer Stube des Krankenbaus, wo auf dreistöckigen Pritschen etwa 80 Kranke liegen. Sie bekommen Medikamente geschmuggelt, die reichen, sagen wir, für 10 Leute. Wem geben Sie, und wem geben Sie nicht? Geben Sie es dem einen Leichtkranken, der vielleicht ohne Medikamente gesund werden kann? Geben Sie es einem Schwerkranken, bei dem das Medikament nicht mehr hilft? Geben Sie's ihren Freunden? Einer der Häftlingsärzte brachte dieses Problem auf den Punkt: Man hat uns zu Richtern über Leben und Tod gemacht. Das ist eine schwere Verantwortung. Andererseits sollte man die Medikamente nicht annehmen? Konnte man sagen: Ich will sie nicht haben, weil ich nicht entscheiden will? Damit ist illustriert, dass Widerstand nicht nur heißt helfen, sondern Urteile sprechen. Und das ist nicht leicht."

"Kann man sagen", wagte ich einzuwerfen, *"dass sich in diesem Zusammenhang die Täter-Opfer-Rolle auch verschoben hat?"*
„Täter-Opfer-Rolle?"
Er schaute mich sehr kritisch an. Ich bereute meine Formulierung sofort, aber das war jetzt zu spät. Nur seine Freundlichkeit ließ uns das Gespräch trotz meines Fauxpas' weiterführen.
„Nein, man kann nicht von Täter- und Opfer-Rolle sprechen. Ich kann nur sagen, dass man unter den Tätern deutlich differenzieren konnte – musste! Es gab Leute, die sich – wir nannten es im Lagerjargon – eine Rückfahrkarte kauften. Als der Krieg schon sehr kritisch wurde, haben sich solche Leute Häftlinge gesucht, von denen sie sich später eine gute Nachrede erhofften, für den Fall, dass man positive Zeugen brauchte. Diesen Häftlingen wurde geholfen. Ebenso waren unter den Op-

fern auch Leute, die sich zu den Tätern gedrängt haben, um davon profitieren zu können. Im Jahr 1944 war das Tausendjährige Reich schon ein bisschen fragwürdig geworden, und da war dieses Problem kritischer zu sehen: Ist es nützlich, auf dieser Seite zu sein? Es gab Leute, das soll man nicht verschweigen, die sich – nicht nur in Auschwitz, aber auch in Auschwitz und dort vielleicht in verstärktem Maße – als Spitzel der SS zur Verfügung gestellt haben, die denunziert haben, um Privilegien zu bekommen. Das ist böse gewesen. Aber urteilen darüber dürfte eigentlich nur jemand, der in derselben Situation das nicht gemacht hat."
Pause.
„Ist es Ihnen Recht, wenn wir das Kapitel KZ damit beenden?", fragte ich.
„Ein Wort zu Neuengamme möcht' ich noch sagen. Sie werden gleich wissen, warum. In der letzten Phase im August 1944 wurde ich mit einer ganzen Gruppe, das waren vor allem Polen und Russen, zum KZ Neuengamme bei Hamburg überstellt, in ein Außenlager nach Bremen. In Bremen wurde ein neues Außenlager bei den Borgwardwerken eingerichtet – jetzt gibt's keinen Borgward mehr –, damals arbeitete das Werk für die Rüstung. Dort hatten wir zu arbeiten. Der Weg zu unserer Arbeit führte etwa 20 Minuten durch die Straßen, wo Straßenbahnen fuhren, belebte Straßen von Bremen, auf denen die Häftlinge jeden Tag hin- und hermarschierten in Häftlingsmontur, in dem körperlichen Zustand, in dem sie waren, von SS-Leuten mit Gewehren eskortiert. Das konnte jeder Bremer Bürger sehen. Und das waren nicht wenige. Bremen war nicht das einzige Außenlager in einer deutschen Stadt. In welchen Städten gab's damals keine Außenlager von KZ? Das nur zu der Frage, die manchmal von Leuten meiner Generation gestellt worden sind: Wir haben gar nichts gewusst – davon. Wegschauen war ganz leicht, aber das konnte man ja nicht immer."
Das war der Punkt, der mich besonders traf. Ich frage mich immer wieder, wie war das, als in der Kleinstadt, in der ich groß geworden bin, die Juden abtransportiert worden sind? Ich erinnere mich nur, dass das einzige größere Geschäft, das Kleidung verkaufte, eines Tages geschlossen war. Meine Mutter nähte alles selbst, deswegen hat sie sicher nie dort gekauft. Oder nähte sie alles selbst, weil sie dort nicht kaufen wollte? Diese Fragen kann ich nicht mehr klären.
„Wissen Sie, wie viele KZ es in Deutschland gab? Die im Ausland – Polen Frankreich und so weiter, nicht dazugerechnet?", fragte ich.
„Mehr als 1000", sagte er langsam, als schien er meine Gedanken zu erraten. Sicher – er wusste, was in mir vorging.
„Also, machen wir weiter", sagte er.
„Der Krieg war dann bald zu Ende. Es gab in der letzten Phase, als die Alliierten –

vom Osten die Russen, vom Westen die Amerikaner und Engländer – nach Deutschland kamen, einen zentralen Befehl von Himmler: Alle Lager und Außenlager sind zu evakuieren, wenn der Feind sich nähert. Kein Häftling darf dem Feind lebend in die Hände fallen. Das war die böseste Zeit der KZ. Da starben in den wenigen Monaten 1945 bis zum Ende mehr Menschen, als in den Jahren vorher. Vor allem auch während der Todesmärsche – es gab keine Fahrgelegenheiten mehr. Wer nicht gehen konnte, wurde erschossen. Es war ein großes Durcheinander. Die Lager, die noch existierten, waren überfüllt. Ich war damals in einem Außenlager von Neuengamme, in Lerbeck".

Im Südosten von Hamburg befand sich von 1938 bis 1945 das größte Konzentrationslager Nordwestdeutschlands, das KZ Neuengamme. Dort waren mehr als 100 000 Häftlinge aus ganz Europa im Hauptlager und den 86 Außenlagern inhaftiert. In Neuengamme, den Außenlagern und bei Kriegsende im Zuge der Lagerräumungen starben mindestens 42 900 Menschen.

„Am 1. Oktober 1944 wurden etwa 500 Häftlinge aus dem KZ Neuengamme nach Lerbeck gebracht. Sie arbeiteten in dem dort neu eingerichteten Außenlager in einer so genannten Frontreparaturwerkstatt. Eine Tochtergesellschaft des Klöckner-Konzerns errichtete auf dem Werksgelände der Betonfirma Weber eine neue Werkstatt zur Reparatur von Flugzeugmotoren. Die Männer wurden zu Bau- und Umbauarbeiten innerhalb des Werksgeländes eingesetzt. Später verrichteten sie Arbeiten im Reparaturbetrieb. Als Unterkünfte dienten Baracken auf einem nicht mehr genutzten Wehrmachtsgelände bei der Porta Westfalica. Es war ein kleines Lager. Wir erhielten ebenfalls den Evakuierungsbefehl, als die Amerikaner sich im April näherten. Wir wurden zuerst nach Fallersleben evakuiert. Fallersleben ist jedem Deutschen bekannt, dort waren die VW-Werke, dort hatten ebenfalls Häftlinge zu arbeiten. Dann wurde Fallersleben auch evakuiert, wir wurden in Güterwaggons gesteckt und sind in Richtung Nordosten gefahren. Ich habe mir das dann später auf einer Landkarte angeschaut: Wir sind innerhalb von 3 Tagen, 50 Kilometer gefahren. Das heißt, die meiste Zeit ist der Zug gestanden. Keine Lokomotiven, Fliegeralarm, Chaos. Das war Anfang April 1945. Wir standen im Frachtbahnhof von Salzwedel – wieder einmal. Dort waren auf den vielen Gleisen alle möglichen Zuggarnituren, sie standen da ohne Lokomotiven, ohne Bewachung, ohne irgendetwas – also in Auflösung. Wir waren in Güterwaggons. Die SS war natürlich in einem Personenwagen. Sie sind ausgestiegen und haben sich alles angeschaut. Da gab es ganze Züge voll mit Lebensmitteln, Rauchwaren und mit allem Möglichen. Die SS hat sich alles geholt, und weil sie nicht selber schleppen wollten, haben die SS-Leute einen unsere Güterwaggons geöffnet, einen der nicht so voll war, mit Deutschen und Österreichern. Die sollten es ja immer ein bissel besser haben – oder weniger schlecht. Unser Waggon, der deutsche Waggon, wurde geöffnet. Die SS sagte: Raus, raus, raus! Schleppt uns das in unseren Wagen. Ihr könnt selber auch essen, was ihr wollt! Alle sind gelaufen, und alle haben geschleppt, und alle haben gekaut. Ich hatte schon vorher mit einem Freund von mir, mit einem Bayern, Hans Biederer aus Straubing abgesprochen, dass wir fliehen, wenn es eine Gelegenheit gibt, weil ich der SS alles zugetraut habe. Wir hatten unter unserer Zebramontur der Häftlinge eine zweite Garnitur. In der letzten Phase wurde das Zebragewand für die Häftlinge knapp, und da hat man von den jüdischen Transporten, die in die Gaskammern kamen, die Kleider genommen, die noch brauchbar waren, und hat sie mit Minimumstreifen am Rücken und an den Hosenbeinen gekennzeichnet. Das wurde dann als Häftlingsmontur ausgeteilt. Wir besorgten uns eine solche Montur, machten die Streifen möglichst wenig sichtbar, ganz unsichtbar waren sie natürlich nicht, und zogen sie bei der Evakuierung unter unsere Zebramontur an. Ich habe dem Hansl gesagt: Also jetzt fliehen wir. Er antwortete: Warte, im Lastwaggon hab' ich noch etwas, das ich mir holen will. Ich wartete auf ihn. Dann zogen wir unseren Zebraanzug aus. Ich stehe also dort und warte auf den Hansl. Da kommt ein SS-ler auf mich zu, brüllt mich an: Was machst du da? Ich konnte nicht lange nachdenken und sagte spontan: Dort gibt's Zigarren. Der SS-ler drehte sich um und lief nach den Zigarren. Das war das letzte Mal, dass ich Glück gehabt habe. Manchmal werde ich gefragt: Wieso hast du überlebt? Unter anderem, weil es immer eine Kette von Glücksfällen gab. Das war der letzte Glücksfall. Kurz danach kehrte der Hansl wieder zurück. Wir zogen den Zebraanzug aus und sind über eine Wiese gelaufen. Ich hab' gesagt: Jetzt müssen wir langsam gehen. Wir dürfen nicht laufen. Wenn wir jetzt laufen, fallen wir auf. Wenn wir langsam gehen, wird man aus der Entfernung nicht merken, dass wir keinen normalen Anzug tragen. So sind wir über die Wiese gegangen und haben wieder Glück gehabt. Plötzlich gab es Fliegeralarm. Die Einwohner von Salzwedel sind nervös herumgerannt. Wir sind einfach mitgerannt und dabei in den Wald gekommen. Es war der 11. April 1945. In der Nacht, als es dunkel wurde, sind wir nach Westen gegangen. Und als wir am 12. April aus dem Wald rausschauen, vorsichtig, da sehen wir schon auf der Straße die Ami-Panzer. Dann war's aus mit der Vorsicht. Da begann dann das Leben in Freiheit."

„Was haben Sie gefühlt? Gedacht? Gehofft?"

„Ja, ich erinnere mich an ein Gefühl", er stockte, „aber da müsste ich Lyriker werden, um es genau beschreiben zu können. Wir sind frei gewesen am 12. April. Es war ein schöner Tag, und wir sind in Richtung Westen gegangen durch einen Wald. Es war ein herrlicher Wald. Es war alles herrlich. Alles sah ich neu, in einem anderen Licht! Moos, Sonne. Das Wiedersehen mit der Natur. Ich bin dann weiter nach Westen gegangen und kam nach Hannover. In Hannover waren die Engländer installiert. Ich bin zu den Engländern und habe erklärt, dass ich aus dem KZ komme. Ein englischer Feldwebel, ich weiß nicht, welchen Dienstgrad er hatte, ist mit mir zu einer Villa gegangen, wo Deutsche wohnten und forderte: Hier, der kommt aus dem KZ. Der kriegt das schönste Zimmer bei Ihnen. Sie haben mir ein Zimmer gegeben – ich weiß nicht, ob es das schönste war, ich hab' die anderen Zimmer nicht angeschaut. Jedenfalls war es das erste Mal seit sechs Jahren, dass ich wieder in einem Bett geschlafen habe. Die Engländer haben mich auch prima verpflegt. Aber es war eine eigenartige Sache. In dem Haus lebten Deutsche. Die Deutschen hatten furchtbare Angst vor mir: Der wird uns von den Engländern ins Haus gesetzt! Ich hatte keine Angst vor den Deutschen, aber ich hatte überhaupt kein Bedürfnis, mit ihnen ein Wort zu reden. Was sollte ich reden? Nicht, weil ich sie als Feinde betrachtet hätte, sondern was …?"

Hier konnte ich nicht still bleiben.

„Wissen Sie, wie das war, als die Engländer – oder waren es Amerikaner – in unser Haus kamen? Da gab es keinen KZ-Häftling, aber ich erinnere mich, dass wir dem Feind gegenüberstanden! Das fühlte ich damals! Ja, schrecklich! Ich mag mich nicht gern daran erinnern, aber ich glaube, auch mit uns, mit meinen Eltern und mir, hätten Sie nicht gern geredet!"

Er sah mich lange an, dann sagte er:

„Umso wichtiger ist, dass wir mit unseren so gegensätzlichen Erfahrungen offen umgehen. Das wir reden, oder schreiben, dass wir nichts vertuschen oder beschönigen, oder verheimlichen. Also: am 4. Mai – das waren die allerletzten Kriegstage – sagte der englische Offizier, mit dem ich damals immer im Kontakt stand, sie wollten eine antifaschistische Stadtverwaltung in Hannover einrichten. Sie wussten, dass ich als politischer Häftling in Auschwitz und Neuengamme war."

„Hannover! Was kann das einem gestandenen Wiener bedeuten?"

„Die Frage ist berechtigt! Es war der 4. Mai 1945. Der englische Offizier, der dort das Kommando führte, wollte eine Stadtverwaltung mit Antifaschisten in Hannover einrichten. Er wusste, dass ich aus politischen Gründen im KZ gewesen war und sagte zu mir: Ich will Sie in die Stadtverwaltung einbauen. Ich dachte mir aber, wenn ich jetzt in die Stadtverwaltung Hannover komme, dann kehre ich nicht so schnell nach Hause, nach Wien zurück. Am nächsten Tag besorgte ich mir ein Fahrrad. Es gab da eine Gruppe von belgischen Kriegsgefangenen, die dort untergebracht waren und auch von den Engländern ernährt wurden. Sie haben Fahrräder eingesammelt. Jeder Frau, die vorbeigefahren ist – ich glaube, es sind nur Frauen gefahren –, wurde zugerufen: Stopp, Rad her! So sammelten sie die Räder, weil sie alle heim nach Belgien fahren wollten. Aber letzlich bekamen sie einen Bus und überließen mir die Räder. Eines dieser Räder habe ich mir genommen und bin schließlich von Hannover nach Wien mit dem Fahrrad gefahren. In den allerletzten Kriegstagen. Als ich in Halle vorbeigefahren bin, habe ich erfahren, dass die Kapitulation schon endgültig war. Und in der Nacht vom 17. auf den 18. Mai war ich in Wien."

Er lachte, das Glück der damaligen Freiheit schien ihn jetzt noch zu überwältigen. Er war wieder ganz jung und so gelöst. Ich lachte auch, und sagte:

„Irgendwie finde ich das ganz toll, dass man nach solchen sechs Jahren auf einem Fahrrad sitzt und durch die Welt fährt. Zug fahren wäre doch eher angemessen gewesen, finden Sie nicht?"

„Nein, nein", widersprach er, „das war es ja gerade, diese Art von Freiheit, diese Unabhängigkeit! Ich war endlich wieder mein eigener Herr. Ich sah die Welt mit neuen Augen. Die Natur. Ich habe geschaut und geschaut und gestrampelt. Ich habe nicht viel nachgedacht. Ich bin den ganzen Tag gefahren, und abends in ein Dorf eingekehrt. Ich hatte einen Schein von den Amis, wo draufstand: Das ist ein ehemaliger Häftling der KZ, und jeder hat ihm zu helfen, – in Englisch, samt Stempel. Stempel ist immer wichtig. Ich bin mit diesem Zettel – es war so ein ganz kleines Stückerl Papier, ich hab's heute noch – mit dem Zettel bin ich zum Bürgermeister – meistens waren das noch Nazibürgermeister. Ich suchte mir immer kleine Ortschaften aus und sagte: Ich möchte essen und schlafen. Der Bürgermeister ist dann zwar zusammengezuckt, aber ich konnte essen und schlafen. Die einzige Ausnahme, die vergesse ich nicht, war Marktredwitz (in Oberfranken). Da hab' ich mich wieder nach dem Bürgermeister durchgefragt. Es war schon ein neuer Bürgermeister. Er hat mir nicht nur zu essen gegeben, sondern er hat mich zu sich gebeten, um gemeinsam mit seiner Familie zu essen, und hat mir sogar ein Bad hergerichtet. Das war das erste Mal, dass ich mit Deutschen über die KZ gesprochen habe.

Und dann war ich in Wien und habe meine Leute wieder gefunden. Ich wusste ja nicht, ob sie noch am Leben waren. In der letzten Zeit hatte die Verbindung mit Wien nicht mehr funktioniert. Wien wurde bombardiert, das wusste ich auch. Doch ich habe sie alle wieder gefunden."

„Und die Begegnung mit alten Freunden, gab es da irgendwelche Probleme?"

„Es gab ein Problem, das ich mit den Worten einer Bekannten von mir sagen möchte, die auch in Auschwitz war: Grete Salus, die jetzt in Israel lebt und ein Büchlein geschrieben hat, ein eindrucksvolles Büchlein über ihre Erlebnisse. Mit ihren Wort möchte ich das schildern, weil sie es besser ausgedrückt hat, als ich es sagen könnte. Sie hat geschrieben: ‚Wir kamen aus der Hölle, und wir glaubten, jetzt kommen wir in den Himmel. Aber es war nicht der Himmel.'
Es gab dann bei vielen von uns, die zurückkamen nach dem ersten freudigen Erlebnis, frei zu sein, die große Enttäuschung, weil es nicht der Himmel war. Man muss das verstehen, wenn man Auschwitz erlebt hat und befreit war, dachte man, jetzt muss die ganze Welt anders werden, wenn sie die ganze Wahrheit erfährt. Aber nicht die ganze Welt wurde anders. Und Auschwitz war für viele in Österreich und in Deutschland lange Zeit hindurch tabu. Reden wir nicht drüber. Es gab da so ein verlogenes Mitleid: Ach, sie waren in Auschwitz. Um Gottes Willen. Ich möchte sie nicht belasten. Ich will nichts reden darüber.
In Wirklichkeit wollte man sich selber schonen. Jeder Mensch musste ja mit der Frage rechnen: Sie haben gar nichts geahnt? Sie wussten das nicht? Was haben Sie gemacht? Haben Sie Heil Hitler gegrüßt? Wie war das? Man wich diesen Fragen aus, man redete nicht drüber. Es gab allerdings, das darf man nicht vergessen, brennende Fragen des Alltags: nichts zum Essen, kein Verkehr, die Wirtschaft lag danieder, man hatte mit dem Wiederaufbau zu tun. Das war vordringlich. Aber auch später blieb Auschwitz tabu. Eigentlich wurde das Tabu erst gebrochen, beim großen Frankfurter Auschwitz-Prozess 1963/65."
„Sie haben immer den Standpunkt vertreten, dass die Überlebenden verpflichtet sind, Zeugnis abzulegen, so lange sie dazu noch in der Lage sind. War das auch ein wesentlicher Grund für Sie, den Auschwitz Prozess mit zu bewegen?"
„So kann man das nicht sagen. Diese Prozesse hatten ja den Sinn und Zweck Gerechtigkeit zu üben. Man musste diese Mörder vor ein ordentliches Gericht bringen. Das erste Mal war ich Zeuge beim Prozess gegen den Kommandanten von Auschwitz, Rudolf Höß, den ich in Auschwitz gekannt habe. Sein Fall wurde in Polen in Warschau verhandelt. Er hatte sich zuerst mit falschem Namen, mit falschen Dokumenten als Wehrmachtssoldat verstecken können. Dann lebte er in Schleswig-Holstein, arbeitete bei einem Bauern und wurde erst im Jahre 1946 verhaftet. Seine Frau, die ihn offiziell tot gemeldet hatte, besuchte ihn und wurde beobachtet. So wurde festgestellt, dass er der gesuchte Höß ist. Er kam als Zeuge nach Nürnberg und hat in den Nürnberger Prozessen ausgesagt, sehr ausführlich",
„Leidenschaftslos und ohne Reue", warf ich ein.

„Ja, das stimmt. Er kam dann nach Polen. Wurde ausgeliefert und hatte in Warschau, im März/April 1947 seinen Prozess, und ich war dort Zeuge. Es war das erste Mal, dass ich einem SS-ler in dieser Form gegenüber gesessen bin. Es gab auch in Krakau einen großen Auschwitz-Prozess."

„Ist es nicht seltsam, dass es einige große Prozesse um die Naziverbrechen gab, aber das Bewusstsein der Menschen wurde nicht sehr verändert? Eine wirkliche Aufarbeitung der Vergangenheit hätte in diesen Jahren stattfinden müssen, aber das wollte man nicht. Ich erinnere mich sehr gut an diese ersten Jahre nach dem Krieg, niemand wollte sich ERINNERN. Das, was wir heute alle versuchen nachzuholen. Ich verstehe schon, dass man auf der Opferseite daran interessiert war, die Täter vor Gericht zu stellen. Aber die anderen …"

„Die ersten Jahre war ich Generalsekretär des Internationalen Auschwitz-Komitees. Und als solcher habe ich eine lange Kette von Strafanzeigen gegen SS-ler erstattet. Das war gar nicht so leicht. Bis ich da durchgedrungen bin, hat es eine Zeit gedauert. Ich erinnere mich sehr gut an einen Staatsanwalt Weber in Stuttgart, der gar keine Freude daran hatte. Es wurde die Zentralstelle in Ludwigsburg geschaffen. Dann funktionierte es besser. Die Vorbereitungen für den großen Frankfurter Auschwitz-Prozess waren auch nicht einfach. Er begann im Dezember 1963. Die Aufgabe für mich war, neben den Strafanzeigen oder nach den Strafanzeigen, der Staatsanwaltschaft und dem Untersuchungsrichter Zeugen zu nennen. Die meisten Zeugen waren keine Deutschen. Damals gab es zum Beispiel keine diplomatischen Beziehungen mit Polen. Die Verhältnisse waren mit heute nicht zu vergleichen. Die Zeugen musste ich nennen, die ausländischen Zeugen und ich musste auch manchen ausländischen Zeugen überreden, nach Deutschland zu kommen. Da ist Zeit vergangen. Ich erinnere mich an eine sehr wichtige Zeugin, die in Auschwitz in der Registratur beim Standesamt arbeitete, wo sie Einblick wie kaum ein anderer Häftling hatte. Sie konnte aus eigenem Erfahren aussagen, viel mehr als viele andere. Das war die Raya Kagan. Ich habe ihr gesagt: Bitte, komm zum Untersuchungsrichter nach Frankfurt. Doch sie sagte: Ich fahre nicht mehr nach Deutschland. Ich will keinen Deutschen mehr sehen. Ich konnte sie dann doch überreden. Sie ist nach Frankfurt geflogen, und hat mir erzählt: Ich hab' im Flugzeug alle Deutschen angeschaut: Was könnte der gewesen sein? Keine einfache Sache. Ein Zeuge im Auschwitz-Prozess zu sein, war nicht leicht. Ich könnte Ihnen eine Episode erzählen, um das zu illustrieren. Es gab eine Zeugin, eine Frau, die ich sehr schätze. Ich habe sie jetzt vor kurzem wieder getroffen, die Hanka Palarczyk. Eine Polin, die in Krakau lebte. Sie war in Auschwitz Blockälteste und zwar eine sehr gute Blockälteste, eine sehr anständige. Darum war sie als Zeugin vorgeladen. Hanka Palarczyk hat dort eine sehr nüchterne, sachlich fundierte Zeugenaussage in Frankfurt abgegeben. In Frankfurt spielte sich das so ab: Die Verteidiger waren der Meinung, die Zeugen sind schon beeinflusst, weil sie vorher Fotos gesehen haben, wo jeder Angeklagte sitzt. Es gab zwanzig Angeklagte. Wenn der Zeuge dann jemanden zu erkennen glaubt, weiß er genau, wo er hinzuzeigen hat vom Foto her. Darum hat die Verteidigung beantragt – und dem Antrag wurde stattgegeben –, dass der Zeuge, wenn er glaubt, sich an den einen oder anderen Angeklagten zu erinnern, die Angeklagten hinter dem Zeugenstuhl in einem Halbkreis stehen mussten. Die Zeugen saßen vor dem Tisch in einem Sessel. Der Zeuge stand dann auf, und wusste jetzt nicht, wer ist wer. Er konnte nur die, die er wirklich wiedererkannte, benennen. Das war auch bei der Hanka so. Ich habe sie am nächsten Tag gesprochen. Sie hat mir gesagt: In der Nacht hat mir geträumt: Ich bin allein in einem leeren Zimmer und um mich ein Kreis von SS-lern, die immer näher auf mich zugehen. Es war wirklich nicht leicht, Zeuge zu sein."

„Ich bewundere die Menschen, die nach solchen Erlebnissen in Deutschland oder auch in Österreich leben. Das kann doch nicht die Freiheit sein, von der man träumte. Ich verstehe diese Polin sehr gut, die in jedem Deutschen einen Täter zu entdecken glaubte. Wie kann man mit dieser Belastung fertig werden? Man ist doch ständig mit diesem Problem konfrontiert? Hat Ihnen das Schreiben, das Aufschreiben all der Schrecken geholfen?"

„Vielleicht. Ich habe gleich nach dem Krieg angefangen zu schreiben. Mein erstes Buch behandelt mein persönliches Erlebnis in den verschiedenen Lagern – bei den französischen Lagern angefangen, bis Dachau, Auschwitz, Neuengamme und den Außenlagern. Das habe ich im Winter 1947/48 geschrieben. Und das war, wenn ich es rückblickend sehe, eine Protestaktion. Ihr wollt nichts von Auschwitz wissen, ihr sollt es lesen können! So hab' ich das Buch geschrieben. Das war auch nicht einfach. Das Buch erschien in einer kleinen Auflage, auch wegen des Papiermangels. Es haben also nicht allzu viele gelesen. Jetzt wurde es wieder neu aufgelegt, mit einem Vorwort und Nachwort, auf das ich großen Wert lege, weil ich mich inzwischen in meiner Einstellung geändert hab'. ‚Die Stärkeren' heißt es. Jetzt lesen es ein paar Leute mehr, auch nicht sehr viele. Meine Bücher sind keine Bestseller, verständlicherweise!"

„Sie sagen, dass das Schreiben ein Protest war. Haben Sie nicht auch etwas abgearbeitet? Man kann das nicht Trauerarbeit nennen, eher wohl Schreckensarbeit! Kann es sein, dass Sie sich etwas weggeschrieben haben?"

„Nein, ich würde nicht sagen, ich habe mir etwas weggeschrieben. ‚Die Stärkeren', das war, ich sagte es schon, mein persönlicher Erlebnisbericht. Bei meinen späteren Büchern könnte man von Verarbeitung sprechen. Ich habe später von einem österreichischen Verlag, dem Europa-Verlag, einen Vertrag bekommen für ein Buch über Auschwitz, als soziologische Studie. Das wollte ich schreiben. Ich wollte mich mit dem Thema aus zwei Gründen auseinandersetzen. Erstens, weil ich Auschwitz erlebt habe in einer weit günstigeren Position als andere Häftlinge oder die meisten anderen Häftlinge. Und weil viele in Auschwitz gesagt haben: Das muss die Welt erfahren. Die können aber nicht mehr reden. Für sie habe ich die Aufgabe übernommen. Der zweite Grund: ich habe in Folge meiner privilegierten Position viel mehr erfahren, gesehen als andere. Aus diesem Grund habe ich den Wunsch gehabt, das Buch zu schreiben. Ich habe den Vertrag abgeschlossen mit dem Verlag und habe dann doch nicht begonnen mit der Arbeit. Ich kann auch sagen, warum ich nicht begonnen habe. Im Zuge der Strafanzeigen, die ich erstattet habe – ab 1958 – gab es eine Strafanzeige gegen Josef Klehr, das ist der Mann, der die Phenolinjektionen gegeben hat. Das haben auch andere gemacht, aber er hat die meisten Injektionen verabreicht. Ich kannte ihn sehr genau in Auschwitz und ich hatte mit ihm sehr viele Probleme, sagen wir es vorsichtig so. Josef Klehr wurde aufgrund der Strafanzeige verhaftet. Ich glaube, es war im Jahr 1960. Er lebte unter seinem richtigen Namen in Deutschland. Und wie in jedem Land, war es auch in Deutschland so, wenn jemand verhaftet wird, muss er dem Untersuchungsrichter vorgeführt werden. Und der Untersuchungsrichter muss einen Haftgrund haben. Die Staatsanwaltschaft hat mich gebeten: Sind Sie bereit, mit ihm konfrontiert zu werden, und sind Sie bereit, auszusagen, damit der Haftbefehl auch hält? Ich hab' gesagt: ja. Und ich erinnere mich gut: In Frankfurt wurde mir im Gerichtsgebäude dieser Klehr, den ich gut kannte, den ich in Auschwitz zu fürchten hatte, vorgeführt. Er wurde an einer Kette vorgeführt durch einen Justizwachmann. Ich habe ihn sofort erkannt. Er hat mich erkannt. Er kannte mich aus Auschwitz. Er war jetzt sichtbar älter geworden. Und ich habe ausgesagt. In der Nacht konnte ich nicht schlafen. In der Nacht war das nicht der Klehr mit der Kette, sondern der Klehr, den ich in Auschwitz kannte. Wie er in Lederhandschuhen, damit er sich nicht ansteckt, durch den Krankenbau ging und die Leute aussuchte zum Spritzen. Da war es für mich dieser Klehr. Als ich das gesehen habe und gespürt habe, da habe ich mir gesagt: Wenn ich über Auschwitz schreibe, dann muss ich die Kraft haben, objektiv schreiben zu können – soweit man über ein zeitgeschichtliches Problem objektiv schreiben kann. Ich habe also andere Bücher, kleine Bücher, geschrieben, aber noch nicht dieses Buch. Als ich den Frankfurter Auschwitz-Prozess beobachtet habe, nach meiner Zeugenaussage – ich war einer der ersten Zeugen –, hab' ich den ganzen Prozess, der 20 Monate dauerte, von der Pressegalerie aus beobachtet – es waren keine leichten Monate –, da hab' ich natürlich die Angeklagten genauer angeschaut, wie sie reagierten. Natürlich vor allem jene Angeklagten, die ich von Auschwitz selbst gekannt habe. Und eben auch diesen Klehr. Am Ende des Prozesses war für mich der Klehr nicht mehr der Mann, der mir Alpträume verschaffte, sondern ein primitiver, sich sehr dumm verteidigender Verbrecher. Als ich das bei mir registriert habe, wusste ich, jetzt kann ich das Buch schreiben und habe begonnen. Das Buch ist für mich … was soll ich sagen, es hat mir Distanz verschafft. Ich habe auch andere Bücher geschrieben, auch andere Artikel und ähnliches – ja, ich habe Distanz gewonnen zu Auschwitz. Die Distanz, die für mich sehr nützlich ist. Wenn ich heute über Auschwitz spreche, brauchen Sie keine Angst zu haben, dass ich nachts träumen werde davon. Für mich ist Auschwitz nicht mehr mein persönliches Erlebnis allein, sondern ein historisches Phänomen, das ich genauer kenne als andere. Und ich kenne Überlebende von Auschwitz, die das Problem zu verdrängen versuchen. Das sind die, die träumen."

„Ich muss bei Ihrer Schilderung an einen Ausspruch von Primo Levi denken: ‚Wer so tief verletzt wurde, möchte die Erinnerung verdrängen, um den Schmerz nicht zu erneuern.' Ich kann nur versuchen, dem nachzuspüren. Sie müssen noch einmal alles durchlitten haben beim Aufschreiben dieser Fakten?"

„Primo Levi", sagte er sehr leise, „ist ein ganz hervorragender Mensch gewesen. Ich habe ihn ungemein geschätzt, ungemein. Nicht nur seine Bücher, sondern einfach als Mensch. Es war schön, mit ihm beisammen zu sein. – Ja, es war schön, mit ihm beisammen zu sein, und es war böse, dass er sich dieses Ende gegeben hat."

Er schwieg. Es entstand eine dieser bedrückenden, aber wie mir schien auch notwendigen Pausen. Er unterbrach sie ziemlich abrupt.

„Ich denke, wir nähern uns dem Ende unseres Gespräches. Aber ich möchte doch noch ein Thema berühren, das mich besonders beschäftigt. Verlassen wir die Vergangenheit. Kommen wir zum Jetzt und Heute. Das Thema Gedenkstätten. Ich weiß, dass das auch in Deutschland heftig diskutiert wird. Ich verfolge diesen Meinungsaustausch."

„Er ist sehr kontrovers", warf ich ein, *„die Meinungen gehen sehr auseinander. Sind diese Mahnmale Angriffsflächen für Radikale, ist es eine wichtige Erinnerungsarbeit, dass wir diese Gedenkstätten um jeden Preis erhalten oder errichten sollen?"*

„Ich glaube, dass die Gedenkstätten, ich denke vor allem an Auschwitz, aber nicht nur Auschwitz, dass die Gedenkstätten eine sehr wichtige Funktion haben. Nicht für uns. Das wäre ein großer Irrtum. Also für mich ist die Gedenkstätte Auschwitz nicht wichtig, aber für andere. Ich möchte ein Beispiel sagen. Ich bin einmal eingeladen worden, es war schon nach dem Fall der Mauer. Ich wurde von einer Gruppe Medizinstudenten nach Berlin eingeladen. Sie hatten mich irgendwo gehört – in Köln oder sonst wo – und haben gesagt: Herr Langbein können Sie zu uns kommen? Sie haben eine Woche veranstaltet, über SS-Ärzte und was da Böses geschehen ist in den KZ. Sie hatten sich sehr gründlich vorbereitet, beispielhaft vorbereitet. Einer von diesen Studenten, der mich dorthin geholt hatte, ein junger Bursch, ich weiß nicht mehr, wie er hieß, ich glaube sein Vorname war Gerrit. Er kannte die Auschwitzliteratur sehr gut, hielt selbst Vorträge über SS-Ärzte in Auschwitz, fundierte Vorträge. Er hat mir dann erzählt, dass er sogar in Auschwitz war, nachdem er all das schon gehört, gekannt, gelesen hatte. Er kam ins Stammlager Auschwitz, das heute ein Museum ist. Das hat ihn erschüttert. Dann kam er nach Birkenau, dort, wo die Endlösung, wie es die Nazi nannten, stattgefunden hat. Und da setzte er sich hin und hat geweint. Das Beispiel sagt mir, welchen Wert die Gedenkstätten heute haben können. Jede Gedenkstätte. Ich glaube, dass das für die junge Generation und die kommenden Generationen wichtig ist, das Unvergleichliche, auch optisch, gefühlsmäßig darzustellen, nicht nur verstandesmäßig. Nicht nur in Büchern, Bildern oder Filmen. Es muss greifbar sein, hautnah."

„*Damit haben Sie sicher ganz Recht*", warf ich ein, „*aber der nun neue Rechtsruck wirft so viele Fragen auf. Denken Sie, dass dieser Fall der Mauer da irgendwelche seltsamen Schleusen geöffnet hat? Die DDR hat in Folge zwei Diktaturen erlebt. So wie im Westen, hat auch der Osten die braune Vergangenheit nicht wirklich aufgearbeitet.*"

„Ich kenne Deutschland jetzt nur aus der Distanz. Wenn ich über Deutschland und die jetzigen Verhältnisse urteile, so ist dies das Urteil eines Menschen, der von Wien aus redet. Ich weiß gar nicht, wann ich das letzte Mal in Deutschland war. Ich habe den Eindruck – der muss nicht stimmen – dass durch diese völlig falsch bezeichnete ‚Wiedervereinigung' – das ist nämlich keine Wiedervereinigung, das ist eine Vereinigung, aber nicht eine Wieder-Vereinigung. Wiedervereinigung heißt, dasselbe, was früher war, wieder herstellen. Um Gottes Willen! Dass diese Vereinigung, die sehr unglücklich organisiert wurde, mit all diesen grässlichen Dingen, die sich durch die Arbeitslosigkeit in der ehemaligen DDR abspielten, mit dem krassen Unterschied des Einkommensniveaus, der ja weh tun muss, dass diese Situation jetzt etwas provoziert hat, ist doch verständlich. Ich habe da irgendwie das Gefühl, dass man sagt: Vorher war es ja gar nicht so schlecht. Vorher waren die Kindergärten besser und die Krankenversicherung günstiger. Das hätte man etwas vernünftiger machen müssen, etwas klüger voraussehen müssen."

„Aber Sie sind schon der Meinung, dass der Fall der Mauer den Rechtsdrall in der DDR gefördert hat?"

„Ich fürchte, dass der Rechtsdrall nicht nur in der DDR, sondern auch im goldenen Westen Deutschlands stärker geworden ist. Ich denke, dass durch diese krassen Spannungen und diese politische Unfähigkeit mit den Spannungen ehrlich umzugehen diese Entwicklung gefördert wurde."

„Es gibt noch einen schwierigen Punkt, der öffentlich immer wieder zu Auseinandersetzungen führt. Die Gleichsetzung von Stasi und Gestapo. Oder von Nationalsozialismus und Sozialismus, vor allem in den Ostblockländern. Man muss wohl genauer sagen: Stalinismus."

„Ich kenne den berühmten oder berüchtigten Historikerstreit vor zwei, drei Jahren. Der Historikerstreit ist, so hoffe ich zumindest, soweit ich es von hier aus beobachten kann, jetzt endgültig beendet. Ich glaube, es ist jetzt für jeden, der wissenschaftlich seriös ist, klar, dass der Nationalsozialismus unvergleichlich ist, ohne – ich möchte das ausdrücklich betonen – ohne dass man damit das sowjetische System, Vietnam, Algier oder wo immer es noch Böses gab und gibt, verharmlosen zu wollen. Nein, nicht im Geringsten. Aber das, was im Dritten Reich geschah, dass ein wohl organisierter, moderner Staatsapparat Millionen – nicht Feinde, die Feinde waren eine kleine Zahl, sondern Mitmenschen zu Tode brachte, ohne Hass, ohne Leidenschaft, weil man ihnen das Lebensrecht aus rassischen Gründen absprach. Dafür gibt's keinen Vergleich und soll es keinen Vergleich geben. Und deswegen muss man jede Rassenideologie bekämpfen, sie als etwas Mörderisches darstellen."

„Ein Begriff, der immer wieder auftaucht, ist die Auschwitzlüge", warf ich ein.

„Die Auschwitzlüge gibt es. Unfassbar für jeden, der diese Zeit als Opfer erlebt hat. Sie wird in Deutschland, in Österreich, in Amerika, in Schweden, in Frankreich, in allen möglichen Ländern in allen denkbarsten Variationen gepredigt. Das ist ein Versuch derer, die Rassenideologie haben wollen. Da wird Auschwitz in Frage stellt mit der Begründung: Na ja, und der Osten? Da waren die Kommunisten! Was nachher gemacht wurde, wer weiß, was da alles retuschiert worden ist? Das alles hat seine Quelle darin, dass man sagt: Wir sind ja doch besser als die anderen, und das wollen wir uns nicht nehmen lassen. Und wenn wir uns das nicht nehmen lassen wollen, dann darf der Nationalsozialismus doch nicht nur scheußlich gewesen sein, dann muss er doch auch etwas Positives gehabt haben. Das Pech ist nur, dass der Krieg verloren wurde!"

„Was können wir tun, heute? Was ist das Schlimmste? Wegschauen? Oder zustimmend klatschen, keine Stellung beziehen bei Vorgängen wie zum Beispiel Rostock?" [2]
„Rostock? Was Rostock betrifft, Rostock ist ja nur ein Ort, der bekannt geworden ist, weil dort die TV-Sender standen. Wo die Fernsehapparate nicht stehen, dort wird es nicht so bekannt. Das Schlimmste an Rostock sind nicht die Hunderte, die dort Molotowcocktails geworfen haben, das Schlimmste ist, dass der Staatsapparat so völlig versagt hat. Wieso, wieso versagt der Staatsapparat? Der deutsche Staatsapparat ist gut organisiert, hoch organisiert, sehr effektiv. Er hat das schon oft bewiesen. Wieso ist er plötzlich so ineffektiv? Da muss eine Wurzel sein, die über Zufälle hinausgeht. Ich erinnere mich an zurückliegende Vorfälle, an linke Krawalle, an Anschläge, die ganz anders behandelt wurden von diesem Staatsapparat."
„Das Ansehen der Deutschen, oder das Bild der Deutschen im Ausland ist ziemlich beschädigt, denke ich, durch diese Vorgänge."
„Man muss differenzieren. Das Bild der Deutschen ist beschädigt durch die Vergangenheit, das Bild der Österreicher ist beschädigt durch Waldheim. Das merkt man immer wieder. Ich habe viel Kontakt mit Ausländern, nicht nur mit Deutschen – die Deutschen sind auch Ausländer für mich –, aber auch mit anderen. Ich sage immer wieder, und ich sage es, glaube ich, nicht ganz erfolglos: Werft die junge Generation nicht mit meiner Generation in einen Topf. Meine Generation hat versagt. Das ist eindeutig – in Deutschland und in Österreich versagt. Das ist eindeutig. Es gibt ein böses Wort von Helmut Kohl: ‚Die Gnade der späten Geburt'. Das ist nicht nur unbedacht, sondern bös. Die späte Geburt, die junge Generation hat durch das Versagen meiner Generation eine Last aufgebürdet bekommen. Sie muss jetzt erfahren, was geschehen war, damit sie nachdenken kann, wieso konnte es geschehen, damit es sich nicht wiederholen kann. Das ist ihre schwere, große Aufgabe, die meine Generation ihr aufgelastet hat. Hier zu helfen, das ist mein Bemühen. Deshalb suche ich Kontakte vor allem mit jungen Menschen in Schulen. In

---

[2] Im August 1992 ereigneten sich im Rostocker Stadtteil Lichtenhagen die massivsten ausländerfeindlichen Ausschreitungen der deutschen Nachkriegsgeschichte. Zum Hintergrund zählt, dass Asylbewerber monatelang ohne ausreichenden Zugang zu sanitären Einrichtungen und Nahrungsmitteln vor der Zentralen Aufnahmestelle für Asylbewerber, in unmittelbarer Nachbarschaft des Wohnheims ehemaliger vietnamesischer Vertragsarbeiter, zu kampieren gezwungen waren. Hier versammelten sich Anwohner, darunter zahlreiche Jugendliche, um gegen die Asylbewerber und die unhaltbaren Zustände zu demonstrieren. Der Protest mündete in Gewalt. Hunderte hasserfüllte Jugendliche und Rechtsradikale griffen die Zentrale Aufnahmestelle für Asylbewerber mit Molotowcocktails und Steinen an. In der Nacht des 24. August warfen unter den aufstachelnden „Ausländer raus"-Rufen der umstehenen Schau-

Schulen deswegen, weil dort alle zu erreichen sind. Ich suche diese Kontakte, und ich darf feststellen, dass diese Kontakte in der Regel ein positives Echo haben.
Ich möchte jedem jungen Menschen, mit dem ich reden kann – ich suche ganz bewusst diese Gespräche – sagen: Bleib immer verantwortlich für das, was du tust, und für das, was du n i c h t tust. Das ist schwer. Und: Hüte dich vor jedem Pauschalurteil über Menschengruppen. Nicht nur bei Juden, nicht nur bei Zigeunern, auch bei Türken, auch bei Jugoslawen. Jedes Pauschalurteil über Menschen ist ungerecht. Ich habe in Norddeutschland mal in einer Schule gesprochen. Da haben mir Schüler erzählt, wie schwer sie darunter leiden – es waren ganz junge Burschen, die mit ihrem Auto nach Holland fahren – dass ihnen die Holländer auf ihr Auto ein Hakenkreuz drauf geschmiert haben. Und sie sagen: Warum ich? Was kann ich dafür? Ich bin 20 Jahre alt. Ich antworte: Siehst du, wie weh ein Pauschalurteil tut? Denk dran, dass Pauschalurteile auch anderen weh tun! Es ist bös, dir das Hakenkreuz drauf zu schmieren, und es ist bös, einem anderen aus irgendwelchen rassischen Gründen einen Makel aufzubinden. Das möchte ich gerne jedem jungen Menschen sagen, soweit er das akzeptiert. Das liegt mir am Herzen."

Das Gespräch mit Hermann Langbein war der Grundstein einer engen, für mich ungeheuer wichtigen, tief greifenden Beziehung.
Nie vergesse ich seinen Auftritt bei einer politischen Veranstaltung im Großen Haus des Frankfurter Schauspiels. Als der kleine, zarte Mann allein und einsam die große Bühne betrat, füllte er sie mit dem ganzen, großen Inhalt seiner Person aus. Er bestach durch eine druckreife, frei gesprochene Rede. Die Inhalte waren eindeutig und bleiben unwidersprochen. Ich habe ihn bewundert und geliebt dafür.

Hermann Langbein starb am 24. Oktober 1995.

---

lustigen mehrere meist jugendliche Täter wiederum Steine und vor dem Haus entzündete Molotowcocktails in das Wohnheim. Der Eingangsbereich wurde gestürmt, zerstört und unter Rufen wie „Wir kriegen Euch alle, jetzt werdet Ihr geröstet" wurde Benzin ausgeschüttet und angezündet. Die dreitägigen Angriffe auf die Häuser und ihre Bewohner, in deren Verlauf Rechtsextreme aus der ganzen Bundesrepublik angereist waren, wurden vom Applaus vieler Anwohner begleitet. Die Sicherheitskräfte vor Ort waren nicht in der Lage, die Situation unter Kontrolle zu bringen. Erst in der darauf folgenden Nacht wurde, unter Hinzuziehen auswärtiger Polizeieinheiten und dem massiven Einsatz von Wasserwerfern, die Situation unter Kontrolle gebracht.

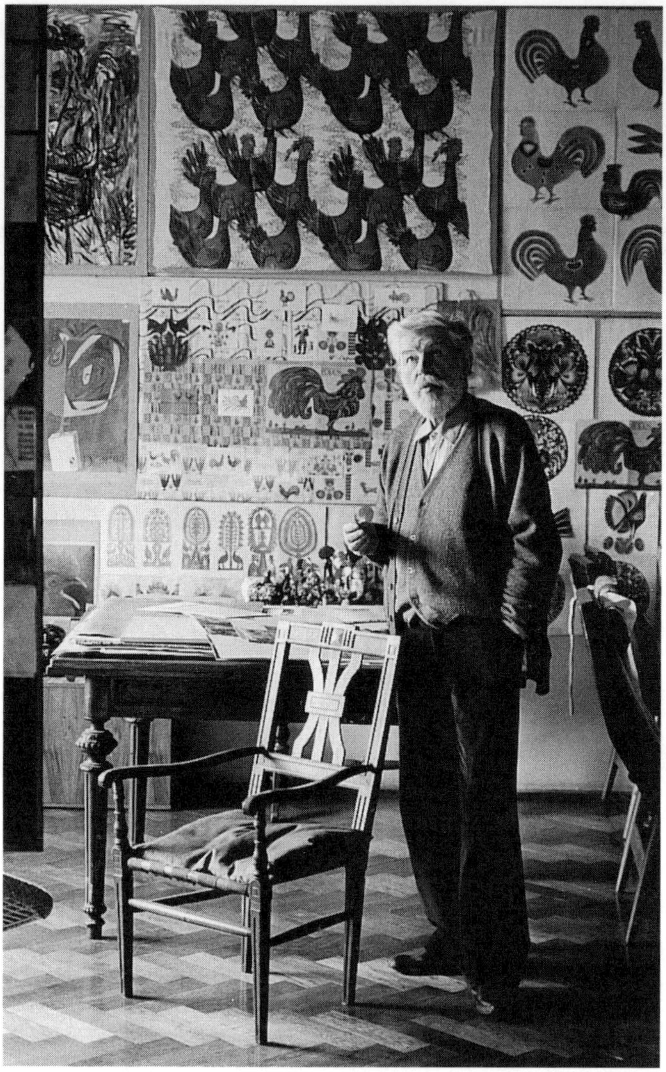

Viktor Matejka

ERINNERUNGEN FÜR DIE ZUKUNFT

Viktor Matejka war ein ungewöhnlicher Mensch, der sein Leben lang für Gleichberechtigung und Frieden gestritten hat und für Werte, die abhanden zu kommen scheinen …

Als ich ihm zum ersten Mal gegenübersaß, war ich von seiner Ausstrahlung fasziniert. Der fast 90-Jährige, dem das Gehen schwer fiel, dessen Körper von Krankheiten gezeichnet war, strahlte immer noch vor Optimismus und verstecktem Witz. Ich war zu ihm gekommen, um ihn nach einer ganz bestimmten Zeitspanne in seinem Leben zu befragen und er hatte mir diesen Besuch telefonisch ohne sich zu bedenken angeboten. Es überraschte mich, dass er mir ohne zu zögern einen Besuch gestattete. Als ausgemachte Preußin musste ich in Wien immer mindestens mit Distanz rechnen. Aber das zeichnete Matejka vor allem aus, er war ohne irgendwelche Vorurteile oder Ressentiments. Es wurde dann sogar ein viel ausführlicheres Interview, als ich geplant hatte. Die Begegnung mit seinem häuslichen Umfeld bleibt mir unvergessen. Irgendwie schien diese Wohnung keine Wände zu haben. Räume entstanden durch die Schichtung oder Anordnung von Büchern. Gänge wurden durch unzählige Aktenordner gebildet. Es gab an Wänden und Decken keinen freien Raum mehr. Bilder, Zeichnungen und Skizzen, oft von sehr bemerkenswerten Künstlern, waren die Tapeten. Als Motive in den hier dargebotenen künstlerischen Arbeiten herrschten Hähne vor. Das war mir im Vorfeld schon zu Ohren gekommen, dass seine Begeisterung für diese Tiere einer Begegnung in frühen Jahren in Paris entstammte. Er hatte dort ein Plakat gesehen, das Hähne als Werbeträger zeigte. Fortan forderte er Künstler, die ihm ein Bild malen oder zeichnen wollten, dazu auf, Hähne anzufertigen! Es Ergebnis sah ich in seiner Wohnung. Es war schon ein starker Eindruck. Er selbst, in lässigem Pullover und Hausschuhen, thronte zwischen seinen Materialien, eigenwillig und selbstbewusst. Der Humor, der zu ihm gehörte wie die klaren Augen, die manchmal fast wasserblau schienen, machte den Dialog mit ihm zu einem aufregenden Abenteuer.

Gespräche mit sehr alten Menschen, weisen uns Jüngere auch immer ganz deutlich darauf hin, dass die eigene Lebensgrenze unabdingbar heranrückt! Und seltsam, bei diesem Thema begann diese ungewöhnliche Begegnung. Mit Viktor Matejka über Tod und Sterben zu reden, war eher komisch und heiter. Ich möchte ihn selbst sprechen lassen:

„Mein corpus delicti, meine sterblichen Reste, die kommen in die Anatomie. Das hab' ich schon beschlossen und ausgemacht mit der Verwaltung des anatomischen Instituts am Beginn der zwanziger Jahre, als ich noch Student war. Dieser Gedanke hat sich immer mehr erhärtet und bestätigt, weil ich in den letzten 15 Jahren sehr krank geworden bin, und zig Krebserkrankungen hatte. Dass ich noch lebe, verdanke ich den Ärzten. Das ist also meine kleine Abzahlung, dass mein corpus in die Anatomie kommt. Denn jeder Arzt muss in die Anatomie und da muss er einen toten Körper haben. Mehr kann ich nicht tun!

Nächstes Jahr werde ich 90 – ich habe nie damit gerechnet.

Morgen will ich noch leben, und auf das Heute zurückschauen.

Mehr brauche ich nicht.

Den Historiker habe ich abgestreift, – ich bin Politiker geworden. Ich will täglich was verändern, und darum bin ich froh, dass ich heute noch lebe!"

Nein, er hatte keine Angst vor dem Sterben, und ich dachte damals, dass das Wesentliche eines solchen Menschen erhalten bleibt. In unseren Köpfen und Herzen. Und dazu sollte alles aufgeschrieben und dokumentiert werden, damit nichts verloren geht.

Dieser stets kritische Beobachter hatte ein Leben hinter sich, auf das zurückzublicken sich lohnte! Als ich ihn aufforderte, in üblicher Reihenfolge zu berichten, hatte er allerdings wenig Interesse daran, mir aus seiner Jugend und Kindheit zu erzählen.

„Was soll ich sagen", meinte er, „ich bin 1901 geboren und zur Schule gegangen wie andere Kinder auch. Besonders reichlich ging es im Haus eines Gerichtsdieners nicht zu, können Sie sich denken. Dann habe ich studiert und wurde 1925 zum Doktor der Philosophie promoviert. Aber so wichtig ist das alles nicht. Sie wollen doch sicher was anderes von mir hören?"

Ich sagte, dass mich alles interessiert, was sein Leben betrifft.

Ich war ja nicht ganz unvorbereitet in dieses Gespräch gegangen. Ich wusste, dass sein Vater das Uhrmacherhandwerk, das er gelernt hatte, wegen seiner Sehschwäche aufgeben musste. Er wurde Heurigensänger, weil er schon immer gerne gesungen hatte! Spät in die Nacht kam der Vater meist nach Hause und das Singen ging oft mit dem Trinken zusammen. Das familiäre Glück war nicht perfekt, denn seine Mutter stammte aus sehr armen Verhältnissen und hatte wenig Sinn für diese Art Broterwerb. Sie strebte nach Sicherheit. Als gläubige Christin konnte sie wenig anfangen mit einem so lockeren Vogel. Der Vater wurde Gerichtsdiener! Durch alte Bekanntschaften, Seilschaften würde man heute sagen, kam es zustande, dass er bei einem Wiener Bezirksgericht anfing. So erlebte das Kind Viktor Matejka also eine relativ geordnete, wenn auch einfache Kindheit und Jugend.

Natürlich stand für mich im Vordergrund, etwas über seine Tätigkeit als Beweger der österreichischen Kulturszene nach dem Krieg zu erfahren. Aber wie war es dahin gekommen? Er hatte in der Volksbildung zeitlebens seine wichtigste Aufgabe gesehen. Sein unbezwingbares Interesse an allen Dingen des öffentlichen Lebens, vor allem an künstlerischen und kulturellen Entwicklungen, hatte ihn immer zum Kämpfer für die Sache gemacht, und er war stets darauf bedacht, seine Erkenntnisse weiterzugeben. Er war ein überzeugter Antifaschist und Pazifist.

Und ein Befürworter der Selbständigkeit Österreichs. Das war einer der Gründe, die ihn davon abhielten, sich der Sozialdemokratie zu nähern. Diese Partei hatte schon in den dreißiger Jahren den Zusammenschluss mit Deutschland propagiert. Eine Vorstellung, die für Matejka unerträglich war!

Er war der Meinung, dass nur ein vereintes Österreich im Stande sein würde, die Hitlerschen Aggressionen abzuwehren. Als absoluter „Anschlussgegner" stand er immer im Widerspruch zur Sozialdemokratie und ihren führenden Köpfen.

In den dreißiger Jahren setzte er seine Kraft vorwiegend für den antifaschistischen Kampf ein. Er hatte als einer der ersten schon beim Erscheinen Hitlers „Mein Kampf" gelesen, und versuchte auf vielfältige Weise, gegen die sich auch in Österreich ausbreitende nationalsozialistische Ideologie zu agitieren. Als Kulturreferent der österreichischen Arbeiterkammer unterstützte er die verbotene illegale linke Opposition.

Um einem befürchteten Überfall durch Hitler Widerstand bieten zu können, wollte er als politisch denkender und tätiger Mensch dazu beitragen, den Aggressionen Hitlers ein einiges Österreich entgegensetzen zu können.

„Sie haben doch für die europäische Friedensbewegung gearbeitet?", fragte ich ihn.

„Ich war gegen Adolf Hitler einfach schon deswegen, weil ich bereits im Jahr 1922 begriffen hatte, wer der Mussolini ist. Der Mussolini ist ja so eine Art Schrittmacher für den Hitler gewesen. Der ist auf Rom marschiert. Hat sich ein schwarzes Hemd angezogen, seine Leute auch und dann sind sie auf Rom marschiert und haben sozusagen Rom erobert. Das konnte man ja damals in der Zeitung lesen. Ein Jahr später hat ein sozialdemokratischer Abgeordneter hier in Wien ein kleines Büchlein herausgebracht, das hieß: ‚Faschismus'. Der Autor fragt, was ist Faschismus? Nun, das habe ich mir sofort gekauft. Ich habe mir mein Leben lang immer Bücher gekauft, ganz wurscht, zu welchen Dingen, was halt neu war und von dem ich angenommen habe, es wird etwas draus. Und wo ein Fragezeichen dabei stand erst recht. Das war das Jahr 1922. Und im Jahr 23 ist der Hitler schon aufmarschiert. Wo ist er marschiert? In München. Auf die Feldherrnhalle. Mit einem Kriegshelden aus dem Ersten Weltkrieg, dem Herrn General Ludendorff, das ist für mich ein Kriegsverbrecher. Dabei wollten sie München erobern. Dann sind sie aber inhaftiert worden und der Hitler musste ins Gefängnis, zwei Jahre, aber ist wieder rausgekommen. Den Ludendorff haben die Deutschen nicht eingesperrt, weil das ein halber Gott war, noch vom Ersten Weltkrieg her. Na, und die Haft hat der Hitler dazu benutzt, sein Buch zu schreiben. Ohne Literatur geht's offenbar nicht in der ganzen Weltgeschichte. Gute oder schlechte Literatur, ist wurscht, Buch ist Buch. Na, und das Buch ist herausgekommen – gleich 1925. Sehen Sie, es geht hintereinander. 1922, 1923, 1924, und schon ist 1925. Und es erscheint ‚Mein Kampf'. Das habe ich mir sofort gekauft, weil ich neugierig war. Was ist ‚Mein Kampf'? Was ist das? Verfasst von einem, dessen Schrittmacher der Mussolini war, das konnte man ja schon studieren, in Zeitungen, Filmen, Wochenschauen etc. Nun, das habe ich gelesen, nicht nur gelesen, das habe ich studiert. Ich bin ja ein gelernter Historiker. Ein Historiker ist es gewohnt, eine Quelle genau zu analysieren. Und das habe ich ordentlich studiert und hab's meinen Freunden empfohlen. Hab' gesagt, lies das Buch, denn da steht drin, was einer machen will, was er machen wird. Und du kannst lesen, wie die Dinge liegen, wie die Weimarer Republik ausschaut. Das damalige Deutschland, das habe ich auch studiert. Das war eine Bruchdemokratie, eine Demokratie, wo jeder Idiot zur Macht kommen konnte. Es kam nur darauf an, wie geschickt, oder wie raffiniert, oder wie verlogen er die öffentliche Meinung bearbeiten konnte. Nun sagte ich, der Hitler hat das Zeug dazu, er und seine Freunde. Der Mussolini ist in schwarzen Hemden aufmarschiert. Der Hitler, der hat die Farbe gewechselt, braun, wie die Scheiße! Die sind in braun aufmarschiert. Diese braunen Leute sind immer mehr geworden, täglich. Von meinen Freunden wurde ich damals zum politischen Trottel erklärt. Die haben noch gesagt, der Matejka, der setzt sich für diesen Hitler mit dem komischen Bärtchen ein. Den Bart, den er von einem jüdischen Schauspieler gestohlen hat, vom Chaplin! Also der Antijude oder Antisemit Hitler stiehlt einem jüdischen Schauspieler den Bart! Und für den setzt sich der Matejka ein. Ich setzte mich aber nicht für Hitler ein, sondern ich wollte nur, dass auch die anderen sein Buch lesen, da stand alles drin! Da stand auch drin, dass er die Juden ausrotten will. Meine Freunde erwiderten: Na, keiner wird die Juden ausrotten, ist doch lächerlich. Oder, das deutsche Volk wird er aufnorden, ja, nordisch machen. Wie macht er das? Indem er die Slawen beispielsweise auch dezimiert, nicht nur die Juden? Ich konnte nur antworten: Wenn er einen Bruchteil dessen macht, ist er schon eine Gefahr, eine große Gefahr auf jeden Fall. Und eine große Gefahr muss man eben frühzeitig studieren. Ich bin nicht mehr Historiker, sondern schon längst ein Politiker. Ich will was verändern, und der Hitler will auch was verändern. Und das muss ich verhindern. So wurde ich ein Anti-Hitler-Mann, ich habe mir mein KZ verdient und könnte mich ja auch wundern, warum sie mich nicht erschlagen haben. Aber das ging deswegen nicht, weil ich sehr viele Freunde im Ausland hatte, denn ich habe auf eigene Faust sehr viel Außenpolitik betrieben. In England, in Frankreich. Und dort hat man interveniert für mich bei Hitler in der obersten Reichskanzlei usw. Es waren Minister der englischen Regierung dabei etc. Und so einen Mann erschlägt man nicht sofort. Ich hab' ein gewisses Renommee gehabt. Obwohl meine Funktionen keine offiziell politischen Funktionen waren. Das spielte keine Rolle. Ich habe auf meine Art und Weise persönlich Hitler bekämpft. Mit meinen Freunden, die über die Jahre immer mehr wurden, Freunde im In- und im Ausland. Nun, so kommt man ins KZ. Ich hätte natürlich auch genauso emigrieren können. Aber sie haben mich erwischt, durch einen reinen Zufall haben sie mich erwischt am Tag des Anschlusses, am 1. Tag des angeschlossenen Österreichs. Durch Zufall!"

Als linker Friedenskämpfer war er für die Nazis ein rotes Tuch. Es war folgerichtig, dass er gleich 1938 nach dem Einmarsch der Deutschen verhaftet wurde und dann auch ziemlich rasch mit einer großen Gruppe Wiener Juden, Kommunisten, Widerständlern im KZ Dachau landete, mit dem so genannten Prominententransport. Das geschah am 1. April 1938. Zum ersten Mal wurden österreichische Gefangene, meist Prominente (u. a. Wiens Bürgermeister Richard Schmitz, der spätere Gewerkschaftsbund-Präsident Franz Olah, der Schriftsteller Raoul Auernheimer und der Librettist Fritz Löhner-Beda), von Wien in das KZ Dachau gebracht. Offensichtlich war Matejkas Tätigkeit als ausgemachter Hitlergegner bis nach Berlin ins Führerhauptquartier gedrungen. Dachau war das erste von den Nazis errichtete Konzentrationslager. Bereits im März 1933 von Heinrich Himmler veranlasst, wurde das KZ Dachau zum Modell für alle übrigen Lager und zur Mörderschule für die Angehörigen der SS.

„6 1/2 Jahre, war ich in Dachau inhaftiert. Praktisch die Hälfte von Hitlers Regierungszeit! Beim so genannten ersten Transport waren wir 150 Österreicher. Da war

alles versammelt, Leute von links bis rechts. Da waren die Monarchisten und die Kommunisten, die Katholiken und die Atheisten, also alles durcheinander, eine schöne Mischung. 150 Mann. Ich war einer dieser 150. Wir wurden also eingekleidet und dann mussten wir ins Lager im Stechschritt einmarschieren: zack, zack. Das waren wir natürlich nicht gewohnt. Ich war Antimilitarist, ich kann also gar nicht so marschieren im Zack und musste halt trotzdem mitmachen. Da standen in der Lagerstraße die Deutschen Spalier und ich habe zu meinen Freunden gesagt: Schau, die haben gerade Halbzeit."
Das schien Viktor Matejka noch immer zu belustigen, aber ich verstand diese Anspielung nicht sofort.
Er lachte und sagte: „Nicht, weil ich ein Prophet bin. Schauen Sie, ich habe mir Folgendes geleistet. Im Jahr 1932 habe ich, durch einige Jahre schon vorbereitet, ein Buch herausgebracht, das hieß: ‚Zwischenspiel Hitler'. Also Hitler ist nur ein Zwischenspiel. Da haben mir die Leute wieder gesagt, ich sei ein politischer Trottel. Hitler war doch noch nicht an der Macht. Damals bekam er noch nicht genügend Stimmen. Doch ich dachte mir, dass er schon Stimmen bekommen wird, denn in dieser faulen Demokratie, kommt Hitler durch. Dieses Buch hier, ‚Zwischenspiel Hitler', das ist im Februar 1932 herausgekommen. Zuerst als Sonderheft der Zeitschrift , ‚Berichte zur Kultur- und Zeitgeschichte'. Die Montagen habe ich gemacht, ich bin ein alter Monteur. Da habe ich ihm das Hakenkreuz auf den Arsch gepickt (geklebt). Das ist die beste Empfehlung nach Dachau zu kommen, den Hitler verarschen. Meine Prognose mit der Halbzeit der Deutschen hat jedenfalls im Rückblick gestimmt."
Er freute sich wieder über seine prophetischen Weissagungen und ich erinnerte mich, dass Matejka ja sehr wohl ein versteckter Prophet war. Vielleicht gar nicht so erstaunlich, wenn man bedenkt, dass der Pazifismus in Österreich ja auch schon rund um den Ersten Weltkrieg eine große Rolle gespielt hatte. Ein politischer Kopf wie Matejka konnte nicht an solchen Bewegungen, wie sie die Österreicherin Bertha von Suttner auslöste, vorbeisehen. Da gab es dann eine bezeichnende Geschichte für seinen Mut und die Zivilcourage, die er über eine persönliche Berufsabsicherung stellte. Er hatte sich einer Gruppe von Friedenskämpfern angeschlossen, die mit der International Peace Campaign in Verbindung standen. Die IPC war eine Weltfriedensbewegung, die 1936 von Robert Cecil und Pierre Cot gegründet worden war. Robert Cecil, 1. Viscount Cecil of Chelwood, wurde im Herbst 1937 der Friedensnobelpreis verliehen. Die österreichischen Gesinnungsgenossen wollten eine Delegation nach London schicken, waren aber in der Auswahl der Perso-

nen sehr unter Druck. Natürlich war zu diesem Zeitpunkt eine solche Gruppierung nicht erwünscht, und man fürchtete Repressalien, wenn man sich offiziell zu dieser Gruppe bekannte, oder gar nach London zum Friedensnobelpreisträger reiste. Vermutlich gab es nach der offiziellen Feier und Verleihung in Oslo auch in London eine dem Anlass entsprechende Festlichkeit.

„Ich war damals Bildungsreferent der Wiener Arbeiterkammer, die IPC war als jüdisch und bolschewistisch verschrien, ich hätte nie eine offizielle Genehmigung für eine solche Reise bekommen. Ich hab' also kurz entschlossen ohne Genehmigung meiner Vorgesetzten diese Reise gemacht. Ich hatte dann in London Gelegenheit, mit dem österreichischen Botschafter in Kontakt zu treten. Diese Kontakte waren es, die meine Vorgesetzten in Wien dann doch veranlassten, mir nicht den Stuhl vor die Tür zu setzen. Ich brachte damals für meine Vorgesetzten neue Erkenntnisse über die politische Lage außerhalb von Österreich mit. Über Aufrüstung der Deutschen usw."

Er schwieg einen Moment und ich dachte, dass das vielleicht ein Grund dafür war, dass er Dachau einigermaßen glimpflich überlebt hatte.

Als Bildungsreferent der Arbeiterkammer hatte er eine gehobene Position und war auf seinem Posten sicher nicht unwichtig. Am 26. Februar 1920 waren die Arbeiterkammern im Nationalrat beschlossen worden. In jedem der neun Bundesländer gibt es heute eine eigene Arbeiterkammer, die zusammen die Bundeskammer für Arbeiter und Angestellte (BAK) mit Sitz in Wien bilden. Es gab noch andere wichtige, herausragende Persönlichkeiten in dieser progressiven Organisation. 1925 übernahm Käthe Leichter den Aufbau des Frauenreferats in der Wiener Arbeiterkammer. Käthe Leichter starb im März 1942. Sie wurde im Alter von 45 Jahren als Häftling des KZ Ravensbrück in der NS-Tötungsanstalt Bernburg im Zuge der so genannten Aktion 14f13 mit Giftgas ermordet. Die Aktion 14f13 beinhaltete: ‚Selektion und Vergasung von kranken, alten und nicht mehr arbeitsfähigen Häftlingen'. Sie wurde auch als Invaliden- oder Häftlingseuthanasie bezeichnet und erfasste später auch andere Personengruppen in den Konzentrationslagern.

Nach dem Anschluss 1938 wurden die Arbeiterkammern komplett aufgelöst. Ab August 1945 wurden sie in den einzelnen Bundesländern auf der Grundlage des Arbeiterkammergesetzes von 1920 wieder neu errichtet.

Viktor Matejka war mit seinen Gedanken ganz woanders. Vehement setzte er zum nächsten Sprung an: „Wissen Sie, wie verlogen die katholische Kirche damals reagiert hat? Diese Irrlehre vom gerechten Krieg! Das hat mich immer empört! Und dass dann auch noch Waffen gesegnet wurden! Todeswerkzeuge! Zum Töten gemacht! Und dann kam noch der Krieg. Aber alles stand in seinem ‚Mein Kampf' drin. Man wollte die Welt erobern. ‚Heute hört uns Deutschland und morgen die ganze Welt'. Aber gehört uns Deutschland, gehört uns die ganze Welt? Das ist ein Programm, das steht ja alles geschrieben, nicht nur bei Hitler. Es gab ja genügend Veröffentlichungen, die alle in dasselbe Horn bliesen, Zeitungen, Zeitschriften und Bücher gab es noch und noch."

Ich war etwas schockiert – heute hört uns Deutschland … ich erinnere mich, dass ich dieses Lied auch aus voller Kehle gesungen habe, im Nazideutschland. Aber hieß es nicht: „Heute gehört uns Deutschland" …? Damals, ich war nur ein Jungmädel, glaubte ich eigentlich schon daran, dass uns Deutschen die ganze Welt gehört: Heute gehört uns Deutschen die ganze Welt … Ich hatte die Ideologie quasi mit der Muttermilch aufgesogen, – und diese Lieder waren in meinem Gedächtnis eingegraben. Jetzt bewegten mich allerdings ganz andere Gedanken.

Wie konnte ich diesen Menschen bei seinen abrupten Gedankensprüngen wieder mit einer belanglosen Frage in den Ablauf seines Lebens bringen?

Ihn schien die allgemeine politische Situation immer sehr viel mehr zu interessieren, als sein eigenes Leben. Ich hatte einiges von Matejka gelesen, vor allem sein Buch: „Widerstand ist alles". So gab ich ihm das Stichwort: Bücher! Ich wusste, wie sehr sein Leben von Büchern bestimmt war. Für ihn musste das Eingesperrtsein nicht nur den Verlust von Freiheit bedeutet haben. Wie konnte er seinen Lesehunger im KZ befriedigen? Er lachte wieder, als ich ihm diese Frage stellte.

„Ja sehen Sie, das wissen Sie natürlich nicht. Wir hatten eine Lagerbücherei." Ich gab einen Laut des Erstaunens von mir.

„Aber das waren doch sicher nicht die Bücher, die Sie lesen wollten?"

„So schlau waren die Nazis nun auch wieder nicht", sagte er. „Da waren auch Bücher drunter, die nicht braun gefärbt waren. Das meiste war natürlich Schund. Auch Hitlers ‚Mein Kampf'. Aber es gab noch genügend Häftlinge, die das Buch nicht gelesen hatten. Ich war ja schon immer ein Bildungsfanatiker. Und habe gesagt: Lest das, ihr Leute, das müsst ihr gelesen haben, damit ihr wisst, warum ihr hier seid! Da fällt mir eine Geschichte ein, die Sie interessieren wird. Eines Tages musste ein Trupp von uns ausrücken zu einem Kommando. Es wurden dazu Literaten, Journalisten, Buchhändler ausgesucht. In einer der Garagen waren Berge von Büchern gestapelt. An den Exlibris konnte man sehen, dass das alles Bücher von jüdischen Mitbürgern waren, ganze Bibliotheken haben die Nazis geklaut. Organisieren nannte man das damals. Jetzt sollten die Bücher gesichtet werden. Also erst einmal sortiert. Kunstbücher auf einen Haufen, Noten und Fachliteratur gab es und Romane und Zeitschriften. Aber manches haben wir behalten und dann später benutzt, z. B. die Noten für unsere musikalischen Aufführungen. Wir haben ja auch Theater und Kabarett gemacht in Dachau. Aber das größte war, dass eines Tages zwischen all den Büchern zahlreiche Bände von Karl Kraus gefunden wurden. Wir haben einige Titel irgendwie verändert und manches wanderte dann doch in die Lagerbücherei. Das war für mich der größte Erfolg: Karl Kraus in Dachau. Man stelle sich das vor!"

Da musste ich ihm zustimmen, das war eigentlich schizophren, denkt man an „Die letzten Tage der Menschheit" von Kraus. Ich wollte aber auf ein ganz bestimmtes Thema hinaus.

„Haben Sie im KZ damals nicht selbst Bücher gemacht?", fragte ich ihn ein bisschen scheinheilig, ich übersprang damit ein paar Stationen seiner KZ-Biographie.

Er lachte: „Sie meinen also meine Pick-Bücher? (geklebte Bücher) Das wollen Sie wissen? Schauen Sie. Am Anfang waren das ganz einfache Hefte." Er sah mich an und hatte wohl den Eindruck, dass er mich genauer aufklären müsse. Und so setzte er neu an:

„Jetzt muss ich ein bisschen zurückgreifen. Haben wir so viel Zeit?" Ich nickte und bestätigte ihm, dass ich froh über jeden Satz von ihm wäre.

„Gut", begann er, „jetzt also ein Musterbeispiel. Da ist ein Autor, der heißt Sigismund von Radecki. Der Mann war ein Baltendeutscher und hatte Sehnsucht nach Wien, etablierte sich hier und wurde ein guter Freund des Karl Kraus. Darf ich Ihnen erklären, wer das ist?"

Noch bevor ich Luft schöpfen konnte, um ihm zu antworten, griff er schon wieder nach dem Wort.

„Das war einer der größten, bedeutendsten Wiener dieses Jahrhunderts, viel gelästert und viel gelobt. Und der Radecki hat sehr viel über Kraus geschrieben, aber er hat selber in der Art des Kraus geschrieben. Und dieser Autor lebte in Deutschland und während der Hitler-Zeit schrieb er für diverse Zeitungen seine Geschichten. Alle im Sinne und im Stil des Karl Kraus. Man bekommt das heute als Taschenbuch. Aber das hat uns die SS nicht in die Bücherei geliefert. Und ich dachte, wenn die SS nicht liefert, machen wir uns selber unsere Bücher. Und wie macht man sich die Bücher? Man schneidet sich die Zeitungen aus und sucht das heraus, was sinnvoll ist, was noch brauchbar ist. Der Radecki ist ein klassischer Deutscher, ist ein deutsch-baltischer Dichter, noch dazu alles andere als ein Nazi. Da kommt nicht eine zweifelhafte Stelle vor, also bitte, es glaubt keiner, aber hier kann ich es dokumentieren."

Er unterbrach sich und zeigte mir eines dieser legendären Pick-Bücher. Er blätterte in den geklebten Seiten. Das Buch, besser Heft, wurde von ihm behandelt wie ein wertvolles antiquarisches Unikat. Und eigentlich war es das auch. Das Papier knisterte unnatürlich durch den Klebstoff, der es zusammenhielt, und er sagte: „Da gab es natürlich noch andere Formen, im Laufe der Zeit nahmen diese Bücher sogar eine schöne Form an. Alles fabriziert in Dachau. Und wie wird das fabriziert? Auf Papier aufgeklebt die Zeitungsausschnitte: z. B. hier ist ein Pick-Buch, das ist thematisch abgegrenzt. Hier sind lauter Artikel aus der Zeitschrift ‚Das Reich'."
Ich wusste, dass für diese Zeitschrift viele sehr prominente Journalisten geschrieben hatten. Die Zeitschrift war schon 1940 entstanden und wurde bis 1945 weitergeführt. Sie stand auf einem anderen Niveau als die üblichen Nazi-Zeitungen, weil man sie als deutsches Gegenstück zum englischen „Empire" verkaufen wollte.
Viktor Matejka setzte meine Gedanken fort:
„Das war eine Literaturzeitschrift, eine sehr lesenswerte, großformatig, so wie die ‚Frankfurter Zeitung'. Für diese Zeitschrift schrieben allerhand Dichter, die allesamt keine Nazis waren, z. B. Ernst Schnabel, er ist im vorigen Jahr gestorben. Ein großer Dichter. Oder einer, der in Prag gesessen ist, der heißt Arnold Ulitz. Die Romane der beiden sind also noch zu haben."
„Also mit anderen Worten, man hat in Dachau Zeitschriften und Zeitungen bekommen?"
„Aber noch und noch. Wir haben sogar darum beantragt! Da gab es z. B. eine Zeitschrift, die hieß ‚Kunst dem Volk'. Sie wurde von einem Wiener Journalisten gemacht, der die Tochter von Hitlers Leibfotografen geheiratet hat, wie hieß er doch? Hoffmann."[3] Dieser Mann bekam also das Privileg, eine schöne Farbillustrierte, eine Zeitschrift, eine Monatszeitschrift im Quartformat herauszugeben. Ich habe leider momentan kein Exemplar da, aber davon kann man sich überzeugen, gibt's in den Bibliotheken ‚Kunst dem Volk'. Und da waren schöne Fotos drin. Natürlich war die nazistische Tendenz vorherrschend, aber es waren auch andere abgebildet, der Waldmüller zum Beispiel. Der konnte noch kein Nazi gewesen sein, denn der lebte im vorigen Jahrhundert. Da setzten wir durch, dass 17 Häftlinge ein Abonnement bezahlen. Man musste da schon agitieren unter den Häftlingen, dass sie mitmachen."

Verfolgte des Naziregimes sollten sich ein Abonnement bestellen bei einem Nazi-Verlag?

---

[3] „Kunst dem Volk. Monatsschrift für bildende und darstellende Kunst, Architektur und Kunsthandwerk", hrsg. von Prof. Heinrich Hoffmann, erschien von 1938–1944

Ich versuchte mir auszumalen, mit welchen Mitteln, welcher rhetorischen Überzeugungskunst Matejka gearbeitet haben musste, um seine Mithäftlinge von der Notwendigkeit eines Zeitschriften-Abonnements zu überzeugen!
Heinrich Hoffmann war auch für mich ein Begriff. Seit 1920 war er Mitglied der NSDAP und fotografierte alles, was mit der Partei und ihren Größen zu tun hatte, bis hin zu Hitler, dessen Freund und persönlicher Fotograf er wurde. Ich erinnere mich an fotografisch schöne Aufnahmen in unseren Schulbüchern. Hoffmann stellte seine Firma und seine Tätigkeit voll in den Dienst der Partei und wurde 1937 als Hitlers offizieller Kunstberater zum Professor ernannt. Er hatte durch seine Tätigkeit einen entscheidenden Anteil am Auf- und Ausbau der NS-Propaganda. Völlig ungebrochen legte er auch nach dem Krieg seine Begeisterung für den „Führer" nicht ab. Die Entnazifizierung brachte ihm die Konfiskation seines Vermögens und einige Jahre Haft ein. Er starb 1957 in München.

„Man konnte sich Geld schicken lassen", fuhr Matejka fort, „60 RM pro Monat, das durfte man ja, damit die Kantine einen Umsatz macht. Aber auch zu einem anderen Zweck. Zum Beispiel für ein Abonnement von Zeitschriften. Und da haben wir 17 Abonnements gehabt. Im Jahr 1943 war die Auflage schon sehr beschränkt. Da doch der Krieg gewonnen werden sollte, musste die Literatur dezimiert werden und die Rüstung vergrößert. So wurde die Auflage kleiner und die Kommandantur ist an die Lagerleitung herangetreten und hat gesagt, die Häftlinge müssen von den 17 Exemplaren auf mindestens 10 Stück verzichten. Warum? Damit die Kundschaft außerhalb des KZ, also die Volksleute im Dritten Reich die Zeitschrift bekommen. Das schaut wie eine Bagatelle aus. Wir haben aber nicht darauf verzichtet, haben drauf bestanden. Ja, da war noch etwas Wichtiges. Die SS hatte dort ein eigenes Übungslager, außerhalb des Häftlingslagers, das war eine ganze Stadt mit einem eigenen Schulungsleiter. Ich hatte das Glück – war das ein Glück? ... im dortigen Büro zu arbeiten. Zunächst hat man gesagt: Da wird sich der Matejka aber sicher derstessen. (zu Fall kommen, stürzen) Warum? Ich sollte also dessen Büro führen, dort Schreiberling sein. Ich war also sein Kanzlist. Dieser Schulungsleiter war ein sehr ehrgeiziger Lehrer aus Pforzheim, er hieß Rieth. Er war dann auch in Nürnberg eingesperrt, also bei den Kriegsverbrechern. Er hat einen Mann zur Bedienung seines Büros gebraucht. Aber ich habe diesen Schulungsleiter ganz gezielt eingekocht, (herumgekriegt) wie man auf gut Österreichisch sagt. Den habe ich für tausenderlei Dinge interessiert. Ich musste einen SS-Mann, das war ein wiederholt Degradierter wegen Häftlingsbegünstigung, diesen SS-Mann musste ich täglich den

weiten Weg von fast 20 Minuten bis zu dem Kommando begleiten, – führen – außerhalb des Lagers. Den hat man nicht einfach so allein spazieren gehen lassen! Der hat immer zu mir gesagt: Matejka, im Ersten Weltkrieg, da war ich bei der Marine unter Kaiser Wilhelm, da hat's geheißen, der Weltkrieg kann erst aus sein, bis der letzte Lehrer Leutnant ist. Sage ich: Na, bitte sehr. Ich habe zwar den Ersten Weltkrieg als Gymnasiast miterlebt, da war ich Obergymnasiast, aber das habe ich noch nicht gehört. Kann ja sein, sage ich, nun, was ergibt sich daraus? Sagt er: Na Du wirst schauen, hat er gesagt, ein SS-Hauptscharführer – damit meinte er den Schulungsleiter –, das ist ja noch immer kein Offizier, das ist so eine Art Feldwebel. Wie nennt man das in der deutschen Wehrmacht, heißt das auch Feldwebel?"
Er wandte sich direkt an mich, aber in Fragen von Wehrmachtsbegriffen, Rangordnungen und dergleichen konnte ich nichts Erhellendes beisteuern.
„Ist ja auch wurscht", fuhr er fort. „Er ist zwar im obersten Range eines schon Kommandierenden, aber er ist noch kein Offizier, sagt er, der muss Leutnant werden. Und Du musst es ihm zeigen, musst ihm sein Büro so führen. Na, das hab ich dann auch gemacht. Was ich dem alles beigebracht habe! Es schaut ja fast so aus, als wäre ich ein Kollaborant der SS gewesen. Na, die SS betrügt uns alle, sie betrügt uns und selbstverständlich ist es die Aufgabe eines Häftlings im KZ, auch die SS zu betrügen. Und zwar zu dem Zweck, um Vorteile herauszuschlagen. Immerhin hat er uns alle Theateraufführungen bewilligt, er war der oberste Zensor. Und dadurch haben wir Theater gespielt, Kabarett gemacht."
„Bleiben wir doch bei den Pick-Büchern", unterbrach ich ihn, *„das möchte ich doch noch sehr viel genauer wissen."*
„Na ja, so großartig war das nun auch wieder nicht", meinte er. „Das ist ja keine Kunst. Diese Hefte hat man gekriegt in der Kantine. Die Kantine war ein gutes Geschäft für den Himmler. Weil wir ja jeden Preis zahlen mussten. So lange einer Geld hatte, konnte er dort doch kaufen, was es eben gab. Da wurden harte Geschäfte gemacht. Wenn z. B. Zigaretten gekommen sind, das waren 5er-Packungen aus Deutschland. In Österreich gibt's nur 10er-Packungen, und 20er. In Deutschland gab es 5er. Wenn einer eine 5er-Packung wollte, musste er eine Schachtel Virginia dazunehmen. Das waren diese österreichischen langen, dünnen Zigarren. Die haben die Deutschen bei der Eroberung Österreichs 1938 in Massen beschlagnahmt und nach Dachau geführt, um sie selber zu rauchen. Aber sie haben sich angeschissen, so stark waren diese Zigarren. Na und was haben sie gemacht? Sie haben sie nicht liegen gelassen, sondern die Virginias in die Häftlingskantine getan und Junktim-Verkäufe gemacht. Willst du 5 Zigaretten, musst du eine Virginiapackung dazunehmen.

Diese Junktim-Verkäufe waren an der Tagesordnung, einmal ist ein ganzer Zug angekommen, ein Kommando wurde zum Ausladen des Zuges zusammengestellt. Was war drin? Große Fässer, Holzfässer mit roten Rüben, bei denen sich die Deckel schon wölbten. Da wussten wir auch schon, dass sie faulen. Na, haben sie gesagt, da machen wir auch ein Geschäft. Der Häftling muss kaufen, mindestens 1 Liter dieser roten Rüben, und dann kriegt er 5 Zigaretten dazu. Und die Vernünftigen kaufen das und hauen die roten Rüben ins Klo hinein. Die Hungrigen aber, das waren ja die meisten von uns, haben sie gegessen und die Ruhr bekommen und sich zu Tode geschissen. Das waren zwei Beispiele. Das waren die Junktim-Verkäufe der Nazis unter Himmler, der ein tüchtiger Geschäftsmann war. Es füllte die Kassen der SS."

Schon wieder war er abgeschweift, er redete ohne Unterbrechung. Aber diese ungebrochene Erinnerungsarbeit faszinierte mich. Ich hätte ihm stundenlang zuhören können! Es fielen ihm immer noch neue Geschichten ein. Aber ich ließ ihn nicht aus. Ich wusste zwar, dass er schon in seiner Schulzeit aus Zeitungen alles gesammelt hatte, was ihn interessierte und ihm lesenswert erschien. Wie aber konnte das im KZ funktionieren?

„Bitte Herr Matejka, Sie wollten noch etwas von den Pick-Büchern erzählen!"

„Also, gut! Es geht nichts verloren, was gesammelt und gesichtet wird, – das war immer mein Wahlspruch! Ich schneide heraus und klebe. Pick-Buch, Klebe-Buch. Also, Sie sehen, die sind ja alle sehr schön gebunden. Selbst dieser Schutzumschlag hier."

Jetzt entstand eine Pause. Er schwieg. Er wog dieses kostbare Exemplar zärtlich in seinen Händen. Welche Erinnerungen knüpften sich für ihn an dieses merkwürdige Exemplar einer Literaturverwertungs-Beschäftigung, wie er es liebevoll nannte? Es bedeutete für den Bildungsfanatiker mehr als nur Beschäftigung. Er gab auch im KZ seinen inneren Auftrag nicht auf: zu bilden, zu fördern. Wir hingen beide eine Weile unseren Gedanken nach. Dann fuhr er fort:

„Wer bindet das, wer? Zwei Häftlinge, das waren Spanien-Kämpfer, beide politische Köpfe, sie waren die Kapos einer Buchbinderei, die im Lager ihre Werkstätte gehabt hat, die aber nur Bücher für die SS gebunden hat. Also, wie komme ich dahin? Das waren gute Freunde, beide leben übrigens noch. Ich müsste mich immer, alljährlich mindestens einmal, bedanken bei ihnen, dass sie das Material für den Einband von der SS-Buchbinderei gestohlen haben. Sie haben meine Bücher, ich habe sie nicht gezählt, aber gute 50 Stück wurden erzeugt dort, 50 Stück! Sie haben alles dazu gegeben, einen schönen Umschlag gebunden und den Falz hinein, damit der Abstand zwischen den einzelnen Seiten richtig wird etc., etc. Warum macht man so etwas? Nur aus politischen Gründen! Politik ist natürlich auch gleichzeitig

Volksbildung und außerdem, damit Sie jetzt vollkommen Bescheid wissen, da war nichts bewilligt von der SS, das war streng verboten. Diese Zeitungsausschnitte musste ich doch aufheben, aber wo? Jeder Häftling hatte einen Spind, ungefähr 30 cm breit. Da hatte er seine Zahnbürste und all das drin, was noch sein persönlicher Besitz war, und sein Geschirr. Unten durfte er immer den letzten Brief, den er bekam, aufheben. Aber sonst war kein Papier erlaubt. Also dort konnte ich meine Ausschnitte nicht aufheben. Aber wo denn? In Dachau gibt's ein Bad, das kann man heute noch anschauen, heute ist das dort Museum. Da war ein großes Gebälk, vom Zimmermann gemacht. Der Kapo vom Bad, ein Häftling, war mein Freund, er lebt noch, ein Spengler, inhaftiert seit 33, ein Münchner. Er war ein wirklicher Freund, er hat verstanden, dass man diese Unternehmung fördern muss. Vielleicht war er mein größter Förderer, denn er hat meine Ausschnitte im Gebälk versteckt. Da ist er hoch oben hinauf gekrochen und hat sie versteckt."

„Ich war vor ein paar Jahren in Dachau. Ich habe mir alles angeschaut, werde aber jetzt – nach Ihrer Erzählung – noch einmal dorthin fahren. Da werde ich vieles mit anderen Augen sehen", sagte ich.

„Ja, das glaub ich auch", sagte Matejka und fuhr fort:

„Wir waren übrigens ein halbes Jahr von Dachau evakuiert nach Flossenbürg."

„Wie kam das denn?"

„Das Lager wurde geräumt, und alle Häftlinge wurden auf andere Lager verteilt. Warum? Man brauchte das Lager um Hilfspolizisten auszubilden. Man brauchte ja Leute für den Blitzkrieg in Polen. Das war im Winter 39/40. Und im Frühjahr kamen wir zurück nach Dachau. Aber mein Freund blieb Badmeister, denn die SS hat ihn gebraucht, doch wir sind alle weggekommen. Was sollte ich nun mit meinen Ausschnitten machen? Und da habe ich sie ihm paketweise gebracht und er hat sie alle verstaut. Als ich zurückgekommen bin, hatte ich sie alle wieder. Das Verbotene ist das Beste, was man machen kann in einer Diktatur. Das Erlaubte in der Diktatur, – na, Kunststück, was wird schon eine Diktatur erlauben?

Selbstverständlichkeiten! Sogenannte Selbstverständlichkeiten. Das alles wurde gemacht, trotz Verbot und mit Hilfe. Ich war der Initiator, ich habe diesen Spleen gehabt. Schon als Gymnasiast im Ersten Weltkrieg habe ich meine Pick-Bücher mit Zeitungsausschnitten gemacht. Es ist nützlich zu sehen, wie die Dinge sich verändern, was Lüge ist, und wo die Wahrheit.

Zuerst war es nur der ‚Völkische Beobachter', den ich ausschlachtete, bald aber auch irgendwelche Provinzblätter und verschiedene Kunstzeitungen. Aber das wissen Sie ja schon.

Dann hab' ich alles zusammenmontiert. Da gab es Hitlerreden und Reden von Baldur von Schirach daneben Gedichte von Hesse und Rilke." Er lachte.

„Eigentlich alles manipuliert", sagte ich. „Ja", meinte er, „aber so waren meine Pick-Bücher auch für die Nazis unverfänglich, und gleichzeitig konnte ich auch politisch auf meine Mithäftlinge einwirken."

So hatte Matejka die Schrecken des Dritten Reiches dokumentarisch, aber auch widersprüchlich festgehalten und zusammengeklebt. Mit großem Geschick verstand er die Inhalte so anzuordnen, dass jeder denkende Antifaschist, jeder Mithäftling in diesen Büchern eine Diskussionsgrundlage fand. Und darin sah Matejka seinen volksbildnerischen Auftrag. Matejka hatte in seinen Ausführungen ein bisschen übertrieben, denn insgesamt entstanden in den Dachauer Jahren lediglich 20 solcher Bücher, – heute existieren davon nur noch vier. Eine bewundernswerte Arbeit, die ebenso dazu beigetragen hat, wie die durch nichts zu erschütternde optimistische Lebenshaltung Matejkas, Dachau zu überleben.

„Ich habe auch während dieser oft sehr harten Jahre immer wieder gesagt: Der Mensch darf sich nicht aufgeben, auch nicht in seinen dunkelsten Tagen. Deswegen haben wir auch Theater gespielt, Kabarett gemacht, wir haben ein kleines Orchester zusammengestellt. Ich hatte das Glück sozusagen, der unkonzessionierte Direktor für Musik und Theater von Dachau zu sein: Wir kamen durch die Zensur mithilfe des Hauptscharführers, von dem ich schon erzählt habe. Er wurde dann tatsächlich auch Untersturmführer, das ist der unterste Rang, es entspricht einem Leutnant oder einem Fähnrich oder wie man das nennt. Dadurch, dass ich täglich sein Büro bedient habe, konnte ich viel erreichen bei ihm. Zuerst haben wir Theater gespielt im Badraum. Das Bad war sehr groß, aber es sind Neuzugänge gekommen und da hatten die Duschen natürlich eine unerhörte Feuchtigkeit erzeugt und da war auf die Dauer nicht mehr zu spielen. Außerdem ist plötzlich ein Verbot gekommen, dass im Bad nicht mehr Theater gespielt werden darf. So spielten wir dann im Freien. Wir machten eine Freilichtbühne. Aber wie kriegt man eine Freilichtbühne? Wir hatten einen Österreicher, er war der Kapo, also Leiter, der Mannschaft eines ungefähr 60 Mann umfassenden Baubüros. Es wurde nämlich ein großes Baubüro um Dachau – um das Übungslager – gebaut. Da habe ich gesagt: Lieber Freund, kannst Du uns eine transportierbare Freilichtbühne erzeugen? Aber wie macht man das? Also man braucht große Träger, Tragln genannt, und darüber die Latten. 21 dicke Balken, leider gibt's keine Fotos davon, leider. Und die Auflage war, wenn wir im Freien Theater spielen, darf erst eine Stunde vorher die Bühne aufgestellt werden."

Er schwieg. Man sah, wie es in ihm arbeitete, wie weit er die Erzählung über seine Aktivitäten noch vor mir ausbreiten sollte. Jetzt versuchte er einen Schlusspunkt zu setzen.

„Ich war immer der Überzeugung, dass sich der Mensch auch in seinen schwärzesten Tagen nicht aufgeben darf. Das hat mir wohl die Kraft gegeben, einiges zu bewegen, von der Betreuung der Lagerbibliothek bis zu Theateraufführungen. Oder den Pick-Büchern", setzte er bescheiden hinzu. Ich war nicht sicher, war es echte Bescheidenheit, die ihn zurückhielt, ihn schweigen ließ? Wie schwierig ist es, seine eigenen Taten, seien sie noch so gering, zu schildern? Was erwarten wir, die Befrager, von den Überlebenden einer Schreckensherrschaft? Immer auf der Spurensuche, um mehr, Genaueres, die Wahrheit zu erfahren. Aber es gibt keine objektive Wahrheit. Nicht in Bezug auf diese Lebensabläufe. Das, was damals wichtig erschien, ist nicht nachvollziehbar für einen heutigen Menschen. Aber auch für den Betroffenen selbst wird die Zeit – die Entfernung von Zeit und Raum – manche Tatsache anders erscheinen lassen.

Dieser ungewöhnliche, kauzig-humorvolle Zeitzeuge blieb seinem Auftrag treu. Auch im KZ war Viktor Matejka nicht müßig, seine kulturpolitische Mission weiterzuführen. Immer unter dem Vorzeichen, im Widerstand zum nationalsozialistischen Alltag zu sein. Als ausgesprochener Pragmatiker verstand er es, mit vielen Tricks und auf vielen Umwegen für seine Mitgefangenen und sich, bessere Verhältnisse zu erreichen. Sein volksbildnerisches Interesse erweiterte er, indem er auf seine Mithäftlinge politisch, erzieherisch einwirkte. Die wesentliche Bedeutung der Pick-Bücher für ihn und seine Mitgefangenen damals ist nur aus dieser Mission heraus zu verstehen. Er hatte politische Bildung immer aus dem Gegensatz heraus gesehen und praktiziert – auch im KZ blieb er dieser Ansicht treu.

Und doch schien es mir, als verberge sich hinter der Fassade des heiteren, überlegenen Clowns noch viel mehr. Ein Aufenthalt in einem KZ war – auch wenn es kein Vernichtungslager war – immer ein Horror und mit nichts zu vergleichen, was es sonst noch an Schrecken in unserer Welt gibt. Die Beschäftigung mit Theater oder Kabarett war eine seltene und glückliche Fügung im KZ Dachau gewesen. Der Ausweg, sich pädagogisch zu engagieren, diese Pick-Bücher herzustellen, wäre in anderen Lagern nicht möglich gewesen. Man darf aber nicht übersehen, dass auch in Dachau Strafen verhängt wurden, dass die Prügelstrafe auf dem so genannten Bock, durch SS-Wachleute oder gezwungene Mithäftlinge ausgeführt wurde. Es gab Bunkerhaft und oft auch mehrtägige Haft in Stehzellen oder in der Dunkelzelle. Wie ein Damoklesschwert hing die Versetzung in die Strafkompanie über den Häftlingen oder das Pfahlhängen, auch Baumhängen, das im Duschraum des Hauptgebäudes durchgeführt wurde. Und mit solchen Strafen musste man schon bei kleinsten Vergehen rechnen. Das alles ist heute bekannt, und ich hatte Schwierigkeiten, diesen verletzlichen Menschen danach zu fragen. Sicher wollte er nur die relativ positiven Ereignisse preisgeben. Sicher verdrängte er – bewusst oder unbewusst die Todesängste, Verzweiflungen, Schrecken, die auch er ohne Zweifel erlebt haben musste.

Als am 10. April 1945 Soldaten der Roten Armee von der Stadt Wien Besitz ergriffen, machten sich viele der von den Nazis entmachteten Politiker auf den Weg ins Wiener Rathaus, galt es doch – möglichst rasch und ohne viel Bürokratie –, eine neue österreichische Regierung zu bilden.

Viktor Matejka brannte darauf, nach sechseinhalb Jahren Aufenthalt in den KZ Dachau und Flossenbürg, am neuen österreichischen Staat mitzuwirken.

Seine Ernennung zum „Generalbevollmächtigten für alle kulturellen Angelegenheiten in Österreich" wurde vom Genossen Rudolf Prikryl, dem kurzfristigen Bürgermeister, ganz unorthodox vollzogen.

Das Chaos, das nach dem Ende des Krieges in Wien herrschte, machte solche Ernennungen möglich.

Matejka hatte sich selbst immer als unabhängigen Linken betrachtet, ohne parteiliche Bindung. Jetzt aber war er bereit, der KPÖ als Mitglied beizutreten. Schon während der ersten Republik hatte ihn die antifaschistische Haltung der Partei beeindruckt. Als Individualist ging er davon aus, dass sich seine Bemühungen um eine friedliche und gerechtere Zukunft für alle Menschen, in diesem Parteiensystem am besten verwirklichen lassen könnten.

Als Pragmatiker glaubte er, sich über gewisse Parteidoktrinen mit dem ihm eigenen Geschick hinwegsetzen zu können.

Das erscheint heute idealistisch und weltfremd. Er aber ging unbeirrt seinen Weg und leistete nach dem Ende des Krieges als Kulturstadtrat eine unglaubliche und sehr unkonventionelle Aufbauarbeit im zerstörten Wiener Kulturbetrieb.

Seine Position in der Partei war eher umstritten. Er sah seine wichtigste Aufgabe darin, eine bessere und gerechtere Gesellschaftsform zu schaffen, in der Humanität und Toleranz eine vordringliche Rolle spielten.

Der Mensch, der veränderbare Mensch, war für ihn der Mittelpunkt seiner Bemühungen. Nur durch den Menschen, durch sein gerechteres, humaneres Tun und Handeln glaubte Matejka eine Veränderung der Lebensbedingungen zu erreichen.

Der soziale Fortschritt musste Hand in Hand mit dem kulturellen Fortschritt gehen. Volksbildung, Ausbildung, Weiterbildung – daran war zu arbeiten.
Als seine erste und wichtigste Amtshandlung als Kulturstadtrat wollte er alle Emigranten in ihre Heimatstadt zurückholen.
Aber da war man sich im Rat der Stadt Wien schon gar nicht mehr so einig, und Matejka betont, dass er keine Unterstützung in diesem Punkt hatte, von keiner Partei: „Auch die Kommunistische Partei hat nicht mitgespielt – sie war ja damals Mitglied der Regierung. Die sozialdemokratische Führung hat gesagt, da kommen ja wieder alle Juden! Ja, Sie haben recht gehört. Jede Partei hat nur die eingeladen, die immer brav waren, wo man gewusst hat, das sind keine Stänkerer, keine eigenwilligen Leute. Das ist österreichische Geschichte: meine Tätigkeit wurde verschwiegen. Erst in den letzten 10 Jahren hat sich die Zeitgeschichtsschreibung meiner sehr stark erinnert. So komme ich in allen Publikationen speziell der letzten Jahre vor. Ich brauche keinen Ruhm, es war für mich selbstverständlich.
Ich habe mich ja auch nur in ein Taschentuch geschnäuzt – es war nichts Besonderes! Es war selbstverständlich. Es gibt etwas Elementares: Zur richtigen Zeit das Richtige tun. Wenn Menschen wo hinausgeschmissen werden – und zwar in Massen – kann ich die Toten nicht lebendig machen –, aber die Vertriebenen kann ich ersuchen zurückzukommen. Das müsste eigentlich die Regierung machen, aber die hat das nicht interessiert. Und da habe ich all den Leuten, von denen ich die Adresse hatte, geschrieben. Ich hatte das höchste Auslandsporto im Wiener Rathaus. Ich bekam einen Verweis vom Wiener Magistratsdirektor. Er hat mir gesagt, sie werden Maßnahmen ergreifen und ich habe gesagt: Ihr könnt's mich mal am Arsch lecken – entschuldigen Sie! Also habe ich geschrieben, dem Paryla nach Zürich und all diesen Leuten, die ich gut kannte – kommen Sie, kommen Sie – und sie kamen …"
Er schwieg und lächelte, der Gedanke an diese Aktivitäten musste ihn ja fröhlich stimmen. Aber natürlich schätzte man damals solche Geschäftigkeiten ganz und gar nicht, noch dazu, wenn sie Geld kosteten. Die öffentliche Rüge steckte Matejka lächelnd ein! Leider hatte er mit der Rückführungsidee der Emigranten wenig Erfolg. Er stand auf verlorenem Posten.
Eine höchst unrühmliche Haltung nahm die Stadt Wien im Falle des bereits hochbetagten Komponisten Arnold Schönberg ein. Die Heimkehr dieses prominenten und verdienstvollen Wieners scheiterte an der bürokratischen Haltung der Verantwortlichen. Man schob die schlechten Wohnungsverhältnisse vor, um einer positiven Entscheidung für Schönberg zu entgehen. So sah es jedenfalls nach außen aus. Zu vermuten ist aber, dass zu diesem Zeitpunkt Juden, Kommunisten, Friedens-

kämpfer, die vor dem Naziterror geflohen waren, nicht mit offen Armen zurückerwartet wurden, wurde man doch durch ihre Gegenwart ständig an das eigene Unvermögen, an die allgemein mangelnde Zivilcourage erinnert. Man wollte sich aber nicht erinnern. Man wollte vergessen!

Auch Oskar Kokoschka hatte unter den Ressentiments, die man den Emigranten nach dem Krieg entgegenbrachte, zu leiden.

Viktor Matejka hat vergeblich versucht, für Kokoschka eine offizielle Lehramtsstelle zu bekommen. Der einzig erzielte Erfolg seiner vielfältigen Bemühungen war, dass Kokoschkas enteignetes Haus im Liebhartstal wieder an den Eigentümer zurückging.

Diese Haltung der offiziellen Stellen wundert nicht. Heimgekehrte – nicht nur in Österreich – wussten zu berichten, dass die Nichtemigrierten – oder wie Alfred Polgar sie nannte: „die Zuhausegebliebenen", – oft die Nase rümpften über Menschen, die aus dem Exil zurückkamen. „Die hatten es doch gut im Ausland – wir mussten in der Heimat den Bombenkrieg ertragen." Über solch kleinliche rechthaberische Äußerungen konnte Matejka nur lächeln!

Aber ganz sicher hat ihn sein Misserfolg in Sachen Kokoschka sehr gekränkt. Dieser große österreichische Künstler, Maler, Graphiker und Schriftsteller des Expressionismus war als junger Maler das Enfant terrible der Wiener Kunstszene gewesen. Aber dann war er mit einer einzigartigen Folge von Bildern, die vor dem Ersten Weltkrieg entstanden waren, in die internationale Kunstwelt aufgerückt.

Er hatte Ausstellungen in Paris und Wien und pendelte für jeweils längere Aufenthalte zwischen beiden Orten. Er beabsichtigte, fest in Wien zu leben. Aber durch die politischen Ereignisse in Deutschland und Österreich sah er sich gezwungen, nach Prag zu flüchten.

Erneut musste er fliehen, als die Mobilmachung in der Tschechoslowakei verkündet wurde, im Mai 1938 flüchtete er nach Großbritannien, da seine Werke von den Nationalsozialisten als entartete Kunst eingestuft wurden. Der Künstler Oskar Kokoschka zählt zu den populärsten Vertretern des Expressionismus.

Viktor Matejka sah es als seine vornehmste Aufgabe an, Oskar Kokoschka wieder nach Wien zurückzuholen. Aber schon seine Bemühungen, dem weltberühmten Maler die Ehrenbürgerschaft der Stadt Wien zu verleihen, scheiterten an der ablehnenden Haltung seiner Senatskollegen. Oskar Kokoschka wurde 1947 englischer Staatsbürger, erst 1975 nahm er wieder die österreichische Staatsbürgerschaft an. Für Viktor Matejka eine schwere Niederlage, er konnte sich nur mit den Hahn-Bildern trösten, die Oskar Kokoschka für ihn gemalt hatte.

Aber vieles andere gelang ihm in dieser schweren Nachkriegszeit. Sein Arbeitseinsatz in diesen ersten Jahren nach dem Krieg war unbeschreiblich. In höchsten Tönen reden noch heute Maler und bildende Künstler von Viktor Matejka als Lebensretter der Künstler in einer wirtschaftlich so unglaublich schwierigen Zeit. Als ich ihn darauf ansprach, meinte er: „Ich stand auf dem Standpunkt, dass Leistung nur möglich war, wenn eine materielle und wirtschaftliche Versorgung der Künstler sichergestellt war. Ich hab' ihnen Lebensmittel und Aufträge besorgt. Habe versucht, menschenwürdige Verhältnisse für den künstlerischen Nachwuchs zu schaffen. Aber das war doch nichts Besonderes!"

Dem widersprach ein paar Tage später eine seinerzeit aus der Emigration aus England zurückgekehrte junge Künstlerin.

Sie schilderte Viktor Matejka als einen „Spezialfall": „Er hat sehr viel für die Künstler getan. Ich war im Studium, er war Stadtrat. Man ging zu ihm mit einer Mappe. Er hat sie sich angeschaut: Ich werde sehen, wem ich das zeigen kann. Außerdem hab' ich Sie eingeteilt, wo Sie immer Mittagessen können, sagte er. Das hat er mit vielen gemacht. Er war phantastisch! Er war ein Schatz! Der Matejka war unbeschreiblich! Er hatte einen unglaublichen Ruf, ohne ihn wären einige verhungert, wirklich!"

Diese Aussagen werden bestätigt durch eine Unzahl von Zeichnungen, Bildern, Ölgemälden, von berühmten und weniger berühmten und unbekannten Künstlern, die Matejkas Wohnung schmücken. Sein Zuhause war eigentlich ein Museum. Bild reihte sich an Bild. Alle, die einen Zeichenstift oder Malpinsel besaßen, haben für die Wohltaten, die ihnen dieser Kunstfreund angedeihen ließ, so gut sie konnten in Kunst bezahlt.

Ich hatte den Eindruck, dass mein Besuch schon zu lange gedauert hatte. Viktor Matejka schwieg, blickte vor sich hin, war müde. Ich wagte noch eine Frage zu stellen. Ich kannte bereits die Antwort, wollte aber doch gerne seine Meinung zum Thema „Das Neue Theater in der Scala" hören. Ich wusste, dass Karl Paryla, der Heimkehrer aus Zürich, ihn um Hilfe gebeten hatte, um seinen Lebenswunsch zu erfüllen, ein Theater für das Volk, für die Arbeiter zu gründen. Er brauchte Matejka als Fürsprecher und er wusste von Matejkas Liebe zum Theater.

Das intensive Interesse für Theaterarbeit hatte sich Viktor Matejka beim Burgtheater erworben. Als junger Mensch auf Nebenarbeit angewiesen, verdiente er sich ein Zubrot als „Ansager", der die Aufgabe hatte, Schauspieler mit Informationen und Rollenmaterial zu versorgen. Eine Tätigkeit, die es heute am Theater nicht mehr gibt.

Als Karl Paryla mit dem Ansinnen an ihn herantrat, das Scala-Theater als Arbeiter-Theater bespielen zu wollen, stand er diesem Wunsch eher skeptisch gegenüber. „Ich war der Meinung, dass die Gesinnungsgenossen lieber in den verschiedenen Wiener Theatern so etwas wie den kommunistischen Sauerteig bilden sollten. Das hätte ich für effektiver gehalten. Der Paryla hat mir das damals übel genommen", sagte er grinsend. Doch dann unterstützte er dieses Vorhaben mit allen Mitteln, die ihm zur Verfügung standen, obwohl er der Überzeugung war, dass das Unternehmen ein frühes Ende finden würde, dann nämlich, wenn sich die russischen Besatzer, die die finanzielle Grundlage für das Theater darstellten, aus Wien zurückziehen würden. Eine unrühmliche Geschichte, deren bitteres Ende Matejka nicht mehr zu verantworten hatte. Sein Nachfolger im Amt ließ es zu, dass das Theater nach achtjähriger Tätigkeit geschlossen wurde. Aber nicht nur das, der schöne alte Bau wurde niedergerissen, dem Erdboden gleichgemacht. Dieses Theater fiel dem Kalten Krieg zum Opfer. Matejkas Weissagungen waren aufgegangen, in schrecklicher Weise und seine Vorstellungen von einer besseren, gerechteren, veränderbaren Welt gingen unter in einer Wirtschafts-Wunder-Welt.

„Obwohl man die idealistische Absicht hatte, neu zu beginnen, hieß damals, im Nachkriegs-Wien, die politische Parole: Fangen wir dort an, wo wir 38 aufgehört haben. Man wollte ans Vergangene anknüpfen, da saßen die Funktionäre in ihren Sesseln fest wie eh und je. Man kann es gar nicht glauben, auch Karl Renner, der 1938 Hitler die Pforten geöffnet hatte, bewies Sesselklebkraft. Schauen Sie, in Österreich ist das so: am Ring, da ist das Parlament, an der Ecke ist der Rathauspark – mit Blick aufs Parlament steht ein neues Denkmal, das ist gewidmet dem 1. Bundespräsidenten Dr. Renner – der erste Bundespräsident der 2. Republik – nach 45. Dieser Mann hat im Jahr 38, als Österreich an Deutschland angeschlossen wurde, gesagt, das sei die Erfüllung seines Traumes! Dafür danke er dem Hitler! Nun, der hat das schönste größte Denkmal! Dem Waldheim werden sie auch irgendwann noch ein Denkmal setzen! Es gibt auch andere Leute, die Denkmäler haben – obwohl man meint, die müsste man zum Vergessen bringen. Aber da kriegen Leute Denkmäler …! Aber andere Denkmäler, die notwendig wären, sind sehr schwer durchzubringen!"

Er hatte sich in diese Suada förmlich hineingesteigert. Ich verstand, dass nach einem solchem Leben das Resümee nur Ungerechtigkeiten aufweist. Sein Aufbegehren gegen die Angepassten, die sich „einkochen" ließen – wie er das nannte – war ungebrochen, aber zum Fall Dr. Renner muss man noch einiges klarstellen.

Karl Renner war eine der politischen Schlüsselfiguren bei der Gründung der Republik Österreich von 1918. Er war ein Verfechter einer föderalistischen Neuordnung

der österreichisch-ungarischen Monarchie, aber auch ein Vorkämpfer der Arbeiterbildungsbewegung. Das hätte Matejka eigentlich für ihn einnehmen müssen. Er war auch Leiter der österreichischen Delegation bei den Friedensverhandlungen in Saint-Germain-en-Laye. Nach dem Ersten Weltkrieg wurde dort der Vertrag von Saint-German abgeschlossen, der das Ende der Donaumonarchie besiegelte. 1920–34 war Renner Abgeordneter im Nationalrat, 1931–33 dessen 1. Präsident. Aber dann wurde ihm vorgeworfen, dass er sich von den Nazis agitatorisch für die Sanktionierung der Okkupation Österreichs hatte missbrauchen lassen. Vor der Volksabstimmung über den Anschluss an Deutschland vom 3. April 1938 gab Renner öffentlich eine Empfehlung für ein „Ja" zu Deutschland ab: „Ich müsste meine ganze Vergangenheit als theoretischer Vorkämpfer des Selbstbestimmungsrechtes der Nationen wie als deutsch-österreichischer Staatsmann verleugnen, wenn ich die große geschichtliche Tat des Wiederzusammenschlusses der deutschen Nation nicht freudigen Herzens begrüßte." – Das war Renners Erklärung zum Anschluss Österreichs 1938.
Verständlich, dass Matejka diese Äußerungen von Karl Renner nicht vergessen hat. Renner begrüßte auch die Annexion der sudetendeutschen Gebiete im Herbst 1938 in der Schrift „Die Gründung der Republik Deutsch-Österreich, der Anschluss und die Sudetendeutschen."
Die Zeit des Nationalsozialismus überstand er unbehelligt.
1945 tauchte er wieder auf und proklamierte gemeinsam mit den Vertretern der ÖVP, SPÖ und KPÖ die Unabhängigkeit Österreichs vom Deutschen Reich.
Als Staatskanzler bildete er, unterstützt von der sowjetischen Besatzungsmacht, eine provisorische Regierung für ganz Österreich. Von 1945 bis 1950 war Karl Renner Österreichischer Bundespräsident.
Dieser Werdegang musste einen Mann wie Matejka ärgern, und wie immer ließ er seinem Ärger freien Lauf. 1945 bis 1949 war Matejka als KPÖ-Stadtrat für Kultur und Volksbildung in Wien tätig. Er war einer, der nicht dort wieder anfangen wollte, wo man 1938 aufgehört hatte – er wollte verändern. Mit seiner berühmt gewordenen Einladung an die vom NS-Regime Vertriebenen, wieder nach Österreich aus dem Exil zurückzukehren, hat er an höchster Stelle Ablehnung ausgelöst. Matejka war ein höchst unorthodoxer und freimütiger Zeitgenosse, der immer aussprach, was er meinte und auch in der eigenen Partei nicht mundtot zu machen war. 1945 war er Mitglied der KPÖ geworden – 1966 trat er aus der KPÖ aus. Er hat seine Erinnerungen aufgeschrieben unter dem Titel „Widerstand ist alles", das Leitmotiv seines Lebens. Er hat sich nie ideologisch vereinnahmen lassen. So wie er auf-

rechten Ganges sechs Jahre KZ überlebt hatte, so behielt er auch in der Nachkriegszeit seine unabhängige Meinung. Er versuchte in seinem ganzen Leben, Bildung zu vermitteln. Im Konzentrationslager Dachau war ihm das gelungen. Als Kulturstadtrat hat er versucht, seine Ideen umzusetzen, sicher nicht immer zur Freude der Bürokraten. Aber er bleibt ein glaubhaftes Vorbild für die Jugend.

Ein Denkmal wird man Viktor Matejka kaum errichten. Aber seine Aktivitäten, sein Beispiel, seine Unbeirrbarkeit sind unvergessen.
Ein Jahr nach unserer Begegnung, in der Nacht vom 1. zum 2. April 1993, starb in Wien Dr. Viktor Matejka. Mich hat diese Nachricht tief betroffen.

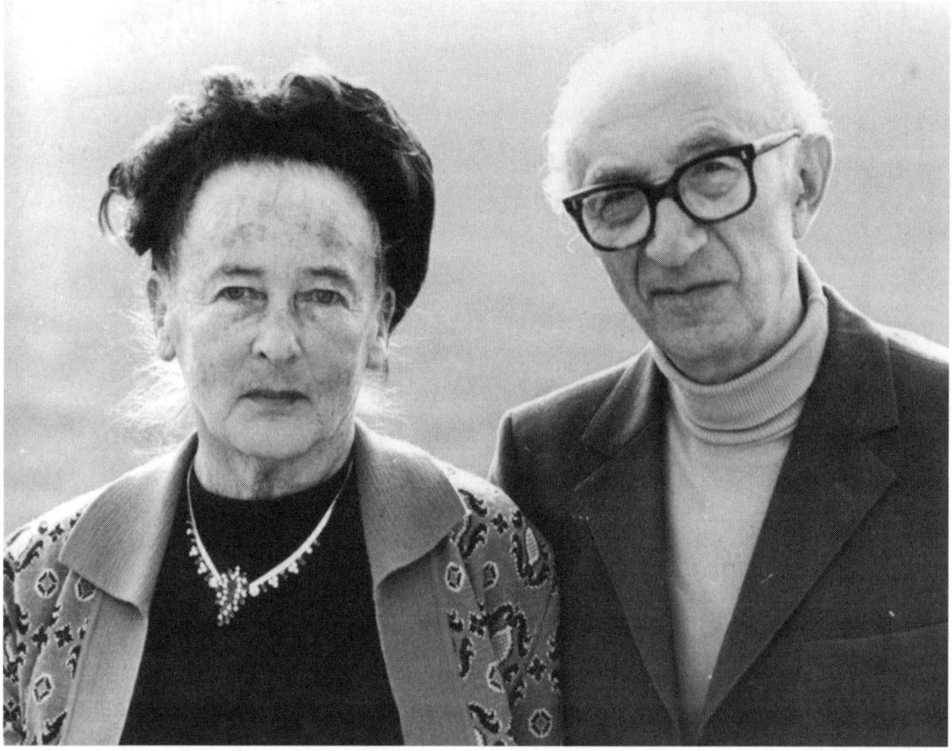

Benko und Eva Littwack

DER LANGE WEG NACH FRANKFURT –
20 JAHRE AUF DER FLUCHT

Ein Freund hatte mich 1992 auf zwei alte Menschen aufmerksam gemacht, die schon seit Jahren im Jüdischen Altenheim in Frankfurt am Main lebten. Ich war diesem guten Freund, auch ein Überlebender der Schreckenszeit des Naziregimes, sehr dankbar, als er mich aufforderte, dieses alte Ehepaar zu besuchen. Er war mit den beiden sehr gut bekannt, und meinte, die alten Leute würden sich über Besuch freuen. Ich war eher skeptisch, ob meine Anwesenheit angenehm sein würde, ich war ihnen doch ganz fremd, sie waren weit über achtzig Jahre alt und sicher nicht sehr erbaut über ein ganz neues Gesicht.

Das Altenheim in der Gagernstraße in Frankfurt ist ein Heim der Jüdischen Gemeinde. Ich hatte das Haus nie wahrgenommen und lebte auch in der Vorstellung, dass Altenheime kein bevorzugter Platz zum alt werden und sterben sei. Aber so schlecht schien mir das nun nicht mehr.

Es ist ein eher lichtes Gebäude. Kleine Balkone mit roten Markisen vor jeder Wohnung – das hatte so gar nicht den Anstrich von Alter, Krankheit und Tod.

Wir gingen lange Flure entlang und auf jedem Stockwerk waren Küchen eingerichtet. Ein Blick hinein zeigte sofort die koschere Einrichtung, die Schränke wiesen Aufschriften mit „Milchig" und „Fleischig" auf. Wir schellten an der Tür zu der kleinen Wohnung am Ende eines Ganges im ersten Stock des Heimes. Aber die Tür war nicht verschlossen und wir traten ein, ohne eine Antwort abzuwarten. Das alte Paar saß im Wohnraum, der nur aus einer Couch, einem Tisch und einem viel zu großen Schrank bestand. Ein Sessel am Kopf des Tisches war von Dr. Bernhard Littwack besetzt, Eva saß auf einem Stuhl – ihrem Stuhl – an der Balkontür. Ein wichtiges Möbelstück war die Kommode, auf der ein großes Fernsehgerät stand. Wir begrüßten beide, mein Freund sagte erklärende Worte zu meiner Person. Beide hörten aufmerksam zu, dann sagte Eva mit dieser festen Geradeaus-Stimme:

„Und was wollen Sie hier?"

Ich erklärte vorsichtig, dass mir mein Freund von ihrem Schicksal erzählt hätte, und dass sie doch so ein ungewöhnliches Leben geführt hatten und dass ich gerne ein

Interview mit ihnen machen möchte. Eva schien in Kampfesstimmung und sagte mir ganz klar, dass sie das gar nicht gut fände.

„Ein Interview für einen Film? Da gibt es Wichtigeres, über das man Filme machen sollte, das meinst Du doch auch, nicht, Benko?"

Aber Benko schwieg. Er war ein bisschen in sich zusammengesunken. Mit eher zugekniffenen Augen, sah er mich prüfend an. Er war ein kleiner, zierlicher Mann mit schütterem Haar und blassem Gesicht. Er war nicht sehr gesprächig, aber schließlich gab er seiner Frau Recht, sie hätten ja nichts Besonderes geleistet. Ich hielt es für besser, das Gespräch in andere Bahnen zu lenken. Auf meine Frage nach ihrem jetzigen Befinden, nach dem Heim und ihrer ganz persönlichen Situation begann Benko ohne Umschweife zu erzählen. Manchmal riss Eva ihm das Wort aber förmlich aus dem Mund. Sie war immer noch eine schöne, eindrucksvolle Frau, da störten auch die Altersflecken nicht, die über ihr Gesicht wie vergrößerte Sommersprossen gestreut waren. Ihre Augen waren lebhaft, sie drückte sich sehr gut aus und ich dachte im Stillen, dass ich ein schönes Interview mit den beiden machen könnte. Das Gespräch ging nun lebhaft hin und her, wobei Eva den größeren Anteil an Geschichten hatte. Sie war verärgert über den Zuwachs an russischen Bürgern im Altenheim. „Die können kein Wort Deutsch" sagte sie „und sie sind überhaupt nicht freundlich." Dann erzählte ich ein bisschen von meiner Arbeit, von meiner Familie. Beide hörten aufmerksam zu. Benko schien sich vor allem dafür zu interessieren wie ich lebe, wo und wie ich wohne. Und ganz unvermittelt in all die nette Plauderei hinein fiel von Eva das entscheidende Wort, auf das ich schon gewartet hatte. Ich war von meinem Freund schon darauf hingewiesen worden, dass es einen kritischen und empfindlichen Punkt in ihrer Lebensgeschichte gab, der beide sehr beschäftigte.

„Wissen Sie, ich bin keine Jüdin. Und nun sollen wir nicht zusammen begraben werden. So sagen das die jüdischen Gesetze."

Ich tat ein bisschen verwundert, um sie zum Reden zu ermutigen. Es schien sie so sehr zu bewegen, dass die jüdische Religion diesen beiden alten Menschen nicht erlauben wollte, das gemeinsame Leben mit einem gemeinsamen Grab zu beenden. Auch in mir sträubte sich alles gegen diese harten Gesetze. Ich wusste wohl, dass die jüdischen Vorschriften (Mizwot) ein elementarer Bestandteil des jüdischen Glaubens sind. Es gibt neben den 10 Geboten, weitere 248 Gebote und zusätzliche 365 Verbote. Das alles steht in der Thora und wird von orthodoxen Juden auch befolgt. Ich habe es als so berührend empfunden, dass Juden in einem schlichten, ungehobelten Holzsarg begraben werden, dass man so lange und intensiv um die Toten trauert und dass diese Religion die Hoffnung auf ein Weiterleben nach dem Tode vermittelt. Nicht verstehen kann ich allerdings, dass ein Ehepaar im Tode getrennt werden soll – aus religiösen Gründen: Auf einem jüdischen Friedhof kann kein nichtjüdischer Mensch begraben werden.

Mein Entschluss stand fest, ich musste diesen Film schon deshalb machen, um den beiden alten Menschen die Möglichkeit zu geben, sich öffentlich in einem Film zu diesem Thema zu äußern. Vielleicht ergab sich auf diese Weise der Weg zu einem gemeinsamen Grab.

Nachdem wir uns über das Heim, über das Leben, über die Schwierigkeiten unterhalten hatten, so alt zu werden, versprach ich wieder zu kommen, Benko war 92 Jahre alt und Eva nur 3 Jahre jünger. Für beide stand der Tod vor der Tür und sie beschäftigten sich ganz offensichtlich viel mit dem Gedanken an das Ende. Auch ich dachte viel an den Tod, an die Verluste, die der Tod für die Menschen bedeutet, die zurückbleiben, die Hinterbliebenen wie es heißt, die sich mit den Hinterlassenschaften beschäftigen müssen. Und ich war der Überzeugung, dass diese beiden Menschen eine Geschichte hinterlassen, die Mahnung und Aufforderung zugleich ist und die dokumentiert werden muss.

Ich wollte alles tun, um ihr Vertrauen zu gewinnen. Meine Absicht, dieses gemeinsame Schicksal zu dokumentieren stand fest, aber es war mir auch bewusst – bedrückend bewusst, dass man beide in gewisser Weise ausbeutete, um einen Film zu produzieren. Ich sagte mit einem guten Gefühl „Auf Wiedersehen" und das von beiden mir nachgerufene: „Kommen Sie wieder!" freute mich sehr. Ich fühlte mich hingezogen zu diesen zwei ungewöhnlichen Menschen, die so unterschiedlich in ihrem Temperament, in ihrer Ausdrucksweise waren. Benko war für mich und blieb es bis zu seinem Tode, eine ganz außerordentliche, eindrucksvolle Persönlichkeit. Ich bewunderte in vielen Gesprächen, die wir im Lauf der Jahre führten, seine Belesenheit, seine gütige Teilnahme an allem, was auch mich und mein Leben betraf. Ich war sehr froh und oft sehr bewegt über diese Freundschaft, die sich zwischen uns entwickelte.

Eva war der lebhaftere, extrovertierte Teil dieser Einheit, sie gehörten einfach zusammen, ergänzten sich auf ganz harmonische Weise, gingen immer Hand in Hand.

Nach ein paar nachmittäglichen Besuchen, nach einigen gemeinsamen Essen im Speisesaal des Altenheimes, fühlte ich mich sehr bald einfach wohl im Zusammensein mit beiden. Nach Rücksprache mit dem beeindruckenden Leiter des Heimes, Herrn Jachmann, gaben mir nach einiger Zeit meine beiden Protagonisten ihre Zustimmung für ein Interview. Wir wählten einen für uns alle passenden Termin und als Ort einen meistens unbenutzten Raum im oberen Stock des Heimes aus.

Ich sah den Drehtagen mit einigem Bangen entgegen. Wie würden die beiden auf die nun dazukommenden Menschen reagieren? Kameramann, Tontechniker. Mit mir waren sie inzwischen sehr vertraut, ich war bemüht, ihr Vertrauen nicht zu missbrauchen und mit aller Vorsicht vorzugehen. Sie lebten doch sehr isoliert in ihrer Umgebung, hatten immer wieder beklagt, dass sie keinerlei Kontakte im Heim hätten, weil es sehr viele osteuropäische und russische Zuwanderer gab, die der deutschen Sprache nicht wirklich mächtig waren. Es bot sich also selten die Gelegenheit zu Gesprächen für sie. Das war vermutlich auch einer der Gründe, warum sie sich über meine Besuche zu freuen schienen. Für mich waren diese Stunden eine große Bereicherung. Bald hatte ich das Gefühl, sie schon lange zu kennen und nannte sie scherzhaft meine Ersatz- Eltern.
Und dann kam der erste Drehtag.
Wir hatten unsere Aufnahmegeräte in ihrer Abwesenheit schon so installiert, dass sie von all dem lästigen Einleuchten und Ausleuchten, den Tonabstimmungen nichts mehr mitbekamen. Ich holte die beiden aus ihrer Wohnung und platzierte sie auf zwei Sesseln nebeneinander. Später erst fiel mir mein Fehler auf. Ich hatte sie fast immer Hand in Hand erlebt, jetzt stand ein unsinniger Blumenstock zwischen ihnen, so konnten sie sich nicht mehr aneinander festhalten. Aber das war das Arrangement des Kameramanns, mit dem ich noch nie gearbeitet hatte und dem ich nicht gleich widersprechen wollte. Es war auch meine erste Filmarbeit bei diesem Sender – die Gepflogenheiten und Arbeitsweisen waren neu für mich.
Eine entspannte Atmosphäre zu schaffen, schien mir nun das Wichtigste, denn so weit mir bekannt war, hatten beide nie eine Begegnung mit diesem Medium gehabt. Benko wollte einiges über die Technik wissen – auch als sehr alter Mensch war er immer noch neugierig und aufnahmefähig. Beide waren zu meiner Überraschung gar nicht scheu oder gehemmt den unbekannten Menschen gegenüber. Der Kameramann schob sie in ihren Sesseln ein bisschen hin und her, was mit Heiterkeit quittiert wurde. Es wurde geplaudert und gelacht, das gehabte Frühstück kommentiert und das Menü des Mittagessens geklärt. Ich hatte mit dem Kameramann schon abgesprochen, dass das Rotlicht erst auf ein unauffälliges Zeichen angehen sollte – also ohne den Redefluss meiner beiden Protagonisten zu stören. Das klappte auch gut.
Benko erzählte schnell und ohne große Begeisterung, dass er als Bernhard Littwack 1902 in Ortelsburg in Ostpreußen geboren worden war. Kindheit und Jugend schienen ihm nicht wichtig in seinem Bericht. Er hatte Medizin in Königsberg studiert und promovierte in Bonn zum Dr. med. Wie viele junge Leute damals zog es

auch ihn nach Berlin, dem deutschen Mittelpunkt von Kultur und Politik. Als Praktikant am Krankenhaus Moabit begann er seine ärztliche Laufbahn.

An diesem Krankenhaus arbeiteten Ärzte und Professoren, die sich dem Fortschritt verschrieben hatten, viele Sozialdemokraten und Juden. Die Nationalsozialisten hatten allen Grund, als sie an die Macht kamen, ihre Wut an dem „roten" Krankenhaus Moabit auszulassen. Die meisten Ärzte und Professoren wurden bei Machtantritt gleich entlassen, manche verhaftet und in Gefängnissen der SA fast zu Tode geprügelt. Das war Benkos Thema, nicht seine Jugend und Kindheit, hier in Berlin wurde er mit Gewalt in sein Schicksal gestoßen.

„1932", – sagte er nachdenklich, „das war eine politisch bewegte Zeit. Es war viel los damals in Berlin. Auf allen Gebieten. Wir waren alle eigentlich politisch sehr interessiert in dieser Klinik."

Eva meldete sich zu Wort, ich dachte mit einiger Besorgnis an den Verlauf dieser Dreharbeit, wenn Eva sich weiterhin temperamentvoll ungefragt einmischen würde. Der Kameramann hatte heftig zu tun, um ihre oft hektischen Bewegungen im Bild aufzufangen.

„Die jüdischen Ärzte in der Klinik waren ein bisschen links."

Aber auch Benko war jetzt in seinem Metier:

„Der Chefarzt war ein berühmter Gynäkologe, der schon damals für die Fristenlösung war. Er wurde während der Operation aus dem OP herausgeholt. Ich konnte noch vier Wochen länger bleiben, aber dann wurden auch alle übrigen jüdischen Ärzte entlassen."

Ich hatte viel gelesen über die Machtübernahme Hitlers mit dem so perfekt funktionierenden System, dass am nächsten Tag schon Verhaftungen und Inhaftierungen vorgenommen wurden, um alles auszuschalten, wo sich ein eventueller Widerstand hätte ausbreiten können.

Aber nun meldete sich Eva und fiel ihm fast ins Wort, man spürte sehr deutlich, wie wichtig es für sie war über ihre erste Begegnung mit Benko zu sprechen:

„Mein Mann und ich wir waren zusammen auf derselben Station, wir wurden uns vorgestellt und als wir dann auseinander gingen, – komischerweise drehten wir uns beide um!"

Sie lachte und sah zu Benko hinüber.

„Ja, wir drehten uns beide um und lachten uns zu, und damit war die Freundschaft geschlossen". Benko lächelte, sagte nichts mehr und sah vor sich hin.

Die Erinnerung an diesen Moment des Sichwahrnehmens, dieser Augenblick der zwei Menschen schicksalhaft aneinander band, bewegte alle im Raum.

Ich sah mit Entzücken, dass Eva – bei der Erinnerung an ihre große Liebe – wieder zum jungen Mädchen wurde. Benko, durch dessen „Anderssein", seine jüdische Herkunft ihr Leben in Zukunft so oft in katastrophale Bahnen gelenkt werden sollte, hatte sie fasziniert. Als wollte sie meinen Gedankengang bekräftigen sagte sie:
„Ja, so fing eigentlich alles an! Aber dann kam die Politik dazwischen. Eigentlich war die Klinik links, aber ich war ganz unpolitisch. Ich habe mich um politische Dinge nie gekümmert. Ich war Krankenschwester. Mein Mann erzählte mir, er wäre Ägypter und hätte elf Geschwister. Dabei war er ganz allein und das mit dem Ägypter stimmte auch nicht, aber ich habe ihm alles geglaubt, alles was mein Mann mir erzählte."
Das war der Moment, in dem Benko laut auflachte, der sonst so stille Mann freute sich diebisch über diesen alten Witz, mit dem er seine junge Liebe überrascht hatte!
Eva war nicht aufzuhalten:
„Und dann war das mit Hitler und unsere Tochter Carmen wurde geboren und das war schon sehr schlimm. Ich wusste ja, was das bedeutete: Halbjude! Sie kam ja in eine solche schreckliche Atmosphäre hinein, das war schon schlimm. Damals wussten wir überhaupt nicht, wie es weitergehen könnte."
Dr. Littwack versuchte in Berlin eine Privatpraxis aufzumachen, aber der jüdische Arzt wurde terrorisiert.
„Das war in der Nähe vom Alexanderplatz, da hatte ich meine Praxis. Ich konnte sie aber nicht aufrechterhalten, ich bekam keine Kassenzulassung mehr."
Eva warf ein: „Es kam keiner mehr, und die Klingel der Praxis wurde abgerissen!"
„Mir war die Existenzgrundlage genommen ohne Kassenpatienten, Privatpatienten gab es zu wenig, vor allem in einer jungen Praxis, davon konnten wir nicht leben", fuhr Benko fort. Es war für Nichtjuden fortan nicht opportun, sich von einem jüdischen Arzt behandeln zu lassen!
Es wurde in unseren Gesprächen nie ganz klar, warum Benko die nichtjüdische Oberschwester Eva nicht geheiratet hat, bevor Carmen 1933 geboren wurde. Tochter Carmen gab mir viel später die Erklärung. Sie sagte: „Als wir in Berlin lebten und ich 1933 geboren wurde, hatten schon damals Juden und auch meine Eltern Schwierigkeiten, eine gemeinsame Existenz aufzubauen. Benko wurde ja aus dem Moabiter Krankenhaus entlassen, seine Praxis boykotiert. Er lebte nicht zusammen mit uns, besuchte uns nur bei Dunkelheit, nach Aussagen meiner Mutter. Deshalb kam ihre Eheschließung erst in Spanien zustande."
Die Nazi-Gebote/Verbote ließen eine Heirat nicht mehr zu. Das Gesetz zum Schutze des deutschen Blutes und der deutschen Ehre vom 15. September 1935 be-

sagt § 1 Absatz 1: „Eheschließungen zwischen Juden und Staatsangehörigen deutschen oder artverwandten Blutes sind verboten!" Ich frage mich, was ist eigentlich artverwandtes Blut?

Es waren also nicht nur das Geld und die fehlende gesicherte Existenz die verhinderten, eine Familie aufzubauen. Auch Mut brauchte man in solchen Zeiten, um eine „Mischehe" einzugehen. Auch eine Verbindung ohne Trauschein zwischen Juden und Nichtjuden war gefährlich und verboten.

Mit Hitler kam auch die Tochter Carmen, wie Eva formulierte, man schrieb das Jahr 1933. Die Arbeitslosigkeit war Thema Numero eins, viele Bürger befanden sich in einem wirtschaftlichen Vakuum. Ein gut gepflügter Boden für Hitlers Pläne. Benko ging auf der Suche nach Beschäftigung zunächst nach Belgrad. Mitte 1934 hörte er, dass 200 jüdische oder andere verfolgte Ärzte von der sowjetischen Botschaft in Prag zur Arbeit in der Sowjetunion gesucht wurden.

Dr. Bernhard Littwack fuhr nach Prag und wartete dort vergebens auf einen Vertrag. Immer wieder wurden er und andere von der Botschaft vertröstet. Am Ende wurden nur 50 Ärzte angeworben. Benko war zum Glück nicht dabei. Wie er später erfuhr, ist von den ausgewählten Ärzten fast niemand am Leben geblieben. Der Strudel der Verhaftungen und Säuberungen hat sie wenige Jahre später alle verschlungen.

Während seiner Studienzeit war Benko Mitglied einer zionistischen Studentenverbindung, gleichzeitig Mitglied der SPD und aktiv im Reichsbanner, der demokratischen Schutztruppe der Sozialdemokratie. Er war immer ein politisch denkender und ebenso handelnder Mensch gewesen. Was lag näher, als sich der spanischen republikanischen Armee zur Verfügung zu stellen?

Natürlich ahnte Benko, auf was er sich da einließ.

Im Juli 1936 hatten konservative spanische Generäle eine lang geplante Revolte gegen die linke republikanische Volksfrontregierung Spaniens gestartet. General Francisco Franco übernahm die Führung und schnell breitete sich in Spanien ein Bürgerkrieg aus. Die legitime Regierung verkündete die Mobilmachung und verteilte Waffen an die Bevölkerung. Starker Widerstand und die Überlegenheit der regierungstreuen Armeeverbände ließen den Putsch fast scheitern, da griff Adolf Hitler ein und beschloss, die Putschisten militärisch zu unterstützen. Im Spanischen Bürgerkrieg wurden erstmals seit Ende des Ersten Weltkriegs deutsche Soldaten im Ausland eingesetzt. Hitler wollte mit dem deutschen Eingreifen, die Stärkung des Faschismus in Europa erreichen. Ein sozialistisches oder kommunistisches Spanien, das sich vielleicht mit Frankreich und der Sowjetunion verbünden würde, konnte seine umfassenden Expansionspläne in Europa verhindern. Auch wirtschaftliche Pläne spielten eine Rolle, ebenso die Situation in Italien unter Mussolini. Die Republikaner hingegen hatten es schwerer, Hilfe aus dem Ausland zu bekommen. Nur langsam erhielt die Volksfrontregierung Unterstützung von fünf Internationalen Brigaden mit sozialistischer Ausrichtung. Ungefähr 5000 dieser 35 000 Freiwilligen waren Deutsche, meist politische Flüchtlinge. Wie auch Dr. Bernhard Littwack. Aus der ganzen Welt meldeten sich nach und nach Freiwillige, um den Kampf der Republikaner zu unterstützen. Unter ihnen waren Künstler und Schriftsteller wie George Orwell oder Ernest Hemingway. Auf der anderen Seite wurde die Legion Condor eingesetzt, ein Expeditionskorps des Deutschen Reiches, das sich vorwiegend aus Verbänden der Luftwaffe zusammensetzte. Die Legion Condor griff in alle wichtigen Schlachten ab 1937 ein: Bilbao, Brunete, Teruel, Ebro-Bogen. Unvergessen ist der Luftangriff auf Guernica, bei der die religiöse Hauptstadt des Baskenlandes fast vollständig zerstört und hunderte Zivilisten getötet wurden. Deutsche Tiefflieger schossen mit Maschinengewehren auf die flüchtende Zivilbevölkerung. Dieses Blutbad von Guernica veranlasste Pablo Picasso, sein wohl berühmtes Werk „Guernica" zu malen.

Im Januar 1937 meldete sich Benko bei der spanischen Botschaft in Prag als Freiwilliger für den Sanitätsdienst in der spanischen republikanischen Armee. Er besorgte sich ein französisches Transitvisum und meldete sich in Paris beim Service Sanitaire. Hier wurde seine politische Vergangenheit gründlich durchleuchtet. Man erwartete damals eher Kommunisten für den Kampf gegen die spanischen Faschisten. Da er kein Kommunist war, wurde sehr pingelig in seiner politischen Vergangenheit geforscht, und schließlich – Ärzte wurden ja dringend gebraucht – kam er mit einer Gruppe von 30 Freiwilligen zunächst nach Perpignan und später schwarz über die Grenze nach Spanien.

„Als wir in Barcelona ankamen, war die ganze Stadt verdunkelt wegen der Luftangriffe", erinnert sich Benko. „Da war noch eine ganz verrückte Geschichte. In unserem Quartier, in dem wir Ärzte untergebracht waren, es gab da Augenärzte und Apotheker, Assistenten und Laboranten, erschienen plötzlich bewaffnete Milizionäre der POUM. (Partido Obrero de Unificatión Marxista – Arbeiterpartei der marxistischen Einheit) Man wollte uns mit Waffengewalt zu ihren Einheiten bringen. Auch bei ihnen gab es viele Verwundete aber keine Ärzte. Das war zwar ein Notzustand, wir waren aber nicht im Stande zu helfen und dann hat das Militär eingegriffen. Sie sind unverrichteter Dinge wieder abgezogen, als Armeesoldaten auftauchten. Dann wurden wir mit dem Zug nach Albacete gebracht, in die Basis der Internationalen Brigade."

Ich fragte nach Eva. Wo war sie mit ihrem Kind?
„Ich blieb mit Carmen in Berlin. Das war gar nicht schön. Da ich jetzt allein war, ließen die netten Volksgenossen nämlich ihre Wut an mir aus. Einmal haben sie dem Kind, Carmen war zwei Jahre alt, die Kehle zugedrückt. ‚Juden raus' haben sie uns nachgeschrieen. Wir warteten auf Abruf, ich wusste, dass Benko alles tun würde mich nachzuholen."
„Die spanische Regierung hatte mir versprochen Eva nachkommen zu lassen, wir brauchten ja dringend qualifizierte Leute, vor allem auch Krankenschwestern."
Beide schwiegen. Ich wagte nicht zu fragen, was aus Carmen wurde in dieser Zeit.

Ich versuchte mir vorzustellen, meinen Mann in ein Kriegsgebiet entlassen zu müssen und allein mit einem kleinen Kind an der Hand dazustehen. Eva nahm das Spanische Hilfskomitee in Anspruch, das alles organisierte, um Hilfskräfte nach Spanien zu bekommen. Carmen wurde in die Schweiz gebracht. Sie fand Unterkunft bei einer Pastorenfamilie in Bern, die das Kind nicht gerade gut behandelte. Meistens erkennt man erst später, was man seinen Kindern angetan hat. Ich sah etwas skeptisch auf die beiden, wie konnte es jetzt weitergehen? Wahrscheinlich dachten beide in Erinnerung an diese Vorgänge, in die sie geworfen wurden, dass das Leben ihres jetzt schon erwachsenen Kindes vielleicht glücklicher verlaufen wäre, hätten sie sich damals anders entschieden. Aber wie hätte man sich entscheiden sollen? Viele Möglichkeiten gab es nicht, und in der neutralen Schweiz war ein Kind immer noch besser aufgehoben als in Nazideutschland. Das Hilfskomitee für Spanien und die spanische Regierung bezahlten die Unkosten für diesen Aufenthalt. Eva hatte nun die Möglichkeit, sich freiwillig zu melden und kam bald nach Albacete. So waren die beiden wieder zusammen. Um einen hohen Preis. Aber als politisch denkender Mensch fühlte sich Benko auf der richtigen Seite und was für ein Glück, er konnte in seinem geliebten Beruf arbeiten, und Eva war wieder an seiner Seite.
„Und dann kamen die Deutschen und haben bombardiert, sie wollten die Kaserne treffen, dort lag eine große Menge Munition", sagte Eva.
„Ja", ergänzte Benko, „das war ein sehr schwerer Luftangriff auf Albacete, der von 20 Uhr bis 6 Uhr morgens dauerte. Die Faschisten haben die Basis ohne Pause bombardiert. Sie haben aber so schlecht gezielt, dass sie die Kasernen mit dem Schießpulver nicht trafen. Es gab aber sehr viele Verwundete, und wir Ärzte mussten sie im Bombenhagel versorgen. In der Stadt schossen die versteckten Faschisten aus den Fenstern. Wir wären alle in die Luft geflogen, die ganze Basis, wenn die Deutschen die Kaserne getroffen hätten, denn es gab überhaupt keine Abwehr."

Ein Emigrant zieht in den Krieg. Was für eine Entscheidung! Wahrscheinlich hatte auch er keine Vorstellung davon, wie so ein Bürgerkrieg aussehen konnte. Und die Tatsache, dass die deutschen Faschisten auch noch mitspielten in diesem Gemetzel, machte die Sache eher prekär für deutsche Emigranten. Sie mussten sich tatsächlich wie in vorderster Front vorkommen im Kampf gegen den Faschismus. Ich fragte ihn, wie denn die tatsächliche Arbeit in dem Krankenhaus, oder Lazarett eigentlich ausgesehen hat.

„Zuerst musste man gründlich organisieren. Das Personal war nicht geschult. Sie waren alle sehr willig, geradezu begeistert, aber medizinisch völlig ahnungslos, ohne jegliche Kenntnisse. Ich war nun Chefarzt des Krankenhauses Nr. 1, der ‚Socorro Rojo', der Roten Hilfe in Albacete. Als Eva dann kam, war ich heilfroh, sie verstand ihren Beruf und war eine große Hilfe. Sie war eine der wenigen qualifizierten Krankenschwestern im Krankenhaus. Es gab noch eine holländische antifaschistische Genossin, eine Engländerin, die sehr königstreu war, und Schwestern aus Polen und Lettland. Ein paar Spanierinnen, die den Beruf der Krankenschwester lernen wollten."

Eva erzählte, dass sie ziemliche Schwierigkeiten hatte, mit den unausgebildeten Leuten zurechtzukommen. Den Hauptanteil der Arbeit mussten die qualifizierten Krankenschwestern selbst leisten.

„Wir mussten oft übermenschlich viel arbeiten. Das Spital war trotz strengen Winters nicht geheizt. Die Nachtwachen waren besonders anstrengend. Ich bekam Ekzeme, wohl wegen der Mangelernährung. Eigentlich hätte ich den Dienst quittieren müssen. Aber damals hat man einfach immer weitergemacht, trotz körperlicher Beschwerden. Man schickte mich dann als Begleitung einer schwer lungenkranken Genossin Richtung Barcelona. Dort warteten wir auf ein Flugzeug, aber das war für die Kranke zu spät, sie starb bevor das Flugzeug, das sie wegbringen sollte, ankam. Ich blieb in Barcelona im Haus der Internationalen Brigaden. Das war alles vollkommen abenteuerlich, denn auf den Toiletten wurde mir mein ganzes Geld gestohlen. Da bekam ich keine Unterstützung, sondern Prügel, als ich den Diebstahl zurückfordern wollte. Weil ich wieder diese Ekzeme bekam, musste ich ins Krankenhaus. Dort wurde ich richtig behandelt und nach drei Wochen war ich wieder in Ordnung und wollte so schnell wie möglich zu meiner Arbeit zurück und zu Benko. Übrigens habe ich in Barcelona den Dichter Erich Weinert getroffen, er hat sich auch am Spanischen Bürgerkrieg beteiligt. Ich habe diese Fahrt zurück per Autostopp gemacht und ein sowjetischer Offizier, Oberst Malinowski, der im Zweiten Weltkrieg Marschall der Sowjetunion wurde, hat mich mitgenommen. Er

hatte Kekse und ich nahm alles, was ich kriegen konnte, so hungrig war ich. Das war schon eine abenteuerliche Fahrt, denn das Lastauto war vollbeladen mit Munition. Der Oberst war sehr sympathisch, ja, und selbstbewusst. Als unsere Papiere kontrolliert wurden, und die Streife Schwierigkeiten meinetwegen machen wollte, schrie er seinem Fahrer zu: ‚Vamos' – Los!"
Eva lacht, sie ist wieder ganz jung, sie erinnert sich offenbar mit großer Freude an diesen wunderbaren Sowjetoffizier.
„Ja, ich kam also gut in Albacete an."
Nachdem Eva ihre Geschichte beendet hatte, fragte ich nach ihren Heiratsaussichten, und richtete die Frage direkt an Benko.
„Wir konnten ja in Deutschland nicht so einfach heiraten. Vielleicht hätten wir in ein anderes Land gehen sollen, rechtzeitig. Nach England zum Beispiel. Aber wir hatten dazu gar nicht das Geld."
Eva ergriff das Wort, als Benko eine kleine Zäsur machte:
„Als wir dann nach Spanien kamen, die hatten ja kein Interesse. Wenn ihr heiraten wollt, gut! Ich hatte einen Pass, du hattest auch einen Pass und mein Mann hatte grade eine Viertelstunde Zeit. Da sind wir rübergelaufen und haben ein Stück Papier unterzeichnet. Der Bürgermeister hat ganz einfach die Trauung vollzogen und uns die entsprechende Urkunde übergeben. Und so haben wir in Spanien geheiratet, und aus Eva Stumpf war Eva Littwack geworden."
Sie brachte diese kleine Geschichte so witzig, dass alle lachen. Und auch Benko wurde angesteckt. Eva spürte, dass ihre Geschichten ankamen und fuhr gleich fort:
„Ich habe eine gute Erinnerung an Spanien, ich mag die Spanier gern, sehr, immer comme il faut!"
Nun sprang das Gespräch zwischen den beiden alten Menschen hin und her, ich war ganz überflüssig und brauchte keine Fragen mehr zu stellen.
„Ich war erstaunt über die Begeisterungsfähigkeit der Massen" sagte Benko. „Ja, der Massen! Die Massen waren begeistert für ihre Aufgabe. Alle waren irgendwie beflügelt. Da gab es noch viele Analphabeten, und es war ganz erstaunlich, wie sie Schreiben und Lesen lernten und wenn sie marschierten, dann hat ihnen jemand was vorgesprochen, hat sie quasi unterrichtet. Ich habe da ganz unglaubliche Situationen erlebt! Es war wie ein Aufbruch – oder ein Ausbruch aus alten Vorstellungen. Man wollte etwas Neues. Das war ganz großartig."
Benko hatte den Grad eines Leutnants, war Chefarzt des Krankenhauses Nr. 1, der ‚Soccoro Rojo', der Roten Hilfe in Albacete, und sollte seiner hohen Position entsprechend zum Hauptmann befördert werden. Dazu kam es aber nicht, denn ein

gewisser Vorgang verhinderte diese Beförderung. Ein spanischer Soldat starb im Krankenhaus an einer Überdosis Morphium. Da Benko die Verantwortung trug, sollte er vor einem Kriegsgericht angeklagt werden. Der wahre Sachverhalt stellte sich heraus, eine unwissende Krankenschwester hatte einen Fehler gemacht. Die Anklage wurde fallengelassen, aber Benkos Beförderung kam nicht mehr in Betracht, er blieb Leutnant.
Ich fragte ihn nach dem Frontgeschehen, nach dem Luftkrieg. Die berüchtigte Legion Condor flog weiter ihre mörderischen Einsätze. Es waren Benkos Landsleute, die sich auf die Seite der spanischen Faschisten geschlagen hatten, 20 000 Mann waren insgesamt im spanischen Bürgerkrieg im Einsatz. War das nicht eine zwiespältige Situation für Deutsche, die auf der anderen Seite standen? Die angetreten waren, gegen den Faschismus zu kämpfen?
Aber Benko ging darüber hinweg. „Wir hatten schrecklich viel zu tun", sagte er, „es gab so viele Verwundete aus der Schlacht von Teruel, aber wir waren überglücklich über die Einnahme der Stadt durch unsere Truppen, endlich ein Sieg der Republik. Aber diese Erfolge sollten nicht lange vorhalten, Teruel wurde von den Faschisten zurückerobert. Bis zur Küste sind die Faschisten vorgestoßen und haben die Republik halbiert."
„Hatten Sie eigentlich Schwierigkeiten im Krankenhaus wegen Ihrer Zugehörigkeit zur SPD? Gab es Probleme, weil Sie kein Kommunist waren?" fragte ich.
„Konnte man sich unter Kollegen über Politik unterhalten? Es war ja eine schwierige Zeit, Volksfrontregierung in Spanien, Judenverfolgung in Deutschland, Moskauer Prozesse usw. Konnte man sich informieren über die weltpolitischen Vorgänge?"
„Na ja", sagte Benko, „wir waren ja eine sehr gemischte Gruppe. Außer den deutschen Brigade-Zeitschriften gab es nur spanische Zeitungen. Öfter kamen deutsche und österreichische Freunde zu uns, wo man sich ziemlich offen unterhalten konnte. Ein paar Letten waren so fanatische Kommunisten, dass eine Unterhaltung nicht möglich war. Mit einem Kollegen, dem Bruder von Ernst Fischer, dem hohen österreichischen Funktionär der KPÖ, waren wir eng befreundet. Er und seine jüdische Frau waren keine fanatischen Kommunisten. Es war wirklich eine sehr gemischte Gruppe, in der wir arbeiteten. Und es gab einige schlimme Schicksale. Wir hatten in Albacete einen holländischen Kollegen, einen jüdischen Arzt aus Amsterdam. Er war zunächst bei mir und ging später an die Front, an einen vorgeschobenen Verbandsplatz. Er war ein ganz junger, vitaler, sehr angenehmer Kollege, der perfekt Deutsch und Spanisch sprach. Beim Rückzug von Brunate ist er eines Nachts wegen Übermüdung tief eingeschlafen, er musste viel

marschieren und gleichzeitig die Verwundeten betreuen. Als er aufwachte, waren die Faschisten da. Trotz Interventionen des Internationalen Roten Kreuzes und der Sozialistischen Internationale wurde er nicht entlassen und ist elend in Francos Gefängnissen umgekommen. Wir hatten in Albacete auch den deutschen Arzt Dr. Schnell, der nach einer schmerzhaften Verwundung drogensüchtig wurde. Er kam an die Front, geriet in Gefangenschaft und wurde als Gefangener erschossen. Ein anderer Kollege, ein jüdischer Arzt aus Frankreich, der in Spanien Dr. Delarbre hieß, war Chefarzt des Militär-Lazaretts in Murcia. Trotz Erkundigungen konnte ich über sein weiteres Schicksal nichts erfahren. Einen besonderen Fall stellte der junge jüdische Arzt aus Frankfurt, Dr. Pollak, dar. Er war Frontarzt und wurde mehrmals vor ein Kriegsgericht gestellt, weil er sich anstatt die Verwundeten zu versorgen, immer wieder zu Spähtrupps, Erkundungsoperationen und Partisanenkämpfen freiwillig gemeldet hat. Es gab an diesem Frontabschnitt fast keinen Stoßtrupp, zu dem er sich nicht gemeldet hat. Er wollte eben keinen Sanitätsdienst leisten, ein ungestümer Draufgänger, mit schrecklicher Wut auf die Faschisten. Ich lernte ihn kennen, als er aus Disziplinargründen wieder in mein Lazarett versetzt wurde. Trotzdem suchte er immer wieder nach einer Gelegenheit, dorthin zu kommen, wo es gefährlich war. Er war ansonsten unpolitisch, einfach ein Antifaschist, er wollte nur die Faschisten schlagen. Mehrmals wurde ich ins Brigadegefängnis beordert, um ärztliche Hilfe an Gefangenen zu leisten. Die Verhältnisse dort waren grauenerregend. Die meisten Gefangenen waren Franzosen, Arbeitslose, die man auf der Straße aufgelesen hatte und in eine Uniform steckte und nach kurzer Schulung an die Front schickte. Im Gefängnis gab es keine Betten, nur ein wenig Stroh und Matratzen. Die Gefangenen waren sehr aggressiv, sehr aufsässig. Vielleicht waren sie verhetzt, oder aber sie saßen unschuldig da und hatten Grund, ihre Wut zu äußern. Viele Gefangene waren Freiwillige und Kommunisten. Wenn sie nicht ganz parteitreu waren, wurde das als das größte Verbrechen betrachtet und geahndet. Das war keine erfreuliche Arbeit in diesem Gefängnis."

„Sie haben meine Frage nicht wirklich beantwortet", sagte ich. *„Ihr Einsatz war unglaublich dort, aber Sie waren sicher einer der wenigen Nichtkommunisten. Gab es Schwierigkeiten deswegen?"*

„Es gab ja in Albacete drei Lazarette, eines davon war spanisch. Es ist schwierig, das zu erklären. Bei uns arbeitete ein Spanier, Hans, eine Jugoslawin, ein libanesischer Kollege, der trotz Oberschenkelamputation seinen schweren Dienst versah, ein französischer Neurologe und ein Arzt portugiesischer Staatsbürgerschaft, unser Röntgenologe. Das waren alles ganz tüchtige Leute, die meisten natürlich Kommunisten, sehr links. Sozialdemokraten wurden nicht ganz ernst genommen und man musste sich wegen jeder Handlung oder Unterlassung sehr vorsehen. Die überzeugten Kommunisten wollten, dass ich in die Partei eintrete, das war Gesinnungsterror. Manchmal gab es schon sehr prekäre Situationen. Mit den deutschen Landsleuten kam ich ziemlich gut aus, aber einmal kamen nachts schwerverwundete, aber betrunkene, deutsche Freiwillige und wollten ins Krankenhaus. Sie wollten mich und meine Krankenschwestern verprügeln. Sie waren schwer betrunken. Da mussten wir sie durch Wachen festnehmen und abführen lassen."

Er schwieg, ich versuchte mir vorzustellen, wie er als junger Mann im weißen Kittel – ich bin nicht sicher, ob man in Spanien auch im weißen Kittel Dienst gemacht hat – in Schmutz und schlechten hygienischen Zuständen seiner Pflicht nachging. Ihn selbst hielten die Gedanken an diese so weit zurückliegenden Ereignisse fest. Er sah erst wieder auf, als Eva das Wort ergriff.

„Sie haben uns eigentlich schrecklich schikaniert. Unmöglich, wenn man bedenkt, dass wir ja auch nur zum Helfen nach Spanien gegangen waren. Sicher, Benko hätte nie seinen Beruf in Deutschland ausüben können. Hier konnte er das. Wir hatten ja keine große Auswahl. Aber er musste so schrecklich arbeiten, Tag und Nacht, ohne einen Tag Pause. Er hat Magengeschwüre bekommen, die hat er heute noch. Wenn ich mir überlege, wie wir dort geschuftet haben, und wie wenig das doch anerkannt wurde. Ich hatte zum Beispiel bis 8 Uhr Dienst, dann hatte ich frei. Da habe ich meistens gestrickt, Strümpfe für Carmen oder Kleidchen. Und es gab bei den Kommunisten auch Simulanten, die eigentlich gar nichts hatten. Sie ließen sich ins Krankenhaus einweisen mit Magenschmerzen oder ähnlichem und belegten die Betten. Und da sagte man mir: wasch ihm die Füße! Und ich sagte: die Füße sind seit 10 Jahren nicht gewaschen, der Mann kann die Füße allein waschen! Ja, er belegte ein Bett, ließ sich verwöhnen, weil er Kommunist war und ich nicht!"

Eva war empört. Dieses deutsche, nichtkommunistische Ehepaar passte wohl nicht so ganz in den Rahmen der dort vorgegeben war.

„Ich hatte ein Gespräch mit dem Leiter des Generalstabs, ein ehemaliger Offizier, ein Deutscher, der meinte: wir können den Krieg überhaupt nicht gewinnen", sagte Benko und unterstrich damit noch die Vergeblichkeit all der unsäglichen Bemühungen.

Eva war jetzt sehr erregt, fuchtelte mit ihren schmalen Händen durch die Luft, um ihrer Rede noch mehr Bedeutung zu geben:

„Als die deutsche Luftwaffe eingriff, da war der Krieg verloren, er war verloren!"

Benko seufzte tief auf, für ihn war die Erinnerung an all diese Vergeblichkeiten von großer Resignation gezeichnet:

„Das war ja auch die Stalinsche Politik, sie haben mit den Waffenlieferungen aufgehört, die Republikaner standen ganz allein da. Mexiko vielleicht noch …"

Nach anderthalb Jahren harter Arbeit bekamen beide Urlaub. Sie hatten gültige Pässe und erhielten ein Transitvisum nach Frankreich.

„Wir wollten zusammen nach Paris fahren. Mein Pass war noch gültig, ohne den ‚J'-Stempel für Juden. Aber die Fahrt in diesen ‚Urlaub' war mehr als lebensgefährlich. Der Transport bestand aus mehreren Lastwagen, die Brigade-Akten geladen hatten. Mehrere hohe Offiziere fuhren mit, auch einige Frauen. Ein 18 jähriger französischer Freiwilliger saß am Steuer, immer Richtung Barcelona. Es wurde Nacht, der junge Fahrer war todmüde, er konnte einfach nicht mehr weiterfahren. Die Situation war gefährlich, man hatte die frankistische Kavallerie oder Panzereinheiten zu befürchten. Es war bekannt, dass Franco Gefangenen gerne die Hälse durchschneiden ließ. Man schlief also mit entsicherten Pistolen", sagte Benko. „Bei unserer Übernachtung in Barcelona erlebten wir dann einen schweren Bombenangriff. Wir konnten noch gerade rechtzeitig in einen Luftschutzraum kommen, der in einen Felsen gehauen war. Direkt gegenüber unserem Hotel."

„Stellen Sie sich vor", sagte Eva, „wir hatten kein Gepäck, alles war in Albacete geblieben. Benko hatte nicht mal einen Anzug, nur eine Militärhose. Wir hatten alles liegen und stehen gelassen und beförderten das Gepäck von Kameraden, die illegal zu Fuß über die Grenze gingen. Das war schon verrückt. Vier Wochen waren wir in Paris, dann sollten wir ja eigentlich nach Albacete zurück. Und in der Botschaft sagte man uns, dass wir dort nicht mehr gebraucht würden, der Krieg war schon verloren. Und wir hatten kein Geld mehr. Die spanischen Behörden sagten: No tiene nada – wir haben nichts. Von der Seite gab es keine Unterstützung. Das war alles ganz schrecklich!"

Vorsichtig brachte sich Benko wieder ins Gespräch.

„Na ja, wir waren ja nicht die einzigen in dieser Situation. Es war alles so zugespitzt, dass sogar Kommunisten fallengelassen wurden, wenn sie eine der Partei nicht angenehme Bemerkung machten. Wir waren gesund und jung, aber es gab viele Verwundete, Kriegsblinde, so viele Opfer dieses Bürgerkrieges, wo sollten die hin? Frankreich war überschwemmt mit Flüchtlingen von allen Seiten. Es war so schlimm, dass man diesen armen Menschen, die auf der Straße standen und vom Hilfskomitee nichts mehr bekamen, sagte: Geht zurück nach Deutschland! Kämpft dort gegen die Nazis. Das war so zynisch, das waren kranke und verwundete Leute,

es war grausam, furchtbar. Vom spanischen Hilfskomitee war nichts zu erwarten, da gingen wir zum jüdischen, zum so genannten Rothschild-Komitee."
„Stellen Sie sich das vor", sagte Eva empört, „sie meinten, Benko könnte doch als Hausierer gehen, so von Tür zu Tür und Wäsche oder Salz und Pfeffer verkaufen. Stellen Sie sich vor, Benko!"
Eva lachte ein so heiteres, ungezwungenes Lachen. Auch Benko grinste in sich hinein. Der Gedanke an diese Art Broterwerb hatte tatsächlich etwas Komisches an sich. Und Eva fuhr unter Lachen fort: „Die Leute würden ihn zum Kaffee hereinbitten, aber verkaufen würde er nichts! Nein! Also, Benko kann vieles, aber das nicht!"
Sie konnte sich bei dem Gedanken an Benkos Verkaufsstrategien gar nicht beruhigen. Nach diesem heiteren Zwischenspiel sagte ich kurz entschlossen eine Pause an. Wir gingen gemeinsam in den Speisesaal des Altenheimes. Es war Mittagszeit und fast alle Tische und gedeckten Plätze in dem großen Saal, der seine Fenster zum Garten hin hatte, waren besetzt. Beide Littwacks setzten sich an ihren angestammten Platz, ich wurde aufgefordert, ihnen Gesellschaft zu leisten. Es war ziemlich still im Raum – erstaunlich bei so vielen Menschen. Wenn gesprochen wurde, war es eher verhalten, man hatte das Gefühl von großer Ruhe. Meine beiden Protagonisten aßen schweigend die Suppe, dann das Hauptgericht und eine kleine Nachspeise. Ich unterbrach die Stille am Tisch nur durch gelegentliche Bemerkungen zu den Speisen, deren Güte ich nicht nur pflichtschuldig lobte. Es schien mir alles ganz in Ordnung, das Essen schmeckte auch mir. Eva nahm zwei Scheiben Brot vom Tisch, wickelte sie in ihre Papierserviette und nahm sie am Ende des Essens mit in ihr Zimmer. Verständlich, dass Menschen, die so viel Sorgen und Hunger erlebt hatten, kein Stück Brot verkommen lassen wollten. Nach einer kurzen Rast setzten wir unser Gespräch fort. Ich sage mit Nachdruck „Gespräch" denn von einem Interview konnte man eigentlich nicht sprechen. Die beiden hatten so viel zu erzählen, dass Fragen von mir höchst überflüssig waren. Manchmal schien es mir, als würden sie sich ihre alten Geschichten selbst erzählen, als wären wir, die Zuschauenden, Zuhörenden gar nicht mehr vorhanden.
Nun begann ich das Gespräch mit dem Hinweis auf das Jahr 1939 und schon ergriff Eva das Wort.
„Wir hatten also kein Geld und gar nichts. Da hörte Benko von dieser jüdischen Kinder-Hilfsorganisation, der OSE die gibt es noch heute. (Œuvre de Secours aux Enfants) Die waren anständig. Der OSE müssten wir eigentlich testamentarisch Geld vermachen. Auf den Champs Elysees war das Büro der OSE und da hab' ich

regelmäßig Unterstützung bekommen. Meine Schwester schickte mir manchmal etwas Geld aus Deutschland. Aber die OSE war ganz grandios."

„Und dann kam aber die große Überraschung", sagte Benko „eines Tages."

Eva unterbrach ihn: „Carmen hatten wir schon aus der Schweiz wieder zu uns geholt, sie war jetzt bereits 6 Jahre alt."

„Das meine ich nicht", sagte Benko, „wir wurden beide auf die Präfektur in Paris bestellt. Da war man gar nicht so freundlich. Wir wurden sehr unsanft mit vielen anderen in einen Raum gesteckt, und mussten den ganzen Tag warten. Worauf, das wussten wir nicht. Auf die Toilette konnte man nur mit Bewachung. Und dann ging es mit Bewachung ins Hotel, schnell packen und wir wurden auf einem Lastwagen in die finsterste Provinz verfrachtet, in die Ardèche. (Die Ardèche ist ein Fluss in Südfrankreich, der Namensgeber des Départements Ardèche.)

Auf der Fahrt gab es dann noch einen Zwischenfall mit einem französischen Polizisten, der eine Spanierin in den Rücken gestoßen hatte. Und da haben sich natürlich die Interbrigadisten, die auf dem Wagen saßen, aufgeregt. Unmöglich – hier wird eine Frau geschlagen und so weiter. Da zogen dann die Polizisten ihre Pistolen. Das war schon eine verrückte Situation. Wir waren ungefähr zwanzig Spanienkämpfer, die da in den Süden abgeschoben wurden. Das war noch vor Kriegsausbruch."

„Carmen hat sich später immer beschwert, weil wir in Südfrankreich ja sehr beengt wohnten und kein Bett für sie hatten. Da musste sie in der Kommodenschublade schlafen. Die Kaufleute im Dorf wollten mir nichts verkaufen, sie haben unser Kind geschlagen, und waren dermaßen feindselig und bösartig, das war ganz furchtbar. Aber das Kinderhilfswerk hat Carmen dann noch mal in die Schweiz geschickt zu sehr netten Leuten nach Bern. Und als wir sie da abholten, brach kurz danach der Krieg aus", erzählte Eva.

„Im Krieg wurden alle Deutschen, ob Juden oder Christen, interniert, das ist im Krieg so üblich."

Aber Benko kam gar nicht zu Wort. Eva, die sehr viel lebhaftere von beiden, redete gleich weiter.

„Benko wurde abgeholt und als Deutscher, als feindlicher Ausländer, verhaftet. Das Dorf in dem wir lebten, südlich von Marseille, war ein rechtsradikales Nest. Der Staatsanwalt dort, ein Faschist, hatte es auf Benko abgesehen. Wir waren zu dritt und das Kind stand ganz allein da und wusste nicht, wohin und da sagten ihr die Leute, deine Eltern sind bei deiner Tante in Spanien, aber sie sagte, meine Eltern sind bei der Polizei, die Polizei hat sie mitgenommen, stellen Sie sich das mal vor. Benko war dann in dem berühmten Lager Gurs, sogar eine ziemlich lange Zeit."

Aber jetzt wollte Benko doch seine Geschichte genauer erzählen.
„Eines Tages kam einer von der französischen Miliz, die Schutztruppe von General Pétain und fragte mich, ob ich in Spanien gewesen war, was ich bejahte und gleich dazufügte, mit dem amerikanischen Roten Kreuz zusammengearbeitet zu haben. Das war die entscheidende Antwort: mit dem amerikanischen Roten Kreuz! Hätte ich das nicht gesagt, wäre ich sofort der Gestapo ausgeliefert worden. Ein entscheidender Moment, nur ein Wort. Dann kam ich nach Les Milles, ein bekanntes Lager. Das war ursprünglich eine Ziegelei, da wurden 2000 Leute eingesperrt, nur mit Strohballen, um sich hinzulegen, kein Licht und keine Toiletten. Unbeschreibliche Zustände, von dort wurde ich wegen meiner Magengeschwüre entlassen."

„Als Benko dann zurückkam, wie war das dann", fragte ich, *„hatten Sie denn Bewegungsfreiheit?"*

„Das war Anfang 1940. Bewegungsfreiheit, oh nein! Im Mai wurden wir beide von der Polizei abgeholt, unser Kind war auf dem Schulhof. Nach zwei Tagen im Gefängnis wurden wir nach Privas in die Souspräfektur gebracht. Wir hatten Freunde, Lehrer, die sich für die Emigranten engagierten. Wir wollten natürlich weg", sagte Eva. „Mexiko hat allen Leuten, die in Spanien waren, ein Visum gegeben, Ärzten besonders."

Eine verrückte Zeit, diese kleine Familie in Südfrankreich in einem Dorf, das sie nicht verlassen durften, immer die Polizei auf den Fersen, mit der Hoffnung, doch noch nach Mexiko entkommen zu können. Wie müssen diese Menschen, nicht nur unter der Trennung, auch unter der ständigen Beobachtung, immer mit einem Fuß im Gefängnis, und den völlig veränderten Lebensverhältnissen gelitten haben! Sie hatten schon eine Schiffspassage für 60 000 Francs vom Hilfskomitee für Spanienkämpfer nach Mexiko erhalten und auch das Ausreisevisum war in ihren Händen. Sie hatten genaue Anweisungen, wie sie sich zu verhalten hätten. Das Schiff sollte von Marseille auslaufen, und bis Lissabon sollten sie unter Deck bleiben und nach Lissabon hätten sie die Überfahrt auf dem Oberdeck machen können. Ein schöner Traum. Aber auch in Frankreich wurde die Endlösung der Judenfrage eingeleitet. Überall gab es Razzien, die beiden standen auf der Liste der zu verhaftenden Personen. Aufregende Zeiten und Eva erinnerte sich an die schrecklichen Ereignisse, die alle Hoffnung zunichte machten.

„Nun warteten wir auf den Bescheid zur Abreise. Da sehe ich den Wagen mit dem Verdeck, einen Polizeiwagen vorfahren und ich wusste, jetzt wollen sie meinen Mann abholen. Ich lief schnell zu ihm, er war gerade auf der Wiese beim umgraben. Ich rief: versteck dich, die wollen dich abholen. Benko lief, die fuhren dann wieder weg und Benko hat sich in den Wäldern versteckt. In der Nähe war eine Scheune, da blieb er in der Nacht. Beim Mondschein ging ich zu ihm, wir besprachen, dass ich ihn an einem bestimmten Platz in den Bergen treffen würde, um ihm die Papiere, Schiffskarte und Geld zu bringen. Ich wollte, dass er unbedingt nach Lissabon fährt. Von dort aus war alles leichter. Das wussten wir. Benko bat mich flehentlich, mit ihm zu kommen, aber ich konnte doch Carmen nicht zurücklassen und mit Kind war das alles unmöglich. Sie haben ihn dann wieder geschnappt und er kam ins berüchtigte Durchgangslager Drancy bei Paris. Benko wurde dann gleich nach dem Osten abtransportiert."

Eva schwieg. Auch Benko war ganz still. Die Kamera lief weiter. Ich hatte darum gebeten, möglichst keine Zäsuren zu machen, um den Redefluss nicht zu unterbrechen.

Benko meldete sich zu Wort:

„Da gab es vorher eine merkwürdige Geschichte. Eine hoffnungsvolle Geschichte. Ein evangelischer Pfarrer wollte den Inhaftierten helfen, um sie vor der Deportation zu bewahren. Er versuchte, die nicht beschnittenen Männer zu retten. Das hat er wirklich in einigen Fällen geschafft. Ich gehörte leider nicht zu den Auserwählten. Übrigens wurde der Pfarrer später von der SS ermordet."

Eva unterbrach ihn: „Ich bin damals über die Demarkationslinie nach Drancy gegangen, ich dachte, ich könnte vielleicht Benko retten. Deswegen ging ich zum Deutschen Roten Kreuz. Aber die waren gar nicht so freundlich und sagten, ich hätte gelogen und verschwiegen, dass Benko Jude ist. Ich soll mich scheiden lassen und so weiter. Ich bin dann von einer Stelle zur anderen und hab' versucht, Benko zu befreien."

Sie zupfte nervös an ihrem Rock, keine guten Erinnerungen. Alle Bemühungen waren ja vergebens gewesen. Auch ihr Vorstoß in das Hauptquartier der Nazis in Paris im Hotel Lutetia blieb erfolglos. Carmen war bei freundlichen Menschen versteckt worden. Ich sah an Evas Gesicht, wie all die Orte und Bilder im Geist an ihr vorbeizogen. In ihrer Aufregung bemerkte sie nicht, dass ihr Rock weit über die Knie gerutscht war. Der Kameramann unterbrach. Die Kassette musste gewechselt werden und er flüsterte mir zu, dass Evas Rock gerichtet werden müsse. Ich hatte das gar nicht gesehen. Nun wechselte ich ein paar Worte mit den beiden, fragte, ob sie eine Pause machen möchten, zupfte Evas Rock ein bisschen tiefer über ihre langen schlanken Beine in den grauen Strümpfen, und schon ging es weiter.

„Ach", seufzte sie, „was hab' ich nicht alles versucht. Aber Benko war schon unterwegs – nach Auschwitz! Ich hatte einen Bruder, der Nazi war, den habe ich ange-

fleht, tu doch was und er hat mir geschrieben, ich kann und will nichts machen! Komm hierher, hier findest du Heimat und Arbeit! Ja, so war das!"
Nun kam das schwerste Kapitel für Benko, aber meine Befürchtung, dass die Erinnerungen an alle diese schlimmen Erlebnisse zu belastend sein müssten, waren schnell verflogen. Benko sprach sehr klar, ohne den Hauch einer Rührung.
„Wir wurden in Viehwaggons immer zu 80 Personen befördert. Ohne Toiletten, und ohne zu wissen, wohin. Tag und Nacht sind wir gefahren. Als wir in Annaberg ankamen, gab es eine so genannte Triage: Wer kann arbeiten auf die eine Seite, die anderen blieben im Waggon und der Waggon ist dann direkt nach Auschwitz gefahren."
Als Benko eine Pause machte, dachte ich einen Augenblick nach. Der Begriff Triage (Französisch: trier = sortieren) sagte mir etwas. Das war doch eine Vokabel, die man bei ethisch schwierigen Aufgaben anwandte, um bei vielen Verletzten oder Kranken darüber zu entscheiden, wer behandelt würde, wer nicht.
Benko sah mich lange an, dann fuhr er fort: „Ich hatte die Ahnung, dass ich mich mit Arbeit vielleicht retten könnte. Ich bin ausgestiegen, ein reiner Zufall. Eigentlich verdanke ich mein Leben meinem Beruf als Arzt. Ich habe auch mit der Schüppe arbeiten müssen, aber nicht immer, wie die meisten Häftlinge. Hier waren Häftlinge aus allen Ländern. Als Arzt, nicht als Lagerarzt, sondern als Judenbehandler habe ich gearbeitet. Judenbehandler, ja – so hieß das!"
Er sagte das völlig unbewegt, ganz ruhig, wie er vorher über das Mittagessen geredet hatte. Ich war sprachlos.
„Ich wurde zweiter Lagerarzt, erster Lagerarzt war ein polnischer Jude. Die Häftlinge sind um 5 Uhr zur Arbeit gegangen und hatten verschiedene Erkrankungen, Bronchitis, Wunden. Alle möglichen kleinen chirurgischen Fälle habe ich behandelt. Es gab auch ein Krankenrevier, da lagen die Schwerkranken, aber länger als 8 Tage durfte man nicht krank sein, dann wurde man nach Auschwitz gebracht. Das war dann das Ende. Wir hatten auch einen Zahnarzt, der durfte nur Zähne ziehen, nicht plombieren. Einmal kam ein SS-Mann, wollte sich behandeln lassen und war ganz erstaunt, als der Zahnarzt ihm den Zahn ziehen wollte, und nicht plombieren. Wir hatten manchmal SS-Bewachung, das war schlecht, manchmal auch Bewachung von der Reichswehr, das war gut. Die SS hat sich die Ärzte ausgesucht und hat sie geschlagen. Man kann es eigentlich gar nicht erwähnen, aber in der Küche gab es Mädchen, die dort arbeiteten und ein SS-Mann wollte uns anhängen, wir hätten mit denen geschlechtlich verkehrt. Das war glatt gelogen, das war ja gar nicht möglich. Dann bekam jeder 50 Hiebe auf den Hintern, auf den nackten Hintern, das war sehr schmerzhaft. Und nach einer Stunde noch mal 50.

Nachdem wir geschlagen wurden, mussten wir raustreten, alle haben natürlich geschrieen vor Schmerzen und Scham. Der Kommandant hatte das gehört. Aber er hat sich das verbeten, dass hier geschlagen wurde und diese SS-Gruppe wurde dann abgelöst, ja. Dann war eine Zeit lang Ruhe! Aber er hat sich nicht endgültig durchsetzen können."
Alles, so schien es mir, zog wie ein Film an ihm vorüber, als hätte das jemand anderes erlebt – nicht er.

In Annaberg wurden die arbeitsfähigen Männer selektiert. So blieb also auch Benko in Annaberg. Alle Frauen und Kinder wurden in die Gaskammern von Auschwitz transportiert. Benko musste schwer arbeiten am Bau der schlesischen Autobahn nach Breslau. Er kam nach einigen Wochen ins KZ Blechhammer, das war ein berüchtigtes Nebenlager von Auschwitz. Es war ein Riesenlager mit 50 000 Gefangenen. Hier wurde für die Hermann-Göring-Werke künstliches Benzin erzeugt. Benko trug noch den französischen Judenstern mit ‚JUIF' darauf, er wurde für einen französischen Juden gehalten. Benko erzählte von schrecklichen Ereignissen. Ein junger Kämpfer aus dem Warschauer Getto fasste Vertrauen zu ihm und weihte ihn in seine Fluchtpläne ein. Ein ganz unmögliches Unterfangen, aber es gelang ihm zu entkommen. Die SS war jedoch schneller und die Spürhunde kamen auf seine Fährte. Er wurde am nächsten Tag von den Hunden zerrissen aufgefunden.
„Das war grauenvoll", sagt er, „ich musste seinen Tod amtlich bestätigen. Im Lager herrschte dazu noch eine schreckliche Typhusepidemie. Alles war furchtbar verlaust. Die Toten wurden gestapelt und verbrannt, täglich 50 bis 60 Tote. Ich musste mit einem anderen jüdischen Arzt die noch Lebenden versorgen. Ich kam noch in ein anderes Lager und hatte wieder Magenblutungen."
Er schwieg. Es war ganz still im Raum. Was war da noch zu sagen?
„Im Mai 1945 wurde ich von der sowjetischen Armee befreit. Wir haben das Ende des Krieges schon früher vorausgesehen als die Bevölkerung. Das war nämlich so: wir hatten etwa 50 Spezialisten für Radiotechnik, die arbeiteten in Langenbielau, die konnten die Apparate einstellen und die haben uns abends Bericht erstattet, ja, die hörten BBC und solche Sender. Eines Tages zog die SS zwei Kompanien mit Gewehren ab, die zogen einfach ab. Der Lagerälteste war meistens ein Jude, und der stand ganz gut mit dem Kommandanten, der war noch relativ anständig und sagte: machen Sie keinen Aufstand! Er wusste, was vorging und wollte uns warnen. Wir hatten noch etwa 500 Polen im Lager, die waren schrecklich misshandelt worden und wollten sich rächen und auf die SS-Mannschaften losgehen. Das wäre unser

Untergang gewesen, denn die SS war ja schwer bewaffnet. Wir konnten die Polen nur mit Mühe zurückhalten. Ja, das war das Ende."
Er blickte mich an, so als wollte er sagen: jetzt ist es genug. Aber ganz schnell fuhr er fort, als habe er etwas vergessen:
„Und nach der Befreiung, in Langenbielau war das so, das wurde ja alles polnisch. Zwar waren die Russen auch noch da, wir hatten keine Bleibe, kein Essen, und da hab' ich mich zur Verfügung gestellt, für das Krankenhaus dort und war einigermaßen versorgt."
Benko schien sichtlich froh, am Ende seiner KZ-Erlebnisse angekommen zu sein.
„Sind wir fertig?", fragte er vorsichtig.
Noch bevor ich antworten konnte, meldete sich Eva zu Wort:
„Als der Krieg aus war, da dachte ich, irgendwie muss ich meinen Mann doch wieder finden. Wir haben uns gesucht. Als der Waffenstillstand kam, bin ich losgefahren. Jemand hatte mir erzählt, dass Benko in Theresienstadt sei. Ich machte mich auf den Weg. Ich war so sicher, ihn in Theresienstadt zu treffen. Aber alles war gelogen. Dann traf ich befreite KZ-Häftlinge und ich erzählte ihnen die ganze Geschichte. Und die meinten, ich soll dahin gehen, wo ich Benko zuletzt gesehen hätte. Das war zwar ein guter Rat, aber wieder zurück nach Frankreich, das war gar nicht so einfach. An Carmens Geburtstag, am 28. Juni 1945, hatte ich dann endlich Carmen wieder gefunden. Jetzt wartete ich verzweifelt in Südfrankreich auf ein Lebenszeichen von Benko."
Und Benko ergänzte: „Ich habe dann mit dem Kommandanten in Langenbielau verhandelt, ich wollte wieder nach Frankreich, wo meine Familie ist und da sagte er, hier gibt es so viel schöne Frauen, bleib mal hier. Und dann sind wir doch nach Prag und da war noch kein Konsulat nur eine Militärmission. Die hat uns Papiere besorgt und auch eine Bleibe in Prag und mit diesen Papieren sind wir auf vielen Umwegen über Aachen nach Paris gekommen."
Das Wiedersehen der beiden muss filmreif gewesen sein. Benko hatte ein Telegramm geschickt an die letzte Adresse, die aber nicht mehr aktuell war. Aber es kam an! Dann hat eine Bekannte Benko bei jeder Zugankunft ausrufen lassen.
Eva war ganz aufgekratzt, die Erinnerung an dieses Ereignis machte sie ganz nervös:
„Und als er in Nîmes ankam, da hat der Stationsvorsteher trompetet: ist der Doktor Littwack hier, wo ist der Doktor Littwack? Steigen sie mal aus, es wird nach ihnen gefragt. Und da stand schon eine Droschke bereit und dann über die Berge. Und als man den Chauffeur bezahlen wollte, sagte der: Nichts da, wir wollen nur sehen, wie sich die beiden begrüßen."

Jetzt war Eva ganz außer sich, hielt sich mit beiden Händen den Kopf, der Rock war jetzt wirklich nicht mehr drehreif, sie lachte und konnte sich gar nicht mehr beruhigen. Es war eine Szene, die ansteckte, aber ich war eher gerührt, als dass ich lachen musste.

„So haben wir uns wieder getroffen! Aber fassbar war das gar nicht!"

Nach einer kurzen Pause fuhr sie fort:

„Als ich Benko umarmte, dachte ich, da umarmen sich zwei Skelette, ich wog ja auch nur noch 35 Kilo. Und in der Schule war es toll, alle schrieen, Carmens Vater kommt zurück und das war natürlich großartig! Die ganze Klasse hat gejubelt wie verrückt. Das durften sie auch. Und am nächsten Tag kamen sie mit einem ganz großen Blumenstrauß an, mit Kuchen und der Trikolore. Für Carmen war das auch ganz wunderbar, am liebsten hätten die Kinder das jeden Tag gehabt, ja! Kam doch selten einer zurück! – Auf einmal waren die Franzosen ganz rührend und luden uns zum Essen, doch Benko schlief immer ein, und ich musste ihn wecken und dann aß er wieder und schlief wieder ein! Das werde ich nie vergessen, das war am ersten Abend!"

Sie lachte und freute sich an dieser schönen Erinnerung. Ich konnte den Gedanken nicht loswerden, dass dieselben Franzosen gar nicht freundlich gewesen waren, als die Verhältnisse noch anders waren. Aber damals spielten solche Überlegungen für Eva und Benko wohl keine Rolle. Sie hatten sich wieder gefunden, das war die Hauptsache.

Und wie sollte es nun weitergehen, wo sollte diese kleine, entwurzelte Familie nun Fuß fassen? Man entschloss sich, nach Deutschland zurückzukehren. Ein Entschluss, der fragwürdig war angesichts der Erfahrungen, die man mit Deutschland und den Deutschen gemacht hatte.

„Nach vielen Überlegungen und langem Zögern entschieden wir uns, nach Deutschland zurückzukehren. Wir sind zu dem Schluss gekommen, wir müssen nach Deutschland zurück, wir hatten in Frankreich keine Arbeitserlaubnis, wo sollte ich arbeiten?"

Eva warf ein: „Er konnte in keinem anderen Land arbeiten als in Deutschland, das hatte ich sofort erkannt! Hier hatte er Recht, endlich Recht. Benko sagte: Deutschland? Ja, sagte ich, hier können wir arbeiten! Zum ersten Mal Recht nach so viel Jahren. Mein Vater wohnte in Aschersleben, da hatte er eine große Wohnung."

Benko bestätigte das, und es sah so aus, als hätte er sich zumindest in diesem Fall von Eva führen lassen.

„Aschersleben im Harz bei Halle. Das war zwangsmäßig! Wir wollten ja eigentlich in die Westzone. Wir wollten nach dem Westen. Das war ja schon damals getrennt

in Ost- und Westzone und die Amerikaner haben dieses Gebiet umgetauscht mit Berlin und so wurden wir sowjetzonal kann man sagen!"
„Ja, ja", sagte Eva, „Wir waren jetzt Kommunisten!"
Das klang bitter aus ihrem Mund und man kann sich vorstellen, in welchen Zwiespalt diese Menschen nun wieder geworfen wurden.
„Zuerst hatte ich gar keine Arbeit, da habe ich alles Mögliche gemacht, Impfungen, usw. Dann habe ich mich beworben bei der Krankenkasse, als Vertrauensarzt bei der deutschen Krankenkasse. Nebenbei hatte ich noch eine Privatpraxis in Aschersleben."
An Evas Reaktion war abzulesen, dass alles nicht sehr rosig war, auch der Verdienst nicht:
„Aber Geld hat er nicht genommen! Hat immer gesagt, ist schon gut."
Benko wagte ein kleines Lächeln und sah Eva von der Seite an.
„Und sonst", fragte ich, „wie war das Leben schon wieder in einer Diktatur?"
„Es war in politischer Hinsicht, in geistiger Hinsicht ein ziemlicher Zwang. Aber wir hörten mit Begeisterung Westsender!"
Er grinste wie ein Schuljunge, das freute ihn noch heute, dass er sich in dieser Hinsicht dem Regime widersetzte.
„Der Zwang war fast unerträglich", sagte Eva. „Der Zwang war schlimm, war schlimm. Und dann, auch in Aschersleben konnten wir uns nicht satt essen. Wir hatten ja keine Verwandten im Westen. Wenn wir mal nach Westberlin fuhren, um etwas zum Essen zu organisieren, gab es strenge Kontrollen."
„Sie haben mich geworben, zur Nationalen Volksarmee. Immer wieder! Ich war damals nicht ganz auf Deck, wie schon gesagt. Ich hatte Lebergeschichten. Ich habe gesagt, ich bin leberkrank, ich bin gar nicht imstande, so eine Aufgabe zu übernehmen, aber sie haben immer wieder versucht, mich dazu zu gewinnen."
Vom Spanienkämpfer zum Volksarmisten, das war allerdings ein makabrer Werdegang.

„Wie war das denn nun mit Stalin", fragte ich, *„er hatte doch seine Hand auf allen Ostblockstaaten."*
Benko wurde lebendig.
„Stalin hat alle, die in Spanien waren, verdächtigt. Auch seine eigenen Leute, alle die in Spanien gekämpft hatten. Die meisten wurden liquidiert! Ja, da war der Slánský-Prozess damals in Prag, da wurden viele Ärzte und viele Politiker liquidiert. (Rudolf Slánský, lebte von 1901 bis 1952, war von 1945 bis 1951 Generalsekretär der Kom-

munistischen Partei der Tschechoslowakei) Stalin hat seine eigenen Ärzte beschuldigt, dass sie ihn vergiften wollten."

„Auch Christen!" warf Eva ein.

„Im Jahre 1952 war der Slánský-Prozess. Da kam der Chefarzt des Krankenhauses, in welchem ich arbeitete, und sagte: Kollege, sie müssen sofort weggehen, alle jüdischen Doktoren sind abgeholt. Wir haben den Auftrag, alle festzunehmen, die in Spanien waren, und vor allem die Ärzte. Mir ging es gesundheitlich gar nicht gut, ich hatte dazu eine schwere Hepatitis mit Fieber. Eigentlich wollte ich nicht weg. Aber Eva packte mir einen kleinen Koffer, und ich kam über West-Berlin nach Bad Mergentheim. Das war damals noch möglich."

„Das kann man sich gar nicht vorstellen, Hals über Kopf mussten Sie also verschwinden?", fragte ich nach. Dass der Slánský-Prozess bis in die DDR hinein Auswirkungen hatte, war mir nicht bekannt. Rudolf Slánský, ein ganz überzeugter Kommunist, war maßgeblich an der Machtübernahme der Kommunisten im Jahr 1948 in Prag beteiligt und für die Verfolgung zahlreicher Gegner der Kommunistischen Partei verantwortlich. Aber dann geriet er selbst in die Mühlen der Stalinschen Verfolgungspolitik und wurde im Zuge der Field-Affäre verhaftet und des Hochverrats angeklagt. Die Motivation dürfte vor allem darin zu sehen gewesen sein, dass er einigen Parteifunktionären im Wege stand. Aber es spielten auch antisemitische Motive eine wichtige Rolle, Slánský war wie die Mehrzahl seiner Mitangeklagten jüdischer Abstammung. In einem Schauprozess im November 1952 wurde er als angeblicher „Leiter eines staatsfeindlichen Verschwörungszentrums" zum Tode verurteilt und am 3. Dezember 1952 zusammen mit zehn weiteren Mitangeklagten hingerichtet. Die Asche der Hingerichteten wurde dem Streusplitt im Winterdienst beigemischt und auf einer Straße bei Prag verteilt. 1963 wurde er juristisch rehabilitiert, 1968 auch von der Partei.

Lapidar erklärte Benko: „Da kam der Chefarzt vom Krankenhaus, der kam zu uns nach Hause und sagte: Sie müssen weg hier! Sie müssen fliehen!"

„Stellen Sie sich vor" warf Eva ein, Eva unterstrich die dramatische Situation lautstark: „Raus! Weg!"

Eva ergänzte seine Geschichte. Immer wieder stellte ich fest, dass Benko über seine eigene Befindlichkeit nicht gerne redete. Grundsätzlich kamen die Fakten von ihm und Eva besorgte die Ausschmückung.

„Ja, als der Chefarzt sagte, Sie müssen weg, da ist mein Mann zuerst in sein Zimmer gegangen, hat seine Bücher angeschaut und hat gesagt: das alles soll ich nun hier lassen? Das war seine erste Reaktion. Er liebte seine Bücher so sehr. Er hat davor gestanden … ich sehe ihn noch heute. Das war schrecklich. Aber er musste weg. Und da hab' ich einen Kasten mit Büchern gepackt, sie auf die Post gebracht, damit er wenigstens etwas hatte."

Schon wieder wurde diese kleine Familie auseinander gerissen. Carmen war in West-Berlin, um das Abitur zu machen. Sie durfte nicht studieren, weil ihr Vater als Arzt kein „produktives Element" war, sagte Benko, während Kinder ehemaliger Nazibonzen durch Beziehungen einen Studienplatz erhielten.

Eva blieb also in Aschersleben zurück, während Benko sich auf die Flucht begab. „Da hab' ich meine Erfahrungen gemacht", sagte sie, „in dieser Zeit in Deutschland. Jetzt habe ich Unverständnis, Gemeinheiten und Bösartigkeit erlebt. Ich wurde von einem Mann gewarnt, der mir sagte, dass die Staatssicherheit auch mich holen würde. Die Nachbarn haben unsere Wohnung ausgeräumt, während ich meine Sachen packte. Das war schlimm! Mit einem Koffer bin ich dann nach Berlin zu Carmen."

Im März 1953 war die Familie dann endlich wieder beisammen. In Frankfurt mit einer Unterkunft im Jüdischen Altenheim. Eine Wohnung zu bekommen, war für die Littwacks fast unmöglich. Schließlich konnten sie im Jüdischen Altenheim Unterschlupf und Eva in der Küche sogar Arbeit finden. Das Jüdische Altenheim beherbergte aber nicht nur freundliche Menschen. Eva hatte es anfangs schwer in dieser Umgebung. Als Nichtjüdin stieß sie bei den Mitbewohnern auf wenig Verständnis.

„Man war nicht entzückt über mich, ich hab' in der Küche gearbeitet und wurde oft richtig schikaniert."

„Der Koch, er hieß de Jong, das war ein Lagerkamerad aus dem KZ Gröditz, er hat Eva gut behandelt, steckte uns auch manchmal was zu. Ansonsten war die Einstellung nicht positiv, weil Eva keine Jüdin war. Sie war eine hoch qualifizierte Krankenschwester, jetzt musste sie in der Altenheimküche Kartoffeln schälen. Ich hatte noch immer keine Arbeit, und wir hatten keine vernünftige Wohnung. Carmen musste noch aus dem Aussiedlerlager in Gießen, wohin sie von Berlin aus gebracht worden war, entlassen werden. Das war 1953. Carmen begann dann ein Studium an der Frankfurter Universität."

„Wir hatten gar keine Mittel, keine Existenz", ergänzte Eva, „das einzige waren 120 Mark Arbeitslosenunterstützung und die Möglichkeit, im Altenheim zu sein. Wie sollte man uns auch helfen? Benko hätte sehr viel Geld gebraucht, um eine Praxis zu gründen, doch das war ja nicht da. Die Ärzte waren nicht kollegial!"

„Nein", bestätigte Benko, „da waren ja auch Nazis drunter. Aber die richtigen Nazis, die waren noch am nettesten. Vielleicht aus schlechtem Gewissen. Man hat das irgendwie gespürt. Ich hatte an den Oberbürgermeister Kolb geschrieben. Ich hab' ihm unsere Geschichte geschildert, wie es uns ergangen war und da hat man mir geschrieben: Sie haben auf lange Zeit kein Anrecht auf Wohnung und Arbeit. Das hat Herr Kolb unterschrieben!" Evas Empörung war echt und verständlich.
Benko nickte zustimmend, er war traurig. Man sah ihm an, dass das sehr bedrückende Erinnerungen waren, weil die Enttäuschung einfach zu groß war. Man hatte doch geglaubt, alle Überlebenden dieses Terrorregimes hatten geglaubt, dass sie nun geschützt würden, dass ihnen geholfen würde, sich in den neuen Lebensumständen einzurichten. All das blieb aus. Für fast alle Betroffenen. Hier war das Unglück ganz besonders groß. Durch Evas Herkunft war man schon wieder angefeindet, diesmal von der anderen Seite, von den Glaubensgenossen. Ein tragischer Irrtum zu glauben, dass die Menschen besser werden, gerechter, einsichtiger, verständnisvoller durch ihr Erlebtes. Für Benko muss die Enttäuschung besonders groß gewesen sein. War doch dieser Oberbürgermeister Frankfurts, Dr. Walter Kolb, ein Sozialdemokrat. Benko hatte auch nicht seine jahrzehntelange Mitgliedschaft in der SPD und im Reichsbanner verschwiegen.
Eva erzählte: „Die SPD hat ihn abgewiesen bei der LVA. (Landesversicherungsanstalt) Ein CDU-Mann, der Rechtsanwalt Klibansky, hat meinen Mann hinbestellt nach Wiesbaden zur Landesversicherungsanstalt. Da haben sie meinen Mann gefragt: sind sie Kommunist? … nein … waren sie Kommunist? Nein. Sie sind kein Kommunist? Das genügt mir und so hat mein Mann diese Anstellung bekommen."
Aufatmen. Klibansky, ein geborener Frankfurter, hatte im französischen Exil überlebt, und war voller Verständnis für Benkos Probleme. Dr. Klibansky hatte gute Beziehungen zur hessischen CDU in Wiesbaden, die die Einstellung Benkos als Vertrauensarzt bei der Landesversicherungsanstalt durchsetzte. Aber Benko meinte:
„Ganz befriedigend war das nicht. Wer Arzt sein möchte, will unmittelbaren Kontakt zu den Patienten, zu den Menschen, – so war das nicht. Aber wie gesagt, ich war auch körperlich nicht mehr in der Lage, eine Praxis zu machen in der Großstadt, mit Nachtbesuchen usw., das hätte ich gar nicht gekonnt."
So hatte also der lange Weg nach Frankfurt ein Ende gefunden. Man richtete sich ein, und irgendwann fand man eine Wohnung und es sah so aus, als könne man sich zufrieden zurücklehnen. Benko konnte endlich eine normale Existenz beginnen und seinen Beruf, zum Wohle der Versicherten, ausüben. Seine langjährigen

Erfahrungen als Arzt und kämpfender Humanist konnte er hier einsetzen. Er erfuhr von allen Seiten größte Achtung, bis zu seiner Pensionierung. Dr. Littwack ist Zeit seines Lebens SPD-Mitglied und Mitglied des Reichsbanners geblieben. Obwohl er große Enttäuschungen von der SPD erfahren hatte, abonnierte er die Zeitschrift ‚Vorwärts'.

In den schwersten Zeiten seines Lebens hat er keine Solidarität von seinen politischen Genossen erfahren. Dieser kluge Mann, dessen Wissbegierde auch im hohen Alter durch Lesen befriedigt wurde, litt immer mehr an Sehschwäche. Das war ein weiterer großer Schicksalsschlag für ihn. Ich fragte Benko, wie er die politische Situation beurteile, den wieder aufkeimenden Rechtsradikalismus bewerte, und was man dagegensetzen könne. Dank hilfreicher Menschen, die Benko die Zeitung vorlasen, war er in alle wichtigen Vorgänge des Zeitgeschehens informiert.

Er antwortete sehr bestimmt und aus seinen Worten konnte man ersehen, dass er über die Zeitungsnachrichten informiert war und sich Gedanken machte über die Zukunft dieses Landes.

„Nach den Ursachen forschen, das ist wichtig. Woher kommen diese Leute, die auf der Straße herumpöbeln? Was für ein Elternhaus haben sie, sind sie arbeitslos oder arbeiten sie? All diese Fragen müssen beantwortet werden. Das Problem der Asylanten muss sinnvoll gelöst werden, aber das ist nicht nur eine deutsche Frage, das ist eine europäische Frage. Es ist schon schlimm, dass die Polizei zugesehen hat, wie die Häuser angesteckt wurden. Ich glaube, man kann nur durch eine lebendige Geschichtsdarstellung etwas erreichen. Diese jungen Leute können es sich einfach nicht vorstellen, wie das war in einer Diktatur. Jetzt eher vielleicht die Menschen, die in der DDR gelebt haben, die auch in einer Diktatur leben mussten. Aber das ist gar nicht zu vergleichen mit dem, was bei Hitler war. Also muss man die Ereignisse plastisch darstellen. Man muss lernen, aus der Vergangenheit Erkenntnisse für die Zukunft zu entwickeln."

Das Gespräch ging hin und her. Wir waren uns alle drei einig, dass es sinnvoll ist, wenn Überlebende des Holocaust in die Schulen gehen, und den Schülern aus ihrem Leben erzählen, ihnen Rede und Antwort stehen.

Benko meinte: „Die Jungen können das alles ja gar nicht begreifen. Es tut mir leid, aber ich kann da leider gar nicht mitmachen. Ich bin einfach körperlich nicht mehr in der Lage."

Und das war das Stichwort für Eva: „Wir sind schon zu alt. Und wenn wir nun sterben, dann wollen wir auch zusammen begraben werden."

„Ich glaube nicht, dass wir zusammen auf dem jüdischen Friedhof begraben wer-

den, jedenfalls nicht in Frankfurt in einer orthodoxen Gemeinde. In Berlin, wo die Gemeinde liberal ist, ja, da ginge es", sagte Benko resigniert.
„Aber die Frankfurter Gemeinde war früher auch liberal", sagte Eva. Der Gedanke an diese für sie unerträgliche Vorstellung, auf einem anderen Friedhof zur letzten Ruhe gebettet zu werden, schien sie sehr aufzuregen.
Benko beschwichtigte: „Da kann man verschieden urteilen, je nach Standpunkt!"
„Wenn man schon nicht zusammen sterben kann – warum nicht, das kann ich auch nicht akzeptieren –, dann sollte man wenigstens zusammen begraben werden."
Nun schwieg auch Eva. Alles war gesagt.
Alles?
Die Tochter Carmen erinnert sich an die Probleme, die ihre Eltern in den letzten Jahren bewegten: „Der größte Wunsch meiner Eltern war, sich nie wieder trennen zu müssen und auch gemeinsam beerdigt zu sein. Als sie im jüdischen Altenheim wohnten, wurde es ihnen immer wichtiger, eine Lösung zu finden. Nach vielen Beratungen und mit Hilfe von Freunden und unter der Anleitung des für meine Eltern zuständigen Rabbiners, entschloss sich Eva zum Judentum überzutreten."

Es gilt, das Wesentlichste festzuhalten, um das Leben und Leiden dieser Menschen nicht der Vergessenheit anheim fallen zu lassen.

Dr. Bernhard Littwack starb am 7. November 1998.
Eva folgte ihm am 20. März 2000 und wurde neben ihm auf dem jüdischen Friedhof in Frankfurt begraben.

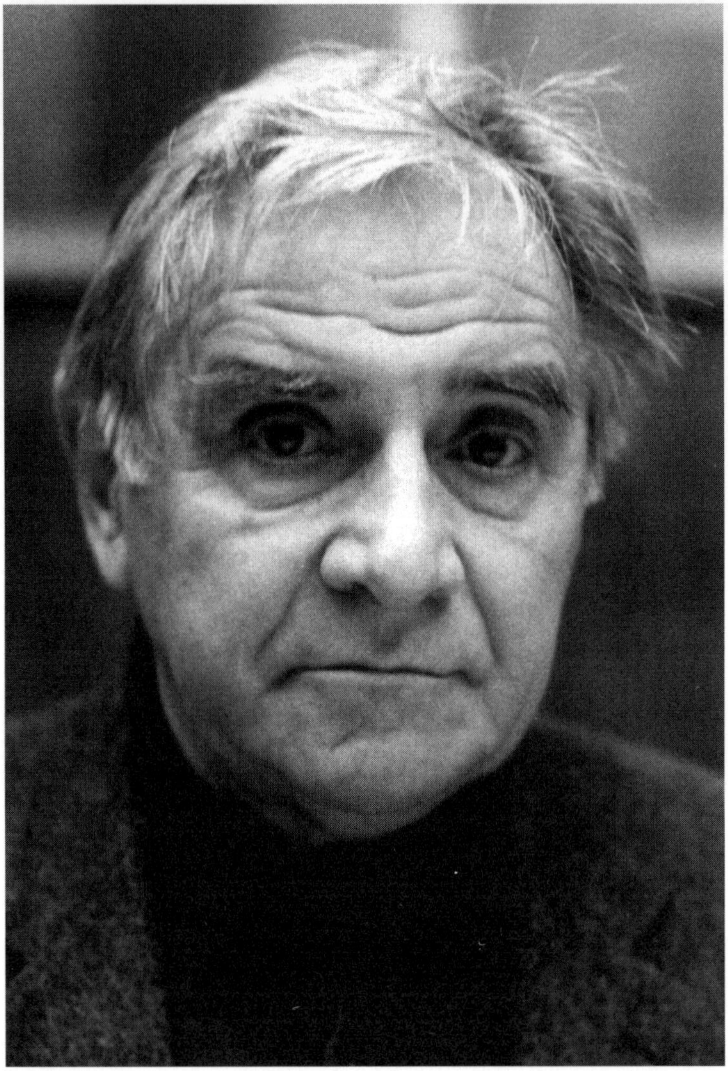

Karl Paryla

KEINE HELDEN –
ABER MENSCHEN, DIE MAN NIE VERGISST!

Jetzt erst wurde mir bewusst, in was ich mich da eingelassen hatte. Ich war nach Hamburg gefahren und sah zu dem Haus auf, den Finger schon am Klingelknopf und mein Herz begann zu rasen. Mir wurde schlagartig klar, dass es alles andere als eine nette Unterhaltung sein würde, was mir bevorstand. Ich kannte Karl Paryla als Schauspieler auf der Bühne, als Person in flüchtigen Begegnungen, die sich aus der Tatsache ergaben, dass man am gleichen Theater arbeitete. Es war bei einer dieser Begegnungen das kollegiale DU zwischen uns entstanden. Das war aber gar kein Beweis für eine besondere Zuwendung. Meine Bewunderung für den großen Schauspieler war mit Skepsis dem Menschen gegenüber vermischt. Ich wusste einfach zuviel an seltsamen Verhaltensweisen, die der Tratsch am Theater beförderte, an Frauengeschichten und Temperamentsausbrüchen, die von Probebühnen aus mit gewaltiger Stimmkraft sich im Theater wie Wellen ausbreiteten. Voller Respekt hatte ich über seinen politischen Werdegang gelesen und mein Entschluss stand bald fest, diesen Lebenslauf mit allen Höhen, Tiefen und Fragwürdigkeiten in einem Film aufzuzeichnen und nur ihm und seiner eigenen Aussage zu glauben. Mit dem Lebensbild dieser Persönlichkeit sollte eine Reihe beginnen mit dem Obertitel „Erinnern für die Zukunft" und zu meiner großen Überraschung war dieses Projekt von der Sendeanstalt akzeptiert worden. Und die nächste Überraschung war, dass Karl Paryla beim ersten Telefongespräch bereits einverstanden war, mir Rede und Antwort zu stehen.

Jetzt war er gekommen der Moment, in dem ich meinem Herzen einen Schubs geben musste. Ich drückte auf den Klingelknopf.
Erstaunlicherweise war dann alles viel einfacher und meine Angst vor dem großen Mimen, dem Unberechenbaren, war überflüssig. Karl Paryla öffnete die Tür und war ganz unbefangen, freundlich. Ich fasste Mut. Die Wohnung mit schönen alten Möbeln eingerichtet, stilvoll und eher „gemütlich" zu nennen, schien nicht ganz passend für diesen Mann. Es war die Wohnung seiner Freundin, Lebensgefährtin sagt man heute wohl. Trug also eher ihre als seine Handschrift. Er bewegte sich wie

zu Hause in diesen Räumen, war ein freundlicher Gastgeber, der dem Team, das inzwischen mit dem Aufbauen von Licht, Ton und Kamera beschäftigt war, Getränke anbot. Ich zog ihn ein wenig aus dem Gemenge, was sich immer in der Vorbereitung eines Filminterviews ergab, und begann mein vorbereitendes Gespräch. Viele kleine beschriebene Kärtchen steckten in meiner Jackentasche, aber die vergaß ich bald. Ich gab auf seine Frage nach dem Obertitel der Sendereihe bereitwillig Auskunft. Es lag mir sehr daran, verstanden zu werden. Vor allem von diesem, meinem ersten Protagonisten. Junge Menschen wollte ich erreichen, Schauspieler wollte ich nachdenklich machen, wenn sie diesen Lebensweg verfolgten, der einen Unangepassten, einen Aufmüpfigen zeigen sollte. Einen, der seinen Standpunkt stets verteidigte, einen, der persönlichen Mut bewies und immer wieder seine Existenz gefährdet hatte. Und damit auch die seiner Familie. Aber die spielte im Augenblick keine Rolle. Ich warf einen Blick in die Küche, die Lebensgefährtin hatte eine Art Buffet aufgebaut – eine freundliche Geste uns, den Eindringlingen, gegenüber. Die Ehefrau war weit weg, in Wien. Die Kinder waren inzwischen herangewachsen und gingen ihre eigenen Wege.

Der Kameramann hatte inzwischen einen Platz für den Protagonisten ausgesucht, die Scheinwerfer waren ausgerichtet, es konnte losgehen. Aber der Platz gefiel dem Hauptdarsteller nicht. Spiegelte sich nicht irgendetwas?
War der Hintergrund nicht zu hell?
Sollte er nicht ein anderes Hemd anziehen?
Karl Paryla war zu diesem Zeitpunkt 84 Jahre alt, aber ein Schauspieler hört nicht auf, sich zu kontrollieren.

Endlich war es soweit. Ich stellte ihm meine ersten Fragen: Wie war das mit dem Elternhaus? Wie wurde damals gelebt? Es war noch Kaiserzeit. Hatte das irgendwelche Einflüsse auf das häusliche Leben? Wie war man damals zum Theater, in diesen Beruf gekommen oder hatte das Zuhause auch einen Einfluss auf den späteren Beruf? Und wie lebte man überhaupt zu Beginn des Jahrhunderts in Wien?
Aber da bekam ich gleich und zu Recht von ihm einen Rüffel. Ich musste noch viel lernen: So viele Fragen auf einmal!
Und er begann zu erzählen. Zu meiner Überraschung hatte er über den Titel der Sendereihe nachgedacht.
„Theaterleute sind sehr an der Zukunft interessiert, mehr als an der Vergangenheit", meinte er.

Ich begann mit ihm zu streiten, denn meiner Meinung nach sind Schauspieler viel zu sehr mit sich beschäftigt und an der Gegenwart interessiert, als dass sie sich mit Vergangenheit oder Zukunft auseinander setzen würden. Da hatte er mich dann doch gründlich missverstanden, denn ich sah das Erinnern als Vehikel, wichtige, geschichtliche Ereignisse nicht dem Vergessen anheim zu geben, und einen Schluss-Strich zu ziehen unter die erste Hälfte dieses Jahrhunderts. Für nachkommende Generationen etwas zu dokumentieren, was schon für Zeitgenossen schwer begreiflich ist.

Er wich aus und erinnerte sich an Erfolge und Misserfolge seines Theaterlebens. Ich holte ihn an den Ausgangspunkt seines Lebens zurück. Ein Wiener Kind, das noch in der Monarchie zur Welt gekommen war. Er bemerkte mit Genugtuung, dass diese Monarchie bald nach seiner Geburt zugrunde gegangen war. Immer wieder spiegelte er seine persönlichen Erlebnisse und Erfahrungen im Zeitgeschehen. Seine Kinderzeit war gekennzeichnet durch den Beginn eines Weltkrieges, und er betonte, dass dieses Jahrhundert sehr viel zu tun hatte mit Kampf, Krieg, Unterdrückung, Folterung, Tötung von Menschen und Krieg, immer wieder Krieg. Und die Angst vor dem Krieg. Das Elternhaus war katholisch, und seine Erziehung wurde sehr geprägt durch die Kirche. Das Kind Karl war fasziniert von dem Prunk und der Schönheit der katholischen Kirche. Ein großer Reiz für ein armes, proletarisches Kind, die Flucht in eine wohlige Welt mit Weihrauch, Kerzen und Musik zu ergreifen.

„Vielleicht war das der Beginn meiner Laufbahn als Schauspieler", sagte er.

Zu Hause lebte man in Küche und Zimmer, ohne Wasser und Klo und ohne jeglichen Komfort. In der Pfarre seines Bezirkes wurde er als Ministrant aufgenommen. Die erste Rolle seines Lebens, die zweite sollte der Priester werden. Aber für seinen klugen Kopf war das kein wahrhafter, ehrlicher Weg in die Zukunft. War das Theater der wirkliche Weg? Für Karl Paryla schon. Als Pubertierender ging er fast jeden Abend ins Theater. Dort erfuhr er, was junge Menschen, die einen zugrunde gegangenen Staat und den Versuch eines Neuaufbaus und sehr viel Elend und Hunger und Schwierigkeiten und Widersprüchlichkeiten erlebt hatten, brauchten.

„Das verstehe ich nicht", sagte ich, „Theater wird doch meistens als Beruhigungspille erfahren."

Aber da hatte ich ihn mächtig angestochen.

„Theater, Theater, Theater ist mehr als jede Kirche, mehr Predigt, mehr als jedes Buch, mehr als jedes Konzert, Theater ist ein wirkliches Gespräch der Menschen unter Menschen. Das ist doch eine wesentliche Funktion des Theaters. Jetzt als alter Mann kann ich nicht mehr beurteilen, was ich vor soundso vielen Jahrzehnten gedacht habe. Niemand kann das, und wer es tut, ist schon ein großer Dichter mit einem glänzenden Gedächtnis oder er lügt. Ich kann mich an sehr wenig erinnern. Entscheidende Impulse, die waren die Kirche, die war das Theater, und da war die Suche nach Schönheit und nach Ausdruck, nach Gesprächen mit mir und mit den Menschen."

Ich bestätigte seine Aussage pflichtschuldig und bat ihn nun doch an den Beginn seines Theaterlebens zu kommen.

„Wann hast du angefangen, dich diesem Beruf zu nähern?"

„Alles hat etwas mit Rollenspiel tun. Alle Menschen tun es. Jedes Gespräch im Leben ist ja auch ein Stück Theater. So fing es an, und dann geht man auf eine Schauspielschule, und dann wird man Eleve in einem Theater, und dann war in Wien das so genannte Volkstheater, und aus dem Volk kam ich und zum Volk hatte ich immer Beziehung und so fing man dann an eben als Eleve. Das war der Beginn. Alle, die mit künstlerischen Berufen zu tun haben, werden meist gefragt, wie weit ihre erbliche Belastung schuld ist, dass sie solche Berufe wie Maler, Geiger, Pianisten, Schauspieler, Regisseur, Dichter, Dramaturgen ausüben. Ich muss es also gestehen, dass bei meinen Vorfahren, die ja lauter arme Leute waren, das Militär eine große Rolle gespielt hat. Das ist ja keine Anregung zur Kunst, aber auch im Militär braucht man Musik. Ohne Musik und ohne Kunst geht's nirgends. Also auch da gibt es dann die Regimentskapellen. In einer solchen Regimentskapelle war mein Großvater Primgeiger. Ein Primgeiger stand wie Johann Strauß vor einem großen Orchester und geigte und dirigierte. Und mein Vater war ein armes Kind aus Krakau, ein elternloses Kind und kam nach Krakau vom Dorf in die Stadt und wurde dort als Kind zu allen möglichen Arbeiten gezwungen. Aber der Arbeitgeber war ein Instrumentenmacher, ein Geigenbauer. Also hat er gelernt, Geigen zu bauen, zu reparieren, Instrumente, Musikinstrumente. Und dann kam mein Vater, das war so in der österreichischen Monarchie, auch zum Militär und da er das Geigenreparierhandwerk gelernt hatte, war er auch Musikfeldwebel. So wie mein Großvater Musikfeldwebel mit der Geige war, so war mein Vater Musikfeldwebel als Instrumentenmacher, das heißt, er hat alle Instrumente reparieren können. Ein österreichischer Soldat, der achtzehn Jahre im Dienst blieb, das war bei vielen Armen üblich, der wurde dann nach achtzehn Jahren eingestellt in den Staatsdienst. Das waren die Amtsdiener."

Dieser Vater war also im Nebenberuf, quasi schwarzarbeitend, auch Instrumentenmacher, und all seine Kollegen, die in irgendwelchen Musikunternehmen, Konzert spielenden Musikunternehmen mitwirkten, haben ihre Instrumente zur Reparatur zum Vater gegeben. In Mutter Annas Küche, sie war eine geborene Stöhr, standen diese Cellos, Geigen, Posaunen, Klarinetten dann herum. Eine Anregung für beide Buben, für Karl und seinen Bruder Emil. Beide lernten auch Geige spielen, auf einer Geige, die der Vater gebaut oder repariert hatte. Bei aller Armut, die herrschte, haben beide Buben profitiert vom schwarzen Gewerbe des Vaters, sie spielten um die Wette in der Küche, bauten aus Stühlen ein Notenpult und gaben Konzerte in der Küche, ganze Symphonien bis zu Beethovens Schicksalssymphonie, die Partituren hatten sie sich in der Volksbibliothek ausgeliehen. In der Küche wurde Theater gespielt, Priester und Ministrant in wechselnden Rollen. Und man ging ins Theater. Nicht immer sahen die beiden Brüder ein Stück von Anfang an. Das Geld fehlte meistens sogar für einen Stehplatz. Sie schlüpften nach dem ersten Bild oder Akt unbemerkt in den Zuschauerraum. Die Berufsrichtung wurde also nicht nur durch das Elternhaus vorgegeben. Paryla wurde in die „Akademie für Musik und darstellende Kunst" aufgenommen. Der damalige Direktor des Raimundtheaters Rudolf Beer, später auch ein Opfer des Nationalsozialismus, war sein Lehrer. Am Raimundtheater machte er seine ersten Bühnenerfahrungen als Statist. Und hier machte ich als gebürtige Deutsche einen entscheidenden Fehler. Ich wagte es, Direktor Beer als Intendant zu bezeichnen.

„Der Intendant Beer! Der Direktor Beer! In Österreich schmeißt man mit dem Titel Intendanten nicht so herum, in Österreich sind das keine Intendanten, Intendant, das klingt nach Hofkanzlei. Ein Intendant hat so etwas von Hofrat. Das gibt es in Österreich noch immer den Hofrat, der auch ein hübscher Wahnsinn ist. Denn was sollte er einen Rat geben für eine Institution wie den Hof, den es nicht mehr gibt. Aber den Titel gibt es noch. Doch mit solchen Unsinnigkeiten gibt sich das Theater auch manchmal ab. Der Beer war der Direktor des Volkstheaters und ein eigenartiger, in Wien neuartiger Typ. Ein Manager, der das Neueste, das es in der Kunst gab, auch international, nach Wien an sein Theater brachte. Und der dann, als der Anschluss von Österreich stattfand, von Leuten entführt und gefoltert wurde, und sich dann selber umgebracht hat. Er war eines der Opfer des Faschismus in Österreich.

Er war nachdenklich geworden, sah ein bisschen erschöpft aus, und blickte mich unsicher an.

„*Willst du eine Pause machen?*", fragte ich. Er schien wieder aufzutauchen aus einer anderen Welt. Er schien im Erinnern auch erschrocken über die Tatsachen, von denen er eher nebenbei berichtet hatte. Sich Erinnern bedarf einer großen Anstrengung. Während er in seiner Jackettasche kramte, sagte er: „Nein, nein, wir können schon weiter machen." Er blätterte flüchtig in einigen bekritzelten Papieren und schaute mich wie um Entschuldigung bittend an. Ich lächelte und er redete weiter. Sein Gesicht war entspannt, die noch dunklen Brauen zog er beim Sprechen ein wenig hoch. Wenn er in Fahrt kam, schien sein ganzer Körper zu sprechen und das fast weiße Haar fiel ihm in die Stirn. Ich grinste in mich hinein. Dieser Gauner hatte sich also doch Gedanken gemacht, Stichworte, so schien es, aufgeschrieben. Wollte er besonders gut sein? Oder misstraute er seinem Gedächtnis? Jetzt ging es erst einmal ohne äußere Hilfe weiter. Er sprach mit großer Begeisterung von seinen ersten Engagements.

Natürlich bleibt ein richtiger Wiener erst einmal in Wien. Das erste Engagement war an dem Theater, an das er dann immer wieder zurückkehrte, wo er auftrat und auch später als Regisseur engagiert wurde: das Volkstheater, an dem ab 1924 Rudolf Beer Direktor war. Zuerst waren es kleine Rollen, Episoden, einem Eleven wird nicht viel zugetraut. Aber bald stieg er auf in der Rollen-Hierarchie des Theaters. Mortimer in „Maria Stuart" muss diesem Hitzkopf sehr gelegen haben. Jetzt saß er relativ brav vor mir und philosophierte über eine vergangene Zeit am Theater – eine verlorene Zeit, die sehr geprägt war von großen Schauspielern. Es fielen Namen wie Bassermann, Moissi, Pallenberg. Der Film steckte noch in den Kinderschuhen, der Stummfilm und alles andere auch, was dann technisch entstanden ist bis zum Farbfilm und Fernsehen. Damals war der lebende Schauspieler auf der Bühne der einzige Vertreter der darstellenden Kunst.

„Der lebendige Schauspieler wird immer das Theater abgrenzen von allen anderen Unternehmungen wie Film und Fernsehen. Der lebende Schauspieler im Theater, der mit seiner Person, mit seinem Schweiß und seinen Tränen, mit seiner personifizierten Menschlichkeit mit Kollegen zusammen versucht, das Leben darzustellen", meinte er. Sehr früh ging er fort aus seiner Heimatstadt und dem ersten Engagement. Deutschland war die Anziehungskraft, Deutschland hatte etwas, was kaum eine andere Nation zu diesem Zeitpunkt bieten konnte, es hatte große Theater in allen Städten, bahnbrechende Theaterbetriebe, die richtungweisend in ihrem ästhetischen Anspruch waren. Für Karl Paryla folgten Engagements in Mannheim, Köln, Düsseldorf, Breslau und Darmstadt. Ein so genanntes Jahresengagement, und immer wieder wanderte er weiter. War es seine innere Unruhe, die ihn trieb sich zu verwirklichen, oder die Suche nach mehr Konfrontation? Er lernte Menschen kennen, die ihn prägten, auch bereicherten. Das Zusammenwirken mit anderen Kollegen war ihm wichtig und hat ihn weitergebracht in seiner Bemühung besser zu sein, sich zu vervollkommnen.

„Und dann hatte ich einen alten Schauspieler gehabt, der mein Lehrer wurde und von dem ich alles erfahren und gelernt habe, was ein Schauspieler eigentlich können muss. Er hieß Josef Klein und war zwanzig Jahre bei Reinhardt engagiert, also er kam aus der besten Schule. Und der hat mich unterrichtet und zwar stundenlang, jeden Tag. Stundenlang! Also kein Lehrer, keine Schule. Von ihm habe ich alles gelernt, was ich in meinem Leben als Schauspieler gebraucht habe, denn der Schauspieler ist auch ein Mensch, der alle möglichen Techniken erlernt haben muss, um Schauspieler zu sein. Ein Schauspieler ist auch ein Handwerker, ein Handwerker seines eigenen Körpers, seines Atems, seiner Sprechkultur, seiner Klangräume. Der Schauspieler des Theaters ist auch ein Künstler, der verstehen muss, in großen Räumen Natürlichkeit auszuweiten und verständlich zu machen. Dazu braucht man Technik, dazu braucht man Können, dazu braucht man Jahre und Jahrzehnte, um es zu erlernen. Und ich bin deshalb meinem Lehrer Josef Klein mein ganzes Leben hindurch immer wieder dankbar gewesen, für das, was er mich gelehrt hat. Und es ist auch für die Erziehung der Schauspieler und aller Theaterleute, glaube ich, von entscheidender Bedeutung, dass sie nicht en masse erzogen werden, im Chor, sondern individuell von einer Persönlichkeit, wie überall in der Kunst. Geige lernt man nicht von einem, der allen Leuten geigen lehrt, sondern von einem Meister. Theaterspielen lernt man auch von einem Meister. Ich habe vom Zuschauen bei großen Kollegen gelernt und später auch dann im Laufe meines langen Theaterlebens von Kortner und anderen Regisseuren."
Paryla hatte bereits eine ganze Weile vor sich hin gesprochen. Ich war für ihn gar nicht mehr da. Ich sah ihn an, diesen großen alten Mann. Sein Gesicht, von seinen Jahren gezeichnet, wurde immer lebendiger, er war wieder jung, schien völlig einzutauchen, zu versinken in seiner Vergangenheit. Ich sah ihm mehr zu, als dass ich ihm zuhörte, auch ich vergaß Zeit und Raum. Der Kameramann unterbrach:
„Wir müssen die Kassette wechseln!"
Ich sagte: *„Machen wir eine Pause."*
Das war meinem Protagonisten gar nicht recht. Er ging unruhig im Raum auf und ab. Es fiel ihm schwer zu schweigen. Alle schwiegen, es war eine merkwürdige Stille im Raum. Er sah mich an.
„Gut", sagte ich, *„machen wir weiter."*
Er nahm wieder seinen Platz ein. Jetzt war die Reihe an mir, ihn wieder auf den richtigen Weg zu bringen.
„Hättest du dir einen anderen Beruf für dich vorstellen können?", fragte ich.
„Na ja, es hätte ja in der Natur der Sache gelegen, dass ich zum Militär hätte gehen können. Ich glaube, meine Vorfahren sind allerdings nicht zum Militär gegangen,

weil sie das Militär so sehr geliebt haben, sondern weil sie keine Wahl hatten. In einem Land, in dem die allgemeine Wehrpflicht üblich ist, mussten die Armen, Kleinen, die keinen Beruf und auch keine Verwandten hatten aus besserem Stande, die mussten zum Militär gehen. Die Auflösung der österreichischen Monarchie, die sich dann in ihre verschiedenen Länder gespalten hat, hat auch die allgemeine Wehrpflicht aufgehoben. Doch die Lust, zum Militär zu gehen, war bei mir nicht so groß wie die Lust zum Ministrieren oder die Lust, zum Theater zu gehen."

Es war an der Zeit einzugreifen:

„Du warst in Darmstadt engagiert. Was passierte in Darmstadt?"

Nun floss der Redestrom wieder ungehemmt. Darmstadt war eine der Städte, in denen er die großen Hauptrollen spielte. Das letzte Engagement in Deutschland war in Darmstadt gewesen.

„Wollen Sie ein Wasser?", fragte er, wohl nicht um abzulenken, er fühlte sich als Gastgeber und wollte sich für den weiteren Verlauf nicht mehr unterbrechen lassen. Jetzt befanden wir uns zeitlich in einer brisanten Periode. Das historische Ereignis der Machtergreifung durch den Nationalsozialismus prägte auch Parylas politische Haltung. Er war schon in all den Jahren, in denen er in Deutschland gearbeitet hatte, politisch aktiv, auch in seinem künstlerischen Wirken. Durch die Gewerkschaftsbewegung, die am Theater als „Deutsche Bühnengenossenschaft" fungierte, wurden Freundschaften begründet, die ein Leben lang bestanden. Mit Wolfgang Langhoff aus Düsseldorf, dem wir das Moorsoldatenlied verdanken, mit Wolfgang Heinz und Hans Otto, der durch die Nazis einen frühen, grausamen Tod fand. Parylas Aktivitäten waren ganz eindeutig links geprägt, und so wundert es nicht, dass er in Darmstadt fristlos entlassen wurde, gleichwohl mit dem sehr merkwürdigen bürokratischen Satz ‚Zur Wiederherstellung des Berufsbeamtentums sind Sie hiermit fristlos entlassen.' (Das Gesetz zur Wiederherstellung des Berufsbeamtentums, kurz Berufsbeamtengesetz, wurde am 7. April 1933 erlassen und erlaubte es den nationalsozialistischen Machthabern, ihnen politisch missliebige und jüdische Beamte aus dem Dienst zu entfernen.) Die Machtergreifung durch den Nationalsozialismus war für alle gewerkschaftlich Arbeitenden ein verhängnisvoller Einschnitt. Paryla kam so, eigentlich als Flüchtling, in seine Heimat zurück, übrigens als verheirateter Mann. Das verschwieg er mir bei diesem Gespräch. Eine Schauspielerin in Breslau, Tochter eines jüdischen Lederwarenhändlers, war seine erste Frau.

1933 kehrte er also nach Wien zurück und wurde an Max Reinhardts Josefstädter Theater engagiert. Auch Reinhardt war ein Flüchtling, hatte das Deutsche Theater in Berlin gezwungenermaßen aufgegeben. Der Wiener Reinhardt kehrte also auch in die Heimat zurück. Und dieses Theater war ein sehr interessantes Theater. Die besten Schauspieler spielten dort, drängten sich geradezu, dort mitzuarbeiten. Es war in irgendeiner Weise auch eine Flucht vor der Unkultur und Ungeistigkeit des Dritten Reiches. Auch andere deutsche Flüchtlinge standen auf diesen Brettern, allererste Schauspieler, die besten, die es gab. Und diese Zeit hat sich nicht ausgedrückt durch besonders fortschrittliche und politisch wesentliche, wichtige Stücke, sondern eben durch den Zusammenhalt von Schauspielern, die ihren Beruf dort in einem Theater, das Freiheit und Unabhängigkeit garantierte, ausüben konnten. Fünf Jahre blieb Paryla engagiert, bis 1938, für alle Verfolgten des Dritten Reiches, für alle Juden ein Schicksalsjahr. Jetzt war auch Österreich keine Insel der Seligen mehr, wohin sich erst einmal viele deutsche Schauspieler geflüchtet hatten. Hitler machte nicht Halt auf seinem Eroberungsmarsch durch Europa.

Nun waren die Flüchtlinge wieder die Verfolgten. Aber dieser Aspekt wurde von Paryla nur berichtet, nicht kommentiert. Was empfand ein Mensch in einer solchen Situation? Hatte er Angst? War er verzweifelt? Aber solche gefühligen Überlegungen ließ er nicht zu – er berichtete.

„Es war eine schreckliche Zeit", sagte er, „aber das sagt gar nichts. Es gab so viele Menschen, die den Terror nicht ertragen konnten und Selbstmord begingen. Egon Friedell hat sich aus dem Fenster gestürzt. Weil er geglaubt hat, die SA kommt an seine Wohnung, um ihn abzuholen."

Parlyla erlebte den Einmarsch der Deutschen in Österreich am Theater in der Josefstadt. Von 1933 bis 1935 hatte Otto Preminger, als Leiter des Theaters, Max Reinhardt abgelöst, der die „Ehren-Arierschaft", die die Nazis ihm angetragen hatten, ausgeschlagen hatte. Preminger, dem es gelang, rechtzeitig zu entkommen und später in Hollywood eine Weltkarriere machte, unterstützte und förderte Paryla. Aber jetzt standen meinem Protagonisten die Ereignisse, die sein Leben wieder einmal durcheinanderwirbelten, vor Augen. Er war auf einer Probe gewesen, als seine Frau ihn anrief, um ihn von dem zu Hause stattgefundenen Besuch der Gestapo zu unterrichten. Mit zwei Wagen war man vorgefahren und hatte eine Hausdurchsuchung gemacht, wohl um Paryla mitzunehmen. Als Ersatz für den abwesenden Protagonisten hatten sie verfängliche Bücher mitgenommen, eine Gorki-Statue zerschlagen und sich ziemlich brutal geäußert.

Er seufzte tief bevor er weiter sprach: „Und was macht man? Ich stand auf der Probe. Nach Hause gehen wollte ich nicht. Was sollte ich machen? Ich bin also zu dem damaligen Leiter – da war schon der Wechsel im Theater, es gab bereits einen kommissarischen – zu ihm bin ich gegangen. Dieser kommissarische Leiter war ein ehemaliger und jetzt also legaler Nazi und war ein Kollege. Aber ein anständiger Mensch. Das habe ich in meinem Leben gelernt, Anständigkeit hat nicht unbedingt etwas mit Parteizugehörigkeit zu tun. Und ich kam zu ihm und meldete, ich habe Hausdurchsuchung, ich spiele aber bei dir am Abend in diesem Theater eine große Rolle, bin auf Proben; was soll ich jetzt machen? Er rief bei der Gestapo an und sagte, dass er das Theater zusperren müsse, wenn man den Paryla auch noch verhaftet, er habe schließlich nur mehr ein paar Schauspieler. Ein Teil der Schauspieler war schon geflohen gewesen, weil sie aus, wie sagt man, aus rassischen Gründen von den Leuten, die die Kultur unserer Heimatstadt schon in die Hand genommen hatten, bedroht worden waren. Es war nur mehr ein kleines Ensemble, in dem steckte ich auch. Das sagte er denen am Telefon, und dass das Folgen haben würde. Ich musste aber doch zur Gestapo, und hatte ein längeres Verhör. Ich musste mich jeden Abend bei der Gestapo melden. Das war die Auflage. Ich musste mich täglich bei der Gestapo melden, durfte am Abend nur dann spielen, wenn ich mich bei Gestapo gemeldet hatte. Und interessant war das Gespräch, dieses Verhör des Gestapobeamten. Ich glaube, er hieß Müller, ein sehr berüchtigter Müller aus München. Er hatte in einer Schublade ein Dossier über mich. Das heißt, man hatte damals schon Datenverarbeitung gemacht, die Nazis, bevor sie an der Macht waren, in ungeheurem Ausmaß. Was wir heute als Staatssicherheit, als Stasi-Schrecken erleben, haben die Nazis uns vorgelebt. Dieser Müller hat alles über mich gewusst, alles über die Jahre, in denen ich in Deutschland war und auch dort gearbeitet habe und politisch tätig war. Er hatte ein Dossier, in dem alles ordentlich vermerkt war über mich, sehr ordentlich. Schauspieler und Theaterleute und Künstler überhaupt sind dazu berufen, gegen jede Art von Bespitzelung und Freiheitsbeschneidung zu kämpfen. Und das ist auch einer der Gründe, weshalb man politisch tätig wird. Oder man flieht dann."

Er machte eine Pause. Tiefes Schweigen. Er schien nachzudenken, ob er ein wenig den Vorhang öffnen sollte, den er vor sein Innenleben gezogen hatte.

„Ich wusste schon immer, dass die Form der Flucht bestimmt wird durch die Umgebung, in der man sich befindet. Man kann nicht gleich fliehen. Ich konnte nicht gleich fliehen. Im Zürcher Schauspielhaus bestand das Ensemble größtenteils aus Emigranten. Es waren schon sehr viele Deutsche dabei und Kollegen aus Wien. Dort wollte ich hin. Die Kollegen in Zürich wussten, in welche Situation wir geraten waren in Wien, sie wollten uns illegal über die Grenze bringen. Aber man hat Familie, man hat ein Kind, man hat eine Frau. Man kann nicht plötzlich fliehen.

Flucht muss vorbereitet werden, Flucht muss organisiert werden, wenn man nicht Selbstmörder ist. Und dazu war ich nie geeignet. Ich lebe gern und habe also dann doch abgewartet. Im letzten Moment bin ich auf dem Weg über Berlin in die Schweiz emigriert. In Berlin sollte ich einen Film machen, und ich habe diese Arbeit angenommen und gedreht. Merkwürdigerweise den Ludwig XIV. Und am letzten Drehtag hab' ich dann einen Zug benutzt nach Zürich und bin dort ausgestiegen und in der Schweiz geblieben."

Die gedankliche Beschäftigung mit Flucht und Verfolgung löste bei ihm eine große Niedergeschlagenheit aus. Ich verstand das nicht ganz, er hatte es doch geschafft – war gerettet gewesen. Aber so einfach war das wohl alles nicht für ihn. Vielleicht war es auch der Gedanke an seine Rettung, die ihn noch einmal nach Darmstadt zurückführte, an die ersten Begegnungen mit dem Naziregime.

Hessen war das letzte Land, wo die Machtergreifung stattgefunden hat, und auch für die Menschen im Theater, die Kollegen, die Schauspieler und Regisseure stellte sich die Frage: Macht man weiter mit bei der Unwahrheit, bei der Unterdrückung der Freiheit, bei der Brutalität, bei dem Rückgriff ins Mittelalter, das Rad der Geschichte zurückdrehen wollend ins Mittelalter? Oder nicht? Das hieß dann Widerstand leisten. Die Antwort dieser Frage gab Paryla selbst:

„Widerstand leisten im Faschismus, aber auch in anderen totalitären Regimes, heißt Gefängnis, Zuchthaus, auch eventuell der Tod. Aufhängen, Erschießen, Gefängnis, Konzentrationslager oder fliehen. Ich habe mich für die Flucht entschlossen. In Darmstadt und auch vorher. Darmstadt war meine letzte Station in Deutschland. Deutschland war damals ein demokratisches Land, bis sich die Bevölkerung durch Wahlen, auch durch sehr manipulierte Wahlen, und durch Uneinigkeit unter der Linken dann doch plötzlich auf dem Abweg in den Faschismus befand.

Ich habe bereits über Flucht gesprochen. Das Problem der Flucht ist ja auch heute wieder ein Thema für viele. Wenn Menschen es nicht aushalten mit einem Regime, dann müssen sie gegen dieses Regime kämpfen oder fliehen. Ich habe mich damals dazu entschlossen zu fliehen. Ich war nicht der Einzige. Als diese Machtergreifung durch den Faschismus in Deutschland stattfand, sind sehr viele, vor allen Dingen Autoren, Dichter, Thomas Mann, Heinrich Mann, Brecht, freiwillig gegangen. Es handelte sich um freiwillige Flucht. Es gibt eine gezwungene und eine freiwillige. Ich bin, so wie viele andere freiwillig geflohen. Aus Abscheu und aus Angst auch vor dem Benutztwerden in einer politischen Situation, in einem Staat, in einer neuen Welt, in der der Schauspieler, die Theaterleute zur Verbreitung der Unwahrheit gezwungen werden. Die Verbreitung der Wahrheit ist die Aufgabe des Schauspielers."

Ich betonte, dass es ja nicht üblich war, sich in Künstlerkreisen zu politischen Themen zu äußern, oder gar selbst politisch tätig zu werden. Aber da widersprach er mir vehement.

„Wer unsere dramatische Literatur ernst nimmt, erkennt, dass sie sich meist mit der menschlichen Gesellschaft beschäftigt, also auch mit Politik, sehr weitgehend mit Politik. Für mich war zum Beispiel Schiller immer ein ungeheures großes Vorbild, ein idealistischer Erwecker von Gedanken und Inhalten, die mich mehr als alles andere auf den Weg geführt und geprägt haben. Es ist der Autor von ‚Kabale und Liebe‘, er ist der Autor von ‚Don Carlos‘, in dem das Wort fällt: ‚Sire, geben Sie Gedankenfreiheit!‘ Ein Stück, das dann im Dritten Reich nicht gespielt werden durfte. Also mehr als alle Mitgliedschaften bei Vereinen, bei der Kommunistischen Partei, der Sozialdemokratischen Partei, bei Demokratien, bei der Opposition dieser oder jener Art, ist die entscheidende Lektüre, das Erkennen der Wahrheit, das Sich-Beschäftigen-Müssen mit der Wahrheit. Das war der Grund für mich und auch für andere Kollegen in die scheinbare oder erhoffte Freiheit eines anderen Landes zu gehen, das heißt zu emigrieren, zu fliehen."

Ich fragte mich, ob er sich rechtfertigen wollte mit diesem Beharren auf der notwendig gewordenen Flucht. Hatte er Angst wie viele Emigranten, als Feigling beschimpft zu werden, als Drückeberger, der sich den Schwierigkeiten im Land nicht stellen wollte? Aber dafür gab es eigentlich wenige Gründe. Immer schon hatte er sich politisch engagiert, er hatte sich schon früh für die emanzipatorische Entwicklung der Arbeiterschaft, für den Sozialismus interessiert, hatte Agitprop-Gruppen geleitet, bei Rosa-Luxemburg-Feiern mitgemacht.

„Trotz allem", wagte ich einzuwenden, „sind viele Schauspieler geblieben."
Er schwieg. Hatte er nicht zugehört? Wollte er in diesem Punkt keine Stellung beziehen? Er sah mich plötzlich an, als wollte er sagen, was verstehst du schon davon. Ich hielt den Blick aus, es war von Beginn etwas wie ein Machtspiel zwischen uns. Eigentlich wollte er mich nicht ernst nehmen. Eigentlich fand er mich zu jung – im Verhältnis zu ihm – und dann war ich auch noch eine Frau. Ein Wunder, dass er überhaupt eingewilligt hatte, mit mir dieses Interview zu machen. Und nach einer schwierigen Pause – für mich wohl eher als für ihn – sagte er: „Ja, es ist sehr schwer, alles im Stich zu lassen und Haus und Gerät und Bett und Tisch und Stuhl im Stich zu lassen und einen Koffer zu nehmen und zu versuchen, irgendwo über die Grenze zu kommen in ein anderes Land, wo noch überhaupt nicht sicher ist, ob man dort wird leben können. Es ist sehr schwer, man kann auch der Meinung sein, man hätte dableiben und kämpfen sollen. Aber unter gewissen Umständen ist ein Kampf in

einem Land wie zum Beispiel im Dritten Reich nicht mehr möglich gewesen. Zum Schluss haben die Theater überhaupt aufgehört. Im letzten Kriegsjahr wurden die Theater geschlossen. Es gab kein Theater mehr. Es ist leicht heute zu sagen, die Kollegen, ohne Namen zu nennen, hätten in der gleichen Weise Widerstand leisten sollen, indem sie auch weggehen so wie ich. Aber das ist jedem Menschen unbelassen und man kann niemandem etwas vorwerfen. Niemand heute kann verstehen, was damals geschah."

Wie Recht er hatte mit seinem letzten Satz. Ich war ein bisschen beschämt. Ich war verglichen mit ihm ein unbeschriebenes Blatt, hatte nichts erlebt. Ich kannte diesen brennenden Wunsch nicht, dieses mit Idealen voll gestopfte politische Bewusstsein auch auszuleben. Aber so weit mir bewusst war, hatte er nicht immer danach gehandelt. Er glaubte tatsächlich auch jetzt noch, dass das Theater Einfluss nimmt auf die Menschen. Seine Kritik richtete sich gegen die Schauspieler, die lieber wegschauen, als tätig zu werden. Er hatte schon begriffen, dass unser Gespräch den Sinn hatte, nicht nur die Vergangenheit, seine Vergangenheit zu beleuchten, sondern auch im Sinne von Erinnern für die Zukunft, einen Blick nach vorn zu werfen, oder auch die Gegenwart zu betrachten.

„Sprechen wir von der Gegenwart", sagte er, „von der Vergangenheit in die Gegenwart und in die Zukunft. Und das ist ja, glaube ich, auch die Aufgabe unseres Gesprächs und unserer Betrachtung, die Vergangenheit und alles, was man so erlebt hat, ein wenig zu betrachten als eine Warnung im Hinblick auf das, was kommen wird oder kommen könnte und nicht kommen soll. Zum Beispiel haben die Kollegen in Berlin im Deutschen Theater diese unblutige Revolte (1989) zum großen Teil selber angeführt. Sie gingen auf die Straße, sie haben das organisiert. Und sie haben auch in den Theatern schon vorher durch Vorstellungen und durch die Diktion der Vorstellungen beigetragen zu dem Umschwung. Ist das nicht ein Beweis dafür, dass der Schauspieler politische Wirkung haben kann?"

In diesem einen Punkt musste ich ihm Recht geben, aber das sagte ich nicht, überging das Fragezeichen am Ende seines Satzes und fragte geradeheraus, denn ich wollte unbedingt über das Exil mit ihm reden:

„Kommen wir auf Zürich zu sprechen."

„Wie?"

Ich wiederholte: *„Kommen wir auf Zürich zu sprechen. Du bist in Zürich angekommen. Die Schweiz war ein offenes Land, aber es gab natürlich auch viele Beschränkungen, gerade für all die vielen Menschen, die nach Zürich oder in die Schweiz emigriert sind. Wie ging das vor sich? Aufenthaltsgenehmigung, Arbeitserlaubnis."*

Ich sah nicht nur eine Falte auf seiner Stirn sich aufbauen, sein Gesicht geriet aus der Fassung:
„Das ist – Entschuldigung. Das ist glaube ich nicht das Thema, über das ich hier spreche. Ich möchte und kann nicht über die Verhältnisse in der Schweiz sprechen, sondern ich kann nur sprechen über das, was die Schauspieler betrifft."
Sein Aufbrausen war unverhältnismäßig, aber ich spürte, dass ich einen Fehler gemacht hatte. Nicht so sehr inhaltlich, aber als Interviewer hätte ich ihn nicht so hart von seinem Thema abbringen dürfen. Er war noch ganz im Gegenwärtigen, war eingetaucht und auch bewegt von dem Vorgang der politischen Bewusstseinsbildung in der DDR. Und ich rief ihn ins Zürcher Leben – in die Vergangenheit. Ich lenkte ein.
„Gut. Aber es geht mir doch um die Schauspieler. Vor allem die Emigranten. Es kamen Emigranten über die Grenzen in dieses Schauspielhaus Zürich. Wie war das? Das Ensemble bestand doch hauptsächlich aus Emigranten."
„Ich war auch Mitglied des Ensembles und mein Bruder noch früher als ich. Und es waren die besten Schauspieler aus Berlin und auch aus Österreich, aus Deutschland, die sich da zusammenfanden zu einem Ensemble. Hier spielte man jene Stücke, die im Dritten Reich nicht mehr gespielt werden konnten. Hier durften solche Sätze wie: ‚Sire, geben Sie Gedankenfreiheit' gesagt werden. Für Schiller war das Theater eine moralische Anstalt, aber als moralische Anstalt war das Theater im Dritten Reich nicht mehr zu bezeichnen. Es gibt auch einen Satz aus ‚Don Carlos', wo Marquis Posa sagt, er soll Achtung tragen für die Träume seiner Jugend, wenn er Mann sein wird. Also das sind Aufforderungen eines jungen, großen deutschen Dichters, maßgeblichen Dichters der deutschen Theaterkultur. Das war auch ein wenig der Inhalt der Tätigkeit dieses Ensembles in Zürich. Dieses Ensemble hat Widerstand geleistet durch seine künstlerische Arbeit, Widerstand gegen den Faschismus, gegen den Untergang, gegen den Krieg, Widerstand geleistet gegen dieses Mittelalter, das gefährlich war und Österreich und auch die ganze europäische Welt und auch Belgien und Holland und Frankreich und England gefährdet hat. In diesem kleinen Theater wurde, vielleicht mehr als in irgendeinem anderen Theater in ganz Europa, Widerstand geleistet. Durch die Tätigkeit, durch die Arbeit, durch das Theaterspielen."
Paryla war sehr erregt, als schien er, diese Zeit noch einmal zu erleben. Seine Hände flogen wie Flügel durch die Luft und unterstrichen jede Vokabel seines immer heftiger werdenden Vortrags. Er hatte mich restlos überzeugt. Ich fühlte die Schwere dieser Zeit in Zürich und wie wichtig und entscheidend sie gerade für ihn war. Ich wuss-

te, dass Zürich bekannt und berühmt war als Fluchtpunkt. Fluchtpunkt Zürich. War die Schweiz wirklich so bereit, alle Flüchtenden aufzunehmen? Nein, natürlich nicht. Schauspieler hatten einen gewissen Vorteil. Man brauchte gute Schauspieler. Das Schauspielhaus Zürich war ein Privattheater, weder städtisch noch staatlich abgesichert oder unterstützt. Einer der ersten Emigranten war Kurt Hirschfeld, ein Kollege aus Darmstadt. Die Direktion kaufte die Fliehenden billig ein, also erst einmal war es für die Direktion ein gutes Geschäft. In einem großstädtischen Theater wirkten schlecht bezahlte Schauspieler, allererste Leute mit. Aber diese allerersten Leute begannen bald Einfluss auf den Spielplan zu nehmen, der immer anspruchsvoller wurde. Das war bald der Spielplan eines fortschrittlichen, modernen europäischen Theaters. Man führte Brecht auf: ‚Mutter Courage', ‚Der gute Mensch von Sezuan' und so weiter. Es steht uns heute nicht zu, Kritik an der Schweiz für das damalige Verhalten zu üben. Die Schweiz hat längst ihre Kritiken einstecken müssen.
„Das Thema der Flüchtlinge ist wieder sehr aktuell." Mit diesem Gedanken gab Karl dem Gespräch eine gegenwärtige Wendung.
„In ganz Europa werden Flüchtlinge, Asylanten zurückgewiesen. Wir sitzen alle im Glashaus, wir sollten uns hüten, mit Steinen zu werfen. Immerhin war die Schweiz mit diesem Theater vorbildlich für die ganze Welt. Es war das einzige Theater, in dem die große deutsche Kultur des Theaters weitergeführt wurde, auch über den Zweiten Weltkrieg hinweg als Beispiel für die Wiederentdeckung und Wiederaufbereitung und das Wiedererstehen des Theaters, des demokratischen, des fortschrittlichen, des freien Theaters, das wir heute imstande sind zu erleben, mitzugestalten." Da sprach immer noch der alte Kämpfer, der Verteidiger seiner Ideen, die er bis an sein Lebensende versucht hat durchzusetzen. Die Erinnerung an Zürich weckte für ihn auch Gedanken an all die Freunde, von denen die meisten diese Erde bereits verlassen hatten. Leopold Lindtberg, Leonard Steckel, Therese Giehse, Wolfgang Langhoff oder Wolfgang Heinz, um nur ein paar Namen zu nennen. Trotz der verschiedenen ideologischen Ansichten hatte man sich unter einem Schlagwort zusammengeschlossen und gefunden. Antifaschismus! Widerstände und Widersprüchlichkeiten gab es nur auf künstlerischem Gebiet. Im Kampf gegen den Faschismus waren sich alle einig, ob sie das „Vaterunser" gebetet haben oder „Wacht auf, Verdammte dieser Erde". Was für ein Ensemble! Man war sich einig in der Ablehnung des Faschismus, in der Ablehnung dieses Krieges und man spürte eine große Verantwortlichkeit für die Rettung der Kunst und für das Weiterführen des Theaters – für den Moment der Befreiung – für den Frieden. Man wollte bereit sein für einen Neuaufbau nach der Zerschlagung des Unrechtssystems. Und daran glaubten alle.

Das Leben, der Alltag sah für die Mitglieder des Schauspielhauses aber nicht sehr rosig aus. Der Betrieb stellte unmenschliche Forderungen an die Schauspieler. Alle 10 Tage fand eine neue Premiere statt. Die Tage waren ausgefüllt mit Proben und Vorstellungen. Die Nächte wurden zum Lernen der Texte benutzt.

Karl seufzte tief, sah mich an und sagte:

„Das kannst du dir sicher gar nicht vorstellen, wie das war. Wir standen ununterbrochen auf der Bühne. Wir hatten kaum eine Beziehung zum privaten Leben, obwohl wir das doch auch geführt haben und sogar sehr leidenschaftlich. Aber die Arbeit war das Wichtigste für alle. Und man darf nicht vergessen, dass wir ohne diese Arbeit in diesem freien Land keine Aufenthaltserlaubnis bekommen hätten. So war das."

Es war also neben der künstlerischen auch eine Existenzfrage.

Ich fragte: *Sag mir um Himmels willen, ob es wahr ist, dass du in den acht Jahren in Zürich 70 Rollen gespielt hast?"*

„Es waren neunzig Rollen. Aber die Berichterstattung über das Zürcher Schauspielhaus ist ungenügend, weil die Leute, die über das Zürcher Schauspielhaus geurteilt haben, sich nur von Informanten ihr Wissen geholt haben, und diese Informanten haben halt das gesagt, was sie wussten mit gutem oder weniger gutem Willen, und da stimmt vieles nicht. Ich habe dort zehn Inszenierungen gemacht und neunzig Rollen gespielt, mein Bruder noch mehr. Es war eine sehr homogene Arbeit. Zum Beispiel die neuen Stücke von Brecht, die sind erst durch uns, durch Zürich, bekannt geworden und auch in der Arbeit an neuen Interpretationen der Klassikern. Wir haben sehr viel Klassiker gespielt. Aber die Arbeit an den Brecht-Stücken war schon sehr entscheidend. Wir kamen ja alle mehr aus der Stanislawski-Schule, und Brecht gab etwas ganz Anderes, Neues vor. Aber wenn ich darüber nachdenke – eigentlich gibt es keinen Stil am Theater. Man kann ein Stück dadaistisch aufführen, oder expressionistisch – eigentlich sind es Moden, die gehen vorbei. Sie ändern sich. Entscheidend ist der Mensch, der auf der Bühne steht. Eigentlich erzeugt jedes Stück seinen ganz eigenen Stil, eine eigene Machart und die muss gefunden werden. Und Brecht hat ebenso wie Schiller oder Goethe oder Lessing oder Shakespeare eine Machart verlangt, vorgeschlagen, die durch das Stück selbst geboten ist. Jede Aufführung ist auch heute immer für die Darstellenden, für den Regisseur und für das Ensemble ein Problem."

Das Gespräch schien in eine Thematik abzugleiten, die mir nicht passte. Ich wollte nichts über Stückinterpretation erfahren, ich wollte den Menschen Karl Paryla kennen lernen.

„Sag doch bitte, wie habt Ihr gelebt, wie war es möglich, diesen Arbeitsaufwand zu bewältigen?"

„Gut – das Zürcher Theater! Es fing an als ein armes Theater. Vom armen Theater ist ja heute auch oft die Rede. Aber das Zürcher Theater war in seinen Anfängen ein Boulevardtheater, es hat halt billig produziert für reiche Leute. Vor Hitler war das noch, da hat man irgendwelche Stars engagiert und Salonstücke gespielt und das Theater war voll. Als wir dort ankamen, die Emigranten, die Flüchtlinge, stieg der Anspruch. So kann man schon sagen, dass die Schauspieler Einfluss auf den Spielplan hatten. Boulevard war nicht mehr gefragt – Dichtung sollte es sein. Das war auch für das Theater, für die Leitung schwer, aber in irgendeiner Weise haben's halt alle geschafft durch Tag- und Nachtarbeit. Der Geist und der Inhalt des Hauses haben sich in diesen Jahren geändert. Auch dadurch, dass dieses Ensemble zusammenhielt, auch gewerkschaftlich, und einen Obmann hatte wie den Wolfgang Langhoff, der später dann Theaterdirektor wurde. Intendant des Deutschen Theaters in Berlin, damals noch Ostberlin. Er war unser Obmann, er hat in dem gewerkschaftlichen Kampf für bessere Verhältnisse, Arbeitsbedingungen der Schauspieler nicht nur für Zürich die Situation verbessert, sondern für das ganze Schweizer Theater. Ein Beweis dafür, dass Menschen, wenn sie zusammenhalten, überall in der Welt Widerstand leisten können. Auch Erfolg haben können, wenn sie zusammenhalten, wahrscheinlich auch gegen den Krieg, gegen den Faschismus und gegen den Untergang. Der Untergang der Welt ist ja eigentlich für uns heute das Problem. Für uns alle, welcher Partei wir immer angehören. Wenn die Menschen nicht zusammenhalten, wird die Welt zugrunde gehen. Diese Arbeit in Zürich war für uns alle ein maßgebliches Zusammenwirken und eine erkenntnisreiche Tätigkeit, die viele Fragen des Theaters, des internationalen Theaters und besonders dann des deutschen Theaters gelöst hat oder jedenfalls Hinweise gegeben hat. Es hat einen gewissen Modellcharakter gehabt, kann man sagen."

„War Euer Leben denn nicht besonders geprägt durch die Tatsache, dass man durch diese Arbeit, diesen Job in diesem freien Land – überleben konnte?"

„Ja, ja, natürlich, das war ein Grund, sicher. Auch im KZ haben die Leute überleben wollen und die, die sich zu Gruppen zusammengeschlossen haben, auch in den KZ, haben eine größere Chance gehabt, zu überleben als die Einzelgänger."

„Fünf Finger sind eine Faust."

„Ja, auch Brecht sagt, die kleinste soziale Einheit ist nicht ein Mensch, sondern zwei Menschen, und dieses Wort ist sehr maßgeblich und richtungweisend. Ich bin sehr für das Zusammenwirken von Menschen. Das ist wie mit unserem Publikum. Für diese Menschen zu wirken im Theater, nicht für die große Rolle, nicht für den Erfolg selber, den persönlichen eigenen-Nabel-Erfolg zu kämpfen, sondern zu wirken für die Menschen da unten, trotz allem Ehrgeiz, den man ja auch hat und der auch befriedigt werden muss. Und diese Verantwortlichkeit hatte das Ensemble in Zürich quasi eingesaugt mit den Verhältnissen, auch mit der, wie du richtig sagst, mit der Gefahr. Die Gefahr war groß, jeden Augenblick konnte die Deutsche Wehrmacht in die Schweiz einmarschieren. Da gibt es auch viele Widersprüchlichkeiten. Die Widersprüchlichkeit in der Kunst nicht darzustellen, ist ein großer Fehler. Unsere Gesellschaft ist voll von Widerspruch. Und diese Widersprüchlichkeit muss man zeigen. Ein Widerspruch war zum Beispiel: wir waren gerettet durch eine gute militarisierte Abwehr der Schweiz. Hitler wäre bestimmt einmarschiert, wenn ihn das nicht wahrscheinlich eine Million Mann gekostet hätte. Die Schweizer Armee war eine Partisanenarmee, die in den Bergen Widerstand geleistet hätte. Das hätte viel gekostet. Darum hat er sich entschlossen, dann doch über die Maginot-Linie zu gehen, über Frankreich und nicht durch die Schweiz. Wir waren in der merkwürdigen Situation – als Antifaschisten, als Friedenskämpfer – zu sagen, wir wollen die Abschaffung des Militärs, des Militärs in aller Welt. Auf der anderen Seite waren wir die Nutznießer dieses neutralen Staates, der über eine ausgezeichnete militärische Macht verfügte. Das sind Widersprüche. Man kann diese Widersprüche, auch in der Kunst, nicht umgehen. Darum ist einer Schauspieler. Ich spreche so lang darüber, weil Zürich für uns alle eine der lehrreichsten Situationen in unserem Beruf war, für alle. Auch für das deutsche Theater insgesamt."

Ich hatte den Eindruck, dass ihn das Gespräch doch sehr anstrengte. Er hatte feine Schweißperlen auf der Stirn und ich fragte vorsichtig, ob wir eine Pause machen sollten. Er schien mich gar nicht zu hören und blickte vor sich hin, während er sprach:
„Sehr viele sind schon gestorben, nur ganz wenige leben noch. Ja, es überleben noch mein Bruder, die Hortense Raky und die Maria Becker, aber sehr viele Kollegen, der Steckel und der Gretler und der Langhoff und der Heinz, große Schauspieler, die Giehse – sie leben alle nicht mehr. Aber wir, die noch Lebenden, wissen, was für eine ungeheure Bedeutung dieses Theater gehabt hat. Wir haben die Verpflichtung, eine solche Zeit – auch mit all ihren Schrecken – lebendig zu halten. Ich habe vor nicht zu langer Zeit eine Inszenierung dort gemacht und festgestellt, dass der Geist dieser Entwicklung, die wir damals elaboriert haben, dass dieser Geist in jeder Weise im Zürcher Schauspielhaus noch immer lebendig ist."

„Dieser Geist war es ja wahrscheinlich auch, der dazu geführt hat, dass sich einige Schauspieler zusammengeschlossen haben und dieses Manifest für eine neue demokratische Theaterform entwickelt haben, auf dem ihr später aufgebaut habt in der Scala in Wien, oder?"

Ich war nicht sicher, ob es klug war, jetzt schon das Stichwort „Scala" fallen zu lassen. Mir schien aber, als würde er auf dieses Reizwort sehr gerne eingehen. Er richtete sich auf und sagte: „Also, bevor wir dieses Thema anschneiden – es ist ein für mich sehr wichtiges Thema, muss ich doch eine Pause machen. Ich werde auch ein paar Bilder holen, die ich dir unbedingt zeigen muss." Mit diesen Worten war er aufgestanden und hatte eilig das Zimmer verlassen. Ich holte mir in dieser Zwangspause die Bestätigung meiner Arbeit vom Team, das einstimmig erklärte, dass das Gespräch wirklich sehr gut lief. Ein toller Mann – war die einmütige Beurteilung meines Gesprächspartners. Der Druck wich nun auch von mir. Paryla hatte einen braunen Karton mitgebracht und setzte sich wieder auf seinen Platz.

„Bevor ich dir diese Bilder zeige, muss ich aber doch noch zu diesem Manifest etwas sagen, auf das du anspielst. Wir haben in der Schweiz eine Menge Schriften verfasst und die kursieren so herum. Wir haben viel theoretisiert. Zu dem Zeitpunkt, als wir der Meinung waren, dass der Krieg bald zu Ende sein würde, richteten wir unsere Pläne auf die Zukunft. Das war im Winter 1943/44, da gründeten wir das ‚Vorbereitende Künstlerkomitee der Österreicher in der Schweiz'. Eigentlich durften wir uns nicht politisch betätigen, das war eine Auflage der Schweizer Regierung. Aber als es dem Ende zuging, wurde alles ein bisschen lockerer. Es wurden Delegierte gewählt, nicht nur Theaterleute, der Schriftsteller Fritz Hochwälder war dabei, der Bildhauer Fritz Wotruba und Hans Weigel, der Kritiker, der mich später sehr schlecht behandelt hat in seinen Kritiken. Aber damals war alles anders, wir hatten ein gemeinsames Ziel."

Ich wusste natürlich, dass in diesen letzten Jahren in Zürich die österreichischen Schauspieler von ihrem Sendungsbewusstsein durchdrungen waren. Sie rechneten sehr naiv mit der Bereitschaft der Zurückgebliebenen, etwas Neues zu beginnen, wenn der braune Terror besiegt sein würde. Man wollte das Selbstbestimmungsrecht der Künstler durchsetzen, man wollte ein Mitspracherecht bei der Planung des Kulturlebens, man wollte die österreichische Kunst von den alten Verkrustungen befreien. Gerade am Theater war man sehr fremdbestimmt und sozial wenig abgesichert. All dies sollte sich nun ändern. Es war sicher nicht sehr ermutigend für die Heimkehrer, eine Situation vorzufinden, die – ähnlich wie in Deutschland – von Verdrängen geprägt war und von dem Wunsch besessen, dort anzuknüpfen, wo man 1938 beim Einmarsch der deutschen Truppen stehen geblieben war. Das war aber gar nicht im Sinne der Rückkehrer. Sie wollten aus ihren Erfahrungen Lehren ziehen und verändern. Aber sie mussten feststellen und akzeptieren, dass aus der Geschichte der vergangenen Jahre nichts gelernt worden war. Oft stieß ihnen eindeutige Ablehnung entgegen. Trotz der Freude über die wiedererlangte Freiheit, war das ein Wermutstropfen im allgemeinen Siegestaumel für die Heimkehrer. So ganz ließ Paryla sich nicht in die Seele blicken, aber sein Ton war nicht mehr eindeutig frisch und ungetrübt.

„Als ich nach Wien zurückkam, spielte ich erst in verschiedenen Theatern, Josefstädter Theater, Volkstheater, aber ich habe mit allen Mitteln versucht, unsere theoretischen Überlegungen in die Tat umzusetzen, ein Theater zu gründen. Mit noch einem Kollegen zusammen habe ich ein Schreiben an die Besatzungsmacht gerichtet, das waren die Russen, und habe gesagt: Gebt uns dieses Theater, das da freisteht. Wir wollen daraus ein Arbeitertheater machen. Daraus ist dann das Arbeitertheater, das ‚Neue Theater in der Scala' geworden."

Das hörte sich nun so ganz einfach an, aber eindeutig und einfach war der Weg bis zur Gründung des Neuen Theaters in der Scala nicht. Dieses große Haus – zu Anfang des Jahrhunderts gebaut – mit einem Fassungsvermögen von 1200 Personen, also viel zu groß für ein Schauspielhaus, hatte Operetten gespielt. Dann setzte man auf den Tonfilm und machte ein Kino daraus. Paryla sammelte nun alle Freunde um sich, man wollte alle Pläne sofort in die Tat umsetzen.

„Ja", sagte ich, „ich habe in verschiedenen schlauen Büchern nachgelesen, dass diese Bühne ein unabhängiges, demokratisches und in keiner Weise ein Partei gebundenes und vor allem ein österreichisches Theater, Volkstheater sein sollte."

„Ja, das stimmt nicht ganz, es war nicht so ganz unabhängig." „Aha?"

„Es hat sich ja für diese neue Theaterform der kommunistische Kulturstadtrat Viktor Matejka eingesetzt. Er war zwar der Meinung, wir Linken, wir Kommunisten, das waren wir zu dem Zeitpunkt noch, Wolfgang Heinz, mein Bruder und ich, wir sollten uns in den bürgerlichen Theatern bewähren und sozusagen dort den Sauerteig bilden. Wir wollten aber ein eigenes Arbeitsfeld haben und so wurde unser Theater subventioniert von der Kommunistischen Partei, zum großen Teil. Es war insofern unabhängig, weil es auf niemand Rücksicht nahm, also weil die Leute sich durch niemanden dreinreden ließen. Der Spielplan, den haben wir gemacht. Geleitet wurde es von einer Sozietät, das war mein Vorschlag. Eine Sozietät, also eine Zusammenarbeit. Dazu gehörten mein Bruder, der Emil Stöhr, Wolfgang Heinz und Friedrich Neubauer und ich und noch ein Kollege, Günther Haenel."

Diese Abhängigkeit von einer Partei widersprach eigentlich den von ihm selbst mitaufgestellten Statuten. Wie würde man mit dem Dilemma fertig werden, was sich doch zwangsläufig ergeben musste aus dieser Tatsache der Subventionierung von russischer Seite, von der Kommunistischen Partei? Die kollektive Leitung, die Gründungsvorgänge, dass man sozusagen aus dem Urschlamm heraus, von Schauspielern ausgehend, dieses Theater auf die Beine stellte, ließ erst einmal die ideologische Belastung der Subventionierung vergessen. Es stießen dann auch noch so wichtige und prominente Theaterleute zum Ensemble wie Therese Giehse, die große Schauspielerin und Leopold Lindtberg, der Regisseur und Teo Otto der Bühnenbildner. Man kannte sich, man hatte in Zürich lange miteinander gearbeitet. Eine große Bereicherung war der junge Otto Tausig, der aus der Emigration in England kam und sich mit Haut und Haaren in den neuen Betrieb einbrachte. Die kollektive Leitung wollte politisches Theater, Theater fürs Volk.

„*Ging das Volk, gingen die Arbeiter denn wirklich ins Theater?*", fragte ich vorsichtig. Aber jetzt war Paryla erst wirklich bei seinem Thema. Er holte tief Luft und hörte nicht auf zu reden.

„Ja, es war in allererster Linie ein Arbeitertheater. Ein Theater, mit dem wir auch persönliche Beziehung geschaffen haben. Nicht durch Organisationen, sondern durch direkten Einfluss, durch direkte Berührung mit den Menschen. Wir waren uns darüber im Klaren, dass es sehr schwer sein würde in gewissen Schichten der Bevölkerung Interesse für die Schauspielkunst zu wecken. Wir gingen wirklich in die Betriebe und das war notwendig. Man kann sich nicht auf Institutionen verlassen, man muss selber – Theaterleute zu den Menschen – gehen und sie holen. Und wir haben sie geholt und haben mit ihnen gesprochen und haben diskutiert über die Stücke, die sie sehen wollen. Zuerst haben wir vor nicht ausverkauften, vor leeren Häusern gespielt. Und da stellte es sich heraus, dass sie, dass die Arbeiter, die noch nie in einem Theater waren, nicht Unterhaltung wollten, sondern Kultur. Die Kultur. Klassiker. Und wir haben Klassiker gespielt und haben mit den Klassikern volle Häuser und großen Erfolg gehabt. Ein Zeichen dafür, dass man dem Volk nur geben muss, was es braucht. Aber man muss das Volk erst fragen. Man muss Wünsche wecken. Auch das ist eine Aufgabe der Künstler. Man darf sich nicht hochmütig erheben und sagen, die Leute sind ungebildet, sind lauter Analphabeten, mit denen kann man nicht reden, und die wollen ja auch eigentlich gar nichts anderes als oberflächlichen Unterhaltungsquatsch und Pornographie. Das ist eine Lüge. Man muss das Volk ernst nehmen. Man muss sich um die Menschen kümmern. Und wenn man mit ihnen redet und sie auch erzieht, dazu ist man verpflichtet, besonders als progressiver, fortschrittlicher Mensch ist man dazu verpflichtet. Und das haben wir in der Scala damals sehr stark empfunden und mehr noch als in Zürich gemacht. Wir haben eine wirkliche Beziehung gehabt zur arbeitenden Bevölkerung und sie auch in der Weise bedient, wie sie es wollten. Und das war für uns alle sehr überraschend, sie wollten tatsächlich keine Unterhaltung, sondern sie wollten Kultur, Kunst."

Ich dachte im Stillen, wie das doch alles schon längst vorbei war. Wie schnell die Zeit über all diese so bewundernswerten Bemühungen weggegangen ist. Jetzt gibt es eigentlich diese Trennung von Publikum nicht mehr. Ist das Theater gut, spannend und vor allem bilderreich, kann man heute in einem Theaterraum Mitglieder aller Bevölkerungsschichten antreffen. Arbeitertheater – das ist heute ein antiquierter Begriff.

„Und wie haben sich die Schauspieler zu den Plänen der Sozietät verhalten? Es waren doch auch Leute dabei, die nicht Eure Vergangenheit oder Euer politisches Bewusstsein hatten. Die wie fast alle Schauspieler auch heute noch ausschließlich ihre Karriere im Auge hatten", fragte ich. *„Wie haben sich diese Leute verhalten?"*

Er zögerte, wie mir schien, mit seiner Antwort.

„Also, da muss ich dich korrigieren. Schauspieler wollen in erster Linie spielen. Da ist es oft egal, wie und wo. Wir haben sehr gekämpft um den Zusammenhalt in der Truppe, um Solidarität. Die Bedeutung des Theaters, der Zusammenhalt des Theaters, die Wirkung auf das Publikum, darüber haben wir miteinander viel geredet. Und am Anfang ging alles sehr gut. Es kamen dann schon Schwierigkeiten auf, die auch mit mir zu tun hatten."

„Wieso?"

„Na ja, ich hatte ziemlichen Erfolg –, nein, darüber spreche ich nicht! Mir gefällt das nicht, wenn Schauspieler über sich reden. Über Schauspieler müssen andere reden, die ihn gesehen haben, etwa die Kritiker –, aber wenn Schauspieler über sich sprechen, das ist furchtbar."

Auch er war ein Schauspieler, und wie mir schien ein Mittelpunktsschauspieler erster Güte. Ganz sicher gab es in der Scala den Widerspruch zwischen dem Schauspieler und dem Sozietäts-Mitglied. So sehr er auch betonen mochte, dass das Theater in der Scala nicht unter dem Einfluss eines autoritären Theaterdirektors funktioniert hat, sondern durch die Zusammenarbeit aller Beteiligter, letztlich hatte er als Leiter doch das letzte Wort. Es wird in einem Theaterbetrieb gar nicht anders möglich sein. Er spielte selbst viele große wichtige Rollen in seinem eigenen Theater. Da musste es zu Problemen mit den anderen kommen. Es war wohl besser, ihn an diese Wunden nicht zu erinnern.

Ich fragte vorsichtig: *„Diese Sozietät hat ja irgendwann gewechselt?"*
Aber jetzt schien er richtig böse zu werden. Seine Stimme hatte plötzlich einen scharfen Unterton und er steigerte sich immer mehr in eine ihn tief berührende Erregung:
„In der Sozietät hat gar nichts gewechselt. Die blieb die ganze Zeit, das ist nicht wahr, und auch wenn's gewechselt hat, spielt das keine Rolle. Trotzdem war das ein ganzes Jahr, dass Wolfgang Heinz nicht da war. Aber die Partei hat gesagt, es muss ein Direktor her, so hat das die Partei gesehen, einer muss die Subventionen, die Genehmigung von der Stadt etc. machen. Aber geplant war es als eine kollektive Leitung. Das Theater. Kollektive Leitung. Das ist die Wahrheit. Das wussten auch alle, aber die meisten sind schon tot. Jetzt kann man darüber schreiben, was man will, aber so lang einer noch lebt, kann man bei solchen Sachen, die nicht stimmen, nicht mitmachen. Denn es ist schwer, es bleibt ja nur Kritik übrig – nur Kritik. Und Äußerungen von Leuten, die die Scala nicht erlebt haben. Und woher haben sie's? Von Leuten, die erzählen – kleine Schauspieler –, als alle weg waren, haben sie sich wichtig gemacht! Gott hab' sie selig oder auch nicht. Oder die Danegger. (Mathilde Danegger, Schauspielerin in Ostberlin) Soll ich das sagen? Sie hat mir übel genommen, dass ich wegen der Mauer von Berlin weggegangen bin. Ja, was soll man da sagen? Im Buch würde ich es schreiben. Weil es einem schrecklich übel genommen wurde in der DDR, wenn man weggegangen ist. Manche haben gesagt, Gott, der hat's ja leicht, er ist ein Österreicher. Damals waren die Menschen plötzlich eingesperrt. Das muss man sich vorstellen, Schauspieler! Wir können nicht mehr nach Venedig fahren, ja nicht einmal mehr nach Westberlin, um einen Film zu sehen. Dann sitzt du mit Kollegen zusammen, du bist ein Österreicher, hast einen Pass und kannst hinüberfahren, aber der andere kann das plötzlich nicht mehr. Ja, und da gibt's dann die Nonnen, die politischen Nonnen – und die Mönche, die dann in einem abgezweigten Ding leben, die dann das machen, was der Oberguru aus Moskau bestimmt hat. Und die nehmen es einem dann noch übel, dass man weggefahren ist. Aber ich bin mit Sack und Pack weggefahren aus der DDR. Da bin ich also nicht vor dem Faschismus geflohen, sondern vor der Missbildung, die sich Sozialismus genannt hat. Es war kein Sozialismus, das ist die Wahrheit, alles andere ist ein Lug und Trug. Ich bin an dem Schmus in meinem Alter überhaupt nicht mehr interessiert. Will auch keinen Erfolg mehr haben, gar nix. Ich will nur die Wahrheit sagen. Und nicht teilhaben, wenn irgendwo an irgendeinem Quatsch gebaut wird. Das interessiert mich nicht!"
Er setzte einen richtigen Schlusspunkt, atmete tief durch und schwieg. Auch wir schwiegen. Ich war etwas ratlos, sollte ich ihn noch einmal nach dem Schicksal der

Scala fragen, die mir immer als wichtigste Zeit in seinem Leben erschien? Aber es tauchten plötzlich ganz andere Schwerpunkte auf, ganz andere Verletzungen als die von Weigel, dem Kritiker, der sich in der Scala-Zeit stets in unflätiger Weise über den „Kommunistenpuff" geäußert hatte. Eine sehr tiefe Verletzung für Paryla, waren sie doch beide Leidens- und Weggefährten im Exil gewesen. Die Scala litt während der acht Jahre ihres Bestehens unter dem Makel der linken Oberhoheit. Die Presse ging so weit, die Zuschauer vor dem Besuch dieses Theaters zu warnen. Man dichtete Paryla und dem Theater allerlei kriminelle Machenschaften und Handlungen an. Geschützt vom kommunistischen Kulturstadtrat konnte sich das Theater, dank dem oft übermenschlichen Einsatz der Beteiligten acht Jahre halten. Dann war das Ende des Kalten Krieges erreicht. Ein neuer Kulturstadtrat beschloss den Exitus dieses von vielen wichtigen Künstlern belobigten Theaters. Die Partei gab kein Geld mehr und nicht nur die Substanz, auch das Gebäude selbst wurde buchstäblich dem Erdboden gleichgemacht. Ich war entschlossen, das Thema Scala noch weiter zu beleben.

„Weißt du was mich noch interessiert, ist deine Haltung zu Nestroy, wie du über Nestroy denkst."

„Aber stell die Frage! Ich weiß schon etwas dazu zu sagen. Wir haben mit Nestroy die Scala eröffnet! Mit ‚Höllenangst'."

„Und wie ist ‚Höllenangst' in der Stadt angekommen?"

„Nicht in der Stadt, es war kein Stadttheater."

„Oder in Eurem Bezirk? Im russischen Sektor?"

„Die Zuschauer waren begeistert."

Er schwieg. Wollte er nicht reden über all diese schrecklichen Diffamierungen, die das Theater und seine Beschäftigten immer wieder erfahren mussten?

„Ich möchte dir noch mal sagen, dass ich diesen Dokumentationsfilm mit dir nicht nur mache, um dir vielleicht ein Denkmal zu setzen. Die ganze Situation der Scala damals, auch diese Geschichte mit dem Kulturgroschen, der einzigen Unterstützung der Stadt – oder der Missachtung der Stadt dem Theater gegenüber, der Missachtung der Presse dem Theater gegenüber, das finde ich einfach ganz wichtig für uns heute. Für die Nachgeborenen, weil ja Theaterkünstler auch heute unter den Medien, besser unter der Kritik der Presse oft zu leiden haben."

„So einfach war das nicht. Es waren ganz verschiedene Zeitungen. Die links angesiedelten Zeitungen waren natürlich für uns. Ganz Wien war gespalten in vier Sektoren. Verstehst du, die politische Situation, von heute aus gesehen, war höchst fragwürdig. In unseren politischen Kreisen waren wir natürlich erfolgreich. Die

Scala war kein Stadttheater, sondern es war eine Arbeiterbühne in Wien, in der Zeit, wo Wien gespalten war in diese vier Sektoren. In den russischen, den amerikanischen, den englischen und in den französischen Sektor. Und unser Theater lag im russischen Sektor. Ja, und wurde angegriffen als kommunistisches Theater, weil der Kampf gegen die Russen ja ganz offen war. Na ja, der Krieg wurde ja nicht nur vom Osten geführt, sondern auch ganz heftig vom Westen."

„Du meinst der Kalte Krieg?"

„In diesem Zusammenhang war der Weiterbestand der Scala schon nach vier, fünf Jahren einmal sehr gefährdet. Da sind wir auf die Straße gegangen, haben Demonstrationen gemacht. Der Kulturstadtrat Matejka war auch nicht ununterbrochen unserer Meinung. Das erwähnte ich schon, seinen Ausspruch über den Sauerteig, den wir in den bürgerlichen Theatern bilden sollten. Er war nicht begeistert über unser Theater. Aber ich glaube, alle Ablehnung, alle Diffamierungen waren rein politischer Natur und richteten sich im Grunde nicht gegen unsere Qualität. Aber man hat unsere Arbeit benutzt, um den Kalten Krieg auch im Theater zu führen. Das ist die Wahrheit. Da gibt es noch eine beispielhafte Geschichte: Ich habe bei den Salzburger Festspielen mitgearbeitet. Ich war als Teufel im ‚Jedermann' engagiert. Man hat mich fristlos entlassen aus politischen Gründen. Es gab noch ein gerichtliches Nachspiel, leider ist auch an dieser Geschichte der Herr Weigel sehr beteiligt gewesen. Er war ein Kommunistenfresser, das hat er auch immer sehr betont! Viele waren über die Idee, die meine Idee war, ein eigenes Arbeitertheater zu gründen, gar nicht begeistert. Das ist die Wahrheit. Und alles andere ist nur Gerede und nicht wahr! Dieses Theater war abhängig von seinem Publikum, das wir uns selber geschaffen haben. Das heißt, das Ensemble mit seiner Leitung, und die Leitung war eine kollektive Leitung. Und nun komme ich zu Nestroy zurück. Wir haben dort mit Nestroy begonnen, aber nicht nur Nestroy gespielt. Denn das Publikum, dieses Arbeiterpublikum wollte nicht ununterbrochen nur Dialekt hören. Nestroy ist ein Dialektautor, ein großer Dichter, aber sein Fehler ist, dass seine Sprache, sein Dialekt so großartig ist und nicht übersetzt werden kann. Sonst wäre er der größte, größer als Molière. Das ist meine Meinung. Ein großer Dichter, sechzig Stücke, die alle nicht gespielt werden. Immer nur ‚Einen Jux will der sich machen' und ‚Talisman'. Aber es gibt noch andere Meisterwerke. Wir hätten die Scala behalten sollen und daraus ein österreichisches Nestroy-Theater machen sollen!"

Es entstand zwangsläufig eine Pause, weil er tief in Gedanken versunken war. Das wäre wohl sein Traum gewesen, ein richtiges Volkstheater im wahrsten Sinne des

Wortes in Wien zu leiten. Aber in der Zeit der Quoten und Platzausnutzung sind solche Experimente nicht gewünscht.

„Heute wird im subventionierten bürgerlichen Theater erwartet, dass es möglichst voll ist und viel anbietet und wenig Geld kostet. Es ist schon merkwürdig, aber damals, die Arbeiter, die wollten Klassiker sehen. Sie wollten eigentlich die bürgerliche Kultur. Stücke wie ‚Hamlet' oder ‚Othello' waren immer voll. Obwohl das Theater so groß war, 1200 Sitzplätze!"

Ich warf vorlaut ein: *„Zu groß für ein Schauspieltheater!"*

„Nein, es war nicht zu groß. Im Gegenteil. Warum war es zu groß? Für die Arbeiterschaft war es gar nicht zu groß. Das war ein wunderbares großes Theater, es hatte nur keine Logen. Es war ein offenes, großes, sehr großes Theater. Und das Repertoire eines solchen Theaters ist natürlich auch bestimmt durch das Publikum, durch den Masseneinsatz des Publikums und durch die Stücke und durch die Kraft, ja. Natürlich sind die meisten Theater, Burgtheater, Residenztheater oder auch andere Theater eigentlich zu groß. Für die Schauspieler zu groß. Aber man kann sich dazu entwickeln, auch diese großen Häuser zu füllen. Mit Stücken und mit der Art zu spielen."

Ich fand seine Argumentation doch ein bisschen sehr selbstherrlich. Und ich wusste aus Erzählungen anderer Scala-Schauspieler, dass dieses „große" Theater oft leer gewesen war. Aber er sah das Problem im Nachhinein nicht, vielleicht ist das Alter auch gütig, und lässt einige der schlechten Erfahrungen im Dunkel des Vergessens.

„Warum wurde die Scala denn nun wirklich geschlossen?", fragte ich ihn, auch um ihn vielleicht auf die Schwierigkeiten zu bringen, die innerbetrieblich natürlich vorlagen.

„Na ja, durch den Staatsvertrag hatten die vier Siegermächte das Recht, alle Institutionen, das Eigentum der Deutschen, mit Beschlag zu belegen. Mit Beschlag zu belegen. Und nicht nur die Scala, auch andere Betriebe. Und diese Betriebe hat man dann, als die Russen weggegangen sind, den Österreichern zurückgegeben. Und dann haben die Österreicher dieses Theater gehabt, die Stadtverordnung. Und die Stadt wollte unser Scala-Theater nicht. Man hat nicht gesagt, wir wollen Euch nicht, sondern mit fadenscheinigen Ausreden, mit Hinauszögerung der Erlaubnis zu spielen und der Baufälligkeit des Theaters, hat man die Entscheidung so lang hinausgezögert, bis das Ensemble sich zerschlagen hat. Mit Demagogie, kann man sagen, hat man es dann, als die Stadt Wien es wieder in der Hand hatte, vernichtet.

„Vernichtet?"

Das klang sehr dramatisch, ich dachte im Stillen: na ja, Schauspielerübertreibung! „Ja vernichtet! Der damalige Kulturstadtrat, der ließ das Theater abreißen, es dem Erdboden gleichmachen. Das war zu diesem Zeitpunkt nicht mehr der Kommunist Matejka. Dieses schöne Haus. Das weißt du wahrscheinlich, dass es ursprünglich das Johann Strauß-Theater war. Das ist im 19. Jahrhundert gebaut worden. Ein großes Haus für große Operetten. Für große Schauspieler wie Girardi zum Beispiel, der dort gespielt hat. Da fällt mir ein, ich habe einmal einen Film über ihn gemacht. Eine Schauspielerstory, ‚Der Komödiant von Wien'. Der Girardi war ein berühmter Wiener Schauspieler. Er war so bekannt und berühmt, dass jede Äußerung von ihm seinen Rundlauf durch die Stadt genommen hat, weil er ein sehr witziger Mann war. Und sein Leben war auch sehr aufregend. Ich habe über ihn einen Film gemacht. Dieser Film ist ein Dokument österreichischer Geschichte bis zur Revolution 1918. Das Leben eines Schauspielers und zu gleicher Zeit ein Dokument Österreichs. Entschuldige, ich bin abgeschweift. Wo waren wir stehen geblieben? Ja, das Johann Strauß-Theater. Es wurde dann ein Kino, dann wieder ein Theater, und dann nach dem Krieg haben die Russen die Hand draufgehabt und gelegt, eben nach den Bestimmungen und Gesetzmäßigkeiten der Besatzungsmächte, unrechtlich. Besatzungsmächte handeln ja immer unrechtmäßig. Und dann spielten sie in diesem Theater russische Filme, da ging natürlich niemand hinein. Das Theater war immer leer. Das war unsere Chance. Ich bin zu diesem Generaloberst, ich glaube er hieß Scheltow, gegangen und habe gesagt: Wir möchten dieses Theater haben, wir wollen dort ein Arbeitertheater machen und da haben sie es uns gegeben. Als es dann zu Ende war, hat sich das Ensemble zerlaufen und ein Großteil der Leute, also Wolfgang Heinz und Hortense Raky, Emil Stöhr und die Bechmann und die Pelikowsky, ein großer Teil dieses Ensembles wurde eingeladen vom Deutschen Theater in Berlin."
„Und Einladungen aus dem Westen gab es nicht für Euch?"
„Nein, nein, – wir waren ja von der Presse so diffamiert worden als linkes Kommunisten-Theater. Es war natürlich ein Politikum. Traurig – aber so war es.
Die Scala ist zu Ende gegangen mit dem Ende der Besatzungsmacht. Das war 1956. Als wir das Theater verloren haben, gab es viele Briefe, Telegramme aus der Stadt, aus dem Land, aus der ganzen Welt, mit der Bitte oder Aufforderung, die Scala zu erhalten. Von prominenten Künstlern wie Feuchtwanger, Strehler und Brecht und vielen, vielen anderen kamen Appelle zur Erhaltung dieses Theaters. Das kann man nachlesen. Es war zum Schluss eine Bestätigung unserer Arbeit, aber es hat nichts genützt. Wir haben ja nicht nur linke politische Stücke gespielt, wie man uns so oft vorgeworfen hat. Wir haben die Klassiker gespielt, wir haben auch Nestroy gespielt!"

Ich wage einzuwerfen: *„Aber Nestroy ist ein politischer Autor."*
„Ja, ja natürlich! Aber er ist auch ein Klassiker. Jeder Klassiker ist das, Goethe ist ein politischer Autor, Schiller ist ein großer Dichter und ein politischer Autor. Schiller ist vielleicht der politischste Autor, aber die Leute wissen es nicht. Man sollte seine Jugendstücke lesen. Was da drinsteht, das hat sich kein Brecht gewagt zu schreiben. Er war ja auf der Flucht, der arme Kerl, nix zu fressen gehabt, verfolgt, eingesperrt. Wenn das nicht politisch ist! Wir wurden so oft ganz unqualifiziert und unberechtigt angegriffen. Und dann war Schluss!"
Ein trauriges Ende, und für die Beteiligten der Abschied von einem Traum. Immer noch schienen ihn die Verletzungen, die ihm zugefügt wurden, zu schaffen zu machen. Ich wollte seinen Lebensweg weiter verfolgen.
„Nachdem die Scala geschlossen wurde, gingst Du doch nach Berlin, das war doch gut und richtig, oder?"
„Das kann man auch nicht so in einem Satz sagen. Wenn ich zurückdenke natürlich, war es schön, sogar sehr schön, die Arbeit mit den Kollegen und was ich dort gemacht habe. Ich hab' dafür ja den Nationalpreis bekommen. Aber das müssen andere sagen, nicht ich. Verstehst du, das ist schwer für mich, zu sagen, ich habe das und das gemacht und so. Das find ich zum Speien."
„Aber warum bist du denn nach Ostberlin gegangen? In die DDR, war das denn opportun?"
Man sah ihm an, dass ihn diese Frage nervös machte. Er zögerte ein wenig.
„Na ja, wie die Scala zu Ende war … "
„Hättest du nicht in Wien bleiben können? Du hättest doch eigentlich zur Burg gehört!"
„Nein, die Burg wollte mich gar nicht haben. Warum glaubst du das? Für diese Leute war ich doch das rote Tuch! In Wien hat man mich immer als Kommunisten angefeindet und diffamiert!"
Ganz offensichtlich keine schönen Erinnerungen für ihn, in die ich ihn hineinzwang.
„Also, du bist dann nach Ostberlin gegangen?"
„Ja, ich nicht allein, sondern große Teile des Ensembles, weil – na ja, darüber kann man schon sprechen."
„Auch Wolfgang Heinz?"
„Wieso Wolfgang Heinz?"
„Als die Scala geschlossen wurde?"
Da schien ein Hund begraben zu sein, denn er wurde richtig wütend.
„Wolfgang Heinz?! Ich mit dem ganzen Ensemble, wir alle. Wolfgang Heinz! Wer immer sich da groß tut in falschen Aussagen."

Er wurde laut und schimpfte vor sich hin.

„Wir sind, – was heißt Wolfgang Heinz? Woher hast du den Quatsch? Na ja, das sind die Lügen, die verbreitet werden!"

Ich versuchte einzulenken, um ihn zu beruhigen. Es schien doch eine große Konkurrenz zwischen diesen beiden starken Persönlichkeiten geherrscht zu haben.

„Ihr seid wohl eher eingeladen worden, nicht? Wann war das genau? 1957 oder 58?"

„Der Direktor des Deutschen Theaters Wolfgang Langhoff, wir kannten uns alle ja gut aus Zürich, hat gesagt: Euer Theater geht zugrunde, kommt zu mir. Langhoff war auch ein Verfolgter des Naziregimes, er hat das erste Buch über ein Konzentrationslager geschrieben, ein Welterfolg, ‚Die Moorsoldaten'. War ein großartiger Bursche. Er hat das Deutsche Theater lange Zeit gehabt, bis ihm dann die Partei auch Schwierigkeiten machte, er ist fast dran gestorben. Das sind die Wahrheiten. Alles andere ist Schmus. Ihm hat man vorgeworfen, er habe in der Emigration mit Engländern Verbindung aufgenommen. Das war die Stasi. In der DDR hat ja auch die Hälfte der Bevölkerung mitgemacht. Bei den Nazis ja auch. Wo fängt es an, wo hört es auf? Das war die Wahrheit."

Ich fragte mich im Stillen, ist das die ganze Wahrheit? Ist es überhaupt möglich, die ganze Wahrheit festzustellen? Spielt das Gedächtnis nicht ununterbrochen Streiche dem, der so bemüht ist aufzuklären? Ist das mangelhafte Gedächtnis nicht auch oft ein Segen, um dem sich Erinnernden verletzende Erkenntnisse zu ersparen?

„Hattest du keine Bedenken mit einem Regime, das dort existierte?" Der Mann mit dem aufrechten Gang antwortete, diesmal ohne zu zögern.

„Nein, im Gegenteil. Warum? Ich bin ja sehr für dieses Regime gewesen."

Ein offenes Wort aus dem Munde eines alten Kämpfers, der auch in seinem hohen Alter nicht klein beigab, immer noch auf seinem Standpunkt beharrte. Oder war es der Altersstarrsinn, der ihn so eisern bei seiner Meinung verharren ließ? Mir wollte seine Haltung nicht so recht einleuchten. Hatte er den blutigen Aufstand in der DDR am 17. Juni 1953 vergessen? Der Schrei der DDR-Bürger nach mehr Freiheit, nach freien Wahlen wurde blutig niedergeschlagen. Was bedeutete das für einen überzeugten Kommunisten? Aber er ließ sich in diesem Punkt nicht festlegen. Nach heftigem Nachfragen meinerseits brach er aus:

„Am liebsten wäre ich auf den Mars geflogen! Die ganze Welt ist Scheiße, wenn du das hören willst. Die Regierung, hier wo ich jetzt lebe, kann man ja auch nicht auf die Dauer gutheißen, das gefällt einem doch auch nicht, oder gefällt dir das? Man muss viel schlucken, viele Kröten schlucken, um leben zu können. Und man geht auch irgendwohin, wo man denkt, na ja, da ist ja vielleicht doch so ein bisschen Fort-

schritt und Sozialismus! War ja auch. War ja auch. Die DDR hatte hervorragende Arbeitsbedingungen, außerordentliche Arbeitsbedingungen gerade für Künstler!"
„Du warst eigentlich doch ganz glücklich, im Grunde war es doch ein Glück für Euch alle, von der Scala weg nach Ostberlin in ein großes, gut funktionierendes Theater zu kommen?"
„Na, Glück. Das Wort Glück würde ich nicht unbedingt benutzen in diesem Zusammenhang. Aber es war doch so: In Österreich wollte man uns Linke nicht haben, und ich bin sicher, in Westdeutschland ebenfalls nicht. Aber wir konnten nirgendwo anders hin als Schauspieler, wir sprechen schließlich deutsch. Du hast Recht, eigentlich war es ein Glück, obwohl Hanns Eisler immer gesagt hat, bitte nimm das Wort Glück nie mehr in den Mund. Das ist etwas für alte Großmütter. Hanns Eisler, du weißt, wer das ist? Das waren Freunde. Waren gescheite Leute. Es gab in der DDR den Brecht und den Hanns Eisler und viele gute Leute, sehr gute Leute, wie auch Langhoff, auch seine zwei Söhne. Es gibt überall in der Welt solche und solche. Man kann nicht sagen, Österreich ist jetzt ein neutrales, wunderbares Land. Nein es gibt schon wieder Nazi, und bei Euch gibt es die Republikaner. Aber man kann auch nicht sagen, die Deutschen sind schuld. Jeder ist verantwortlich für das, was er tut. Es gab sehr viele Deutsche, die Widerstand geleistet haben. Hunderttausende sind im KZ gelandet und ermordet worden. Man kann nicht sagen: die Deutschen. Das ist gefährlich alles, verstehst du?"
Seine Kehrtwendung von seinen Erfahrungen in der DDR zu dem Schreckensregime der Nazis stimmte nachdenklich. Diese Generation, der er angehörte, hatte viel erlebt an politischen Umschwüngen und Herausforderungen und Verletzungen. Ich sollte Nachsicht üben. Aber die schwierige Frage nach dem Bau der Mauer musste gestellt werden.
„Ich habe das für einen schweren politischen Fehler gehalten".
„Das ist aber sehr milde ausgedrückt!"
„Was willst du, ich habe auch meine Narben zurückbehalten."
„Aber du hast ganz schön profitiert von dem System in der DDR – hast Preise dort bekommen?!"
„Wie kannst du das sagen, nichts hat es mir gebracht!"
„Und warum bist du so verbittert?"
„Eben darum! Sag mal, das kommt mir vor wie ein Gestapo-Verhör!"
„Nein, um Gottes willen. Ich möchte nur etwas genauer wissen, wie man sich gefühlt hat in solch einem Staat, der doch mit seinen Beschränkungen vollständig deinen Vorstellungen vom Leben widersprach?"

Aber so schnell ließ er sich nicht wieder beruhigen. Er wurde unsachlich, schweifte völlig vom Thema ab.

„Willst du vielleicht noch wissen, in welcher Kirche ich war?"

„Nein, um Gottes willen."

„Ja, ja, es gab so Fragebögen bei den Nazis, welcher Kirche, welcher Massenpartei gehören Sie an, welcher Massenpartei? Brecht hat einmal hingeschrieben: Nationalpreisträger. Welcher Massenpartei haben Sie angehört? – Nationalpreisträger. Ich habe auch zwei Nationalpreise in der DDR bekommen. Für ‚Wallenstein' zum Beispiel. ‚Wallenstein-Trilogie'. Oder dann für den August Bebel in einem Film. Ich habe mehrere Filme gemacht."

Er hatte selbst übergangslos das Thema gewechselt, ganz geschickt musste ich feststellen. Und ich hoffte, dass er sich auch wieder etwas beruhigen würde. Aber er war irgendwie böse mit mir und gab sich auch keine Mühe, das zu verbergen. Auf meine Frage, was für Filme er denn gemacht habe, fauchte er mich an, dass ich das eigentlich wissen müsste, wenn ich einen Film über ihn machen wollte. Jetzt wollte er sogar das Interview abbrechen, wenn ich so wenig über ihn gelesen und von ihm gesehen hätte.

„Jetzt ist es zu spät", betonte er. „Ich kann nicht darüber sprechen, wie gut ich war, das ist geschmacklos! Ich kann jetzt sagen, ich habe mehrere Filme gemacht. Als Regisseur, als Drehbuchautor und als Hauptdarsteller. ‚Mich dürstet', das war der erste Spanien-Film, der in der DDR gemacht wurde, wusstest du das?"

Ich betonte heftig, dass ich sehr wohl über seine Arbeiten informiert sei, dass ich es aber doch von ihm selber wissen und hören wollte. Ich versicherte ihm, dass ich natürlich auch Filmausschnitte von ihm in den Film einbauen würde.

„Du kannst nicht Filmausschnitte hineingeben, wenn ich von ganz was anderem rede. Ich hab' auch in Wien schon viele Filme gemacht. Über Semmelweis, – und einen Girardi-Film. Ich habe Theater gespielt und inszeniert, aber vor allen Dingen auch Filme gemacht, ja. Bei den Russen. Die Russen haben doch in Wien die Wienfilm wieder zum Leben erweckt, als sie tot war. Sie wollten dort ein östliches Hollywood aufbauen; das sind interessante Sachen, da kann ich was dazu sagen. Aber eigentlich müssten das andere sagen. Ich kann mich doch nicht selbst anpreisen!"

Nun sprang er wirklich in seiner Lebensgeschichte hin und her. Es schien ihn wirklich zu bedrücken, dass er von mir in eine Art Selbstdarstellung getrieben wurde. Ich hatte ihn in diesem Punkt wohl unterschätzt.

„Die Arbeit bei den Russen, aber auch in der DDR war großzügig, Geld hat keine Rolle gespielt. Da wurden Szenen nicht einmal, sondern acht-, zehnmal gedreht.

Das war eine schöne Arbeit, auch in der DDR. Künstlerisch wunderbar. Aber wo waren wir jetzt stehen geblieben?"
„Wir waren stehen geblieben wie du von der Scala nach Ostberlin gegangen bist. Oder ihr nach Ostberlin gegangen seid."
„Ja. Wir sollten in Berlin auch eventuell ein eigenes Haus haben. Wir sollten dann unser Theater weiterführen als österreichisches, als Wiener Theater in Berlin. Ich wäre sehr dafür gewesen, andere auch. Durch irgendwelche Machinationen ist diese Idee dann fallengelassen worden, und wir wurden im Deutschen Theater, das ein großes Ensemble hat und ein weltberühmtes Theater ist, das ehemalige Reinhardt-Theater, dort wurden wir eingestuft, eingeordnet und, das Ensemble erweiternd, waren wir dort einige Jahre engagiert."
Er schwieg. Ich war nicht sicher, ob ihn die Erinnerung an diese Zeit bedrückte. Er saß einfach sehr ernst und ruhig da, und schwieg.
„Aber du hast ja große und wichtige Arbeiten dort gemacht?"
„Wir haben vor allen Dingen wichtige Arbeiten aus der Wiener Scala dorthin gebracht. Zum Beispiel ‚Die Kleinbürger' von Gorki. Es hat sich ergeben, dass fast das ganze Ensemble aus der Wiener Scala dann auch in Berlin gespielt hat. Wir haben das Stück dort auch herausgebracht, und das war für Berlin und für Deutschland ein großer Erfolg. Ich hab' das Stück noch ein paar Mal inszeniert, auch in Köln. In Berlin hab' ich – jetzt spreche ich von mir, es ist niemand mehr da, der darüber sprechen könnte, also muss ich es selber sagen, ich habe dort die ‚Wallenstein-Trilogie' gemacht und dafür auch einen Orden bekommen. Wenn man älter wird, bekommt man Orden. Und da war ich noch gar nicht so alt. Aber für diese Tätigkeit hab' ich Orden bekommen. Auch Wolfgang Heinz war dabei und Hortense Raky und noch einige von unseren Leuten aus der Scala. Auch die ‚Auferstehung' von Tolstoi habe ich in Berlin noch einmal inszeniert. Eine ganz große Theaterarbeit. Das letzte Stück war dann ‚Die dritte Schwester' von Pavel Kohout. Das war schon ein Stück, wo im Zuschauerraum die Funktionäre beleidigte Gesichter machten und die andern sehr viel gelacht und applaudiert haben, ein Widerstandsstück. Wie die Mauer gebaut wurde, hab' ich noch einen Vertrag gehabt. Und dann gingen wir weg."
„Schon wieder eine Flucht?"
„Nein, man kann das nicht Flucht nennen. Es gibt ja viele Arten der Flucht. Es gibt die Flucht vor dem Zwang zur Unwahrheit, und es gibt die Flucht vor sich selber oder vor einem Regime, das nicht mehr stimmt, ja. Das ist auch eine Art von Flucht, aber man kann auch sagen, man schließt ein Verhältnis nicht mehr ab. Wir waren ja nicht bedroht. Die hätten uns gerne noch länger dort gehabt. Das war in

dem Sinne keine Flucht, sondern eine, wie nennt man das, ein Affront, eine Ablehnung. Es hat mit meinen politischen Vorstellungen nicht mehr übereingestimmt. Ich hab' die Mauer damals für einen politischen Wahnsinn gehalten und habe Recht bekommen. Ich war auch nicht der einzige, die anderen haben es dann nur vielleicht nicht gesagt oder konnten nicht weg. Wir Österreicher hatten es leicht. Ich lasse mich nicht gern einsperren, lass' mich nicht quälen und nicht zur Unwahrheit verleiten. Da fliehe ich lieber mit einem Rucksack oder Koffer. Heute gibt's ganz leichte Koffer, da kann man sogar zwei in der Hand halten. Wenn einem der Besitz nicht so wichtig ist, und mir war er nie so sehr wichtig, reicht ein Koffer. Ich habe den Besitz ein paar Mal im Leben verlassen und gern verlassen. Ich kann mich erinnern, an meine Ankunft in Zürich, nachdem das Dritte Reich auch in Österreich einmarschiert war. Als ich dem Zug entstieg und wusste, ich habe zwar eine Fahrkarte bis Wien über Basel, aber ich wollte nur bis Basel, also in die Schweiz, stieg ich mit zwei mehr oder weniger großen Köfferchen aus und musste sie hinstellen, weil mir die Knie gezittert haben vor Freude und Glück, dass ich nur mit zwei Koffern in Freiheit bin. Und das halte ich für eine schöne Beziehung und richtige Beziehung zum Leben, denn was ist aller Besitz wert?"

Es war an der Zeit, seine philosophischen Betrachtungen über Wert und Unwert von Besitz zu unterbrechen.

„Entschuldige Karl, dass ich Dich unterbreche, du hast die DDR verlassen? Trotz der guten Arbeitsbedingungen? Du warst doch keine wichtige politische Figur damals, oder doch? Du warst ein Künstler, und in der DDR hatten Künstler doch alle Möglichkeiten, so viel ich weiß?"

„Dass ist das große Missverständnis! Entschuldige, aber du hast wirklich keine Ahnung! Hast du nichts von der Stasi gehört? Oder was in der DDR sich abgespielt hat? Alle sind mit dem Staatssicherheitsdienst in Verbindung gewesen, auch die am Theater. Ein Geflecht von Denunziation und Verleumdung. Alle sind mit dem Staatssicherheitsdienst in Verbindung gewesen. Ich wollte damit nichts zu tun haben. Mein Name wird in der DDR verschwiegen, ich komme in Theaterbüchern aus der Zeit nicht vor."

„Warum denn das?"

„Von einem, der zur Politik der herrschenden oberen Vorsitzenden und Führer nein sagt und dann noch ins Ausland geht, in den Westen und dann dort alles mögliche sagen kann. Na ja, der wird natürlich totgeschwiegen."

„Als du nach Ostberlin gegangen bist 1956 – die Mauer ist 1961 gebaut worden –, also in diesen Jahren, gab es schon vorher Anzeichen dafür, dass du dort nicht mehr leben

wolltest oder konntest? Oder gab es wirklich die Zäsur, in dem Augenblick als die Mauer gebaut wurde?"

„Nein, keine Zäsuren und gar nix. Ich war immer ein kritischer Mensch, ich war nie ein Strammsteher vor Hochgestellten, und sie gingen mir immer auf die Nerven. Vom Kaiser Franz Joseph bis zu jedem Direktor, mit dem ich zu tun hatte, die Kritiker inklusive. Ich habe mir immer erlaubt, sie kritisch zu nehmen die, die die Posten haben und große Macht."

Ich musste ihn unterbrechen, um seinen Ausführungen, die mir doch zu allgemein erschienen, Einhalt zu gebieten:

„Es war also nicht die Mauer 1961, sondern vorab gab es schon Komplikationen, Schwierigkeiten?"

„Immer schon gibt es, – seit ich lebe, habe ich Schwierigkeiten mit den Leuten und sie mit mir auch. Das ist die Widersprüchlichkeit unter Menschen. Das Leben besteht aus Widerspruch. Das ist die Dialektik, das ist meine Überzeugung. Ich bin in erster Linie ein historischer Materialist und kein Gläubiger. Wenn du willst, Marxist."

„Als du dann von Ostberlin weggingst, 1961, hörtest du dann auf, Marxist zu sein?"
Meine nicht besonders glücklich gestellte Frage brachte ihn natürlich auf.
„Nein, nein, nein, ich bin der Meinung, dass ich heute mehr Sozialist bin als manche, die sich so nennen."

„Aber es hat ja nicht funktioniert, auch durch den Mauerbau nicht"
„Nein, die Leute waren Dilettanten, schlecht gemacht, alles, was in der DDR gemacht worden ist, ist dilettantisch, dumm. Das hätte besser gemacht werden können."
„Aber das war ja nicht nur in der DDR, sondern überall im Ostblock."
„Wie meinst Du das?"
„Es war ja überall im Ostblock schlecht."
„Ja, überall schlecht gemacht, weil es ein Diktat der Russen war, weil es ein Diktat des Stalinismus war! Alles Strammsteher, die haben alles nachgemacht!"
„Aber kann es vielleicht nicht auch am System selbst liegen?"
„Auch daran, weil ein System ja immer nur ein Ergebnis dessen ist, was wir Menschen daraus machen. Was machen die Menschen aus einem System, was ist ein System? Das System des Kapitalismus ist schuld an zwei Weltkriegen. Und heute sagt man, nur der Kapitalismus gilt. Man gibt dem Kapitalismus Recht. Vielleicht ist es stimmig für dieses Jahrhundert. Vielleicht, ich weiß es nicht. Warum nicht? Es geht doch um Absatz, in beiden Weltkriegen ging es um Absatzgebiete und um Weltwirtschaft, freie Weltwirtschaft, in beiden Weltkriegen."

„Aber vielleicht stimmt was bei Hegel nicht oder bei Marx nicht?"
„So ein Quatsch! Bei keinem Menschen, auch nicht bei Jesus Christus, stimmt alles!"
„Jetzt lenkst du aber sehr ab, ich frage nach Hegel oder Marx?"
„Ja und ich antworte dir so: Warum denkst du nicht mal über Jesus Christus und die katholische Kirche nach. Seit zweitausend Jahren Inquisition, und die Idee bleibt aber doch großartig!"
Wir beide befanden uns in einem heftigen kleinen Krieg, und ich fragte mich verzweifelt, wie ich so ein Gespräch schneiden sollte? Was wird aus meinem Film? Das war absurd, wie das jetzt lief. Aber ich konnte ihn nicht so entwischen lassen. Er musste mir, seiner Kollegin, erst einmal antworten. Ich beschloss, einfach zu vergessen, dass dieses Interview die Grundlage eines Films sein sollte.
„Karl, ich finde, man kann so nicht antworten: Die anderen waren auch schlimm!"
„Oh, ja, das kann man!"
„Man muss auch mal Stellung beziehen, zu seiner höchst eigenen Position. Politisch meine ich."
„Na sicher! Das sag ich ja!"
„Du als alter Kommunist und Kämpfer musst doch zugeben, dass das nicht in Ordnung war."
„Na sicher, es war nicht in Ordnung. Es gibt kein System bisher auf der Welt, das nicht veränderbar wäre. Und das nicht seine großen Fehler aufweist."
„Aber die Wahrheit muss raus und sie muss auch g e s a g t werden, auch wenn sie Schwierigkeiten zur Folge hat."
„Was willst du von mir hören!" Jetzt wurde er richtig böse.
„Meine Träume sind sicher idealistisch, wie weit sich das durchsetzt oder durchsetzbar ist, ist ja eine Frage der Zukunft. Es gibt schon genug Schwierigkeiten. Was der Gorbatschow macht, seit er die große Macht hat, erfüllt mich mit erheblicher Bedrängnis und Kopfschütteln. Er war mir vorher lieber. Aber es bricht jetzt alles zusammen."
„Du meinst?"
„Nicht alles wird zusammenbrechen. Es bricht in Amerika auch nicht alles zusammen, obwohl die Slums dort die Städte auffressen, nur spricht niemand davon. Aber man weiß doch auch, was dort los ist. Der Kapitalismus ist grauenhaft, grauenhaft, ruinös … wie der Sozialismus. Jetzt spricht man mehr darüber, weil ein Weltversuch gemacht worden ist mit einer fortschrittlichen Idee. Sie ist nicht ganz zusammengebrochen. Auch das Christentum mit der Inquisition war nicht ganz

zusammengebrochen. Es gab weiterhin Christen, sogar die gefoltert wurden, blieben Christen. Die gefolterten Kommunisten waren die besseren Kommunisten. Das war im Christentum auch so. Da gibt es einige Parallelen. Seit die Menschen leben, man kann nicht über Menschen hinweg sagen, die Systeme sind es. – Sag mal, nimmst du das alles auf?"
„*Ja, ja, schon.*"
„Nein, nein, nein! Du stellst Fragen, die mir nicht gefallen. Das sind inquisitorische Fragen."
Das Gespräch nahm einen verhängnisvollen Lauf. Ich musste mir etwas Schlaues einfallen lassen, nicht nur um ihn zu beruhigen, sondern auch um meinen Auftrag zu erfüllen, Material für ein sinnvolles Lebensbild über einen Künstler zu sammeln. Ich stand auf und sagte, dass wir nun dringend eine Pause machen müssten, weil die Menschen an den Kameras, die Arbeiter – dieses Wort war es, das den Krampf lösen konnte – nun endlich eine Pause haben mussten.
Das leuchtete ihm sofort ein. Er wurde vom kämpferischen Sozialisten zum freundlichen Gastgeber, und bald saßen wir um den Küchentisch und aßen und tranken. Es war unfasslich, aber die Stimmung war schlagartig wieder glänzend. Alle beteuerten, dass das Gespräch gut liefe. Kontrovers, aber das wäre ja gerade das Reizvolle. Ich atmete tief auf – alles schien gut zu werden!
Nach einem guten Kaffee, sicher aus Österreich eingeflogen, der in einer Thermoskanne fürsorglich von Parylas Lebensgefährtin vorbereitet worden war, nahmen alle wieder ihre Plätze ein, und ich gab dem Kameramann einen unauffälligen Wink zum Beginn und sprang mit einem Satz in das Gespräch.
„*Wie seid Ihr denn in Österreich nach der Rückkehr aus der DDR empfangen worden? Mit großer Freude? Doch bestimmt nicht?*"
Jetzt war er sogar zu einem Witz aufgelegt.
„Roter Teppich. Der amerikanische Präsident und eine Schlagermusik!"
Ich erlaubte mir ein kleines Lachen.
„*Obwohl du nun wieder zu Hause warst, kamst du plötzlich in ein Nichts.*"
„Na ja. So kann man das nicht sagen. Ich habe in Wien mein Häuschen, ein Bauernhaus, so ist es ja nicht. Ich bin ja ein Schauspieler, der nicht nur von der DDR lebt. Ich war ja in Deutschland immer schon durch Jahrzehnte eigentlich und in Wien ein bekannter Mann. Entschuldige, dass ich das jetzt sage. Ich hab' gleich in Wien wieder gespielt. Ich hatte ja auch Beziehungen zu Zürich, auch vor allen Dingen zu München und zu Hamburg. Ich habe viele Inszenierungen gemacht. Ich habe auch in Salzburg ein paar Mal wieder gespielt!"

So lief es gut, ich atmete auf. Man musste ihn nur auf den richtigen Weg schicken. Er war ein guter Erzähler und sein Gedächtnis schien ihn nicht im Stich zu lassen. Aber jetzt hatte ich mich zu früh gefreut.

„In Salzburg war ich einmal fristlos entlassen worden wegen eines Artikels", sagte er. Er hatte mich auf dem falschen Fuß erwischt.

„Was für ein Artikel?"

„Na ja, das müsste man wissen, wenn man über mich schreibt", sagte er ein bisschen boshaft.

Ich war bereit, mich vor ihm auf die Knie zu werfen.

„Es tut mir leid Karl, dein Leben ist so bunt und reichhaltig! Ich gebe zu, dass das ein Versäumnis von mir ist, aber diesen Artikel kenne ich nicht."

Die Pause, das Essen, der Kaffee hatten ihn milde gestimmt.

„Also gut, im ‚Tagebuch', das war eine Zeitung, die inzwischen schon eingegangen ist, stand ein Artikel über die Salzburger Festspiele. Ein Pamphlet von mir in Gedichtform. Ich hatte doch im ‚Jedermann' den Teufel gespielt. Der Teufel ist ein Zwischenrufer. Und dieses Pamphlet in der Zeitung hat irgendwelche Intriganten und Feinde auf den Plan gerufen, den Torberg zum Beispiel. Du weißt, wer Torberg ist, ja? Den Torberg und den Weigel, ehemalige Emigranten, die jetzt so amerikahörig gearbeitet und gedacht haben und den Linken eins auswischen wollten. Man hat mich also beschuldigt, ich sei ein Nestbeschmutzer und so weiter. Und dann hat man die Salzburger Festspiele gezwungen, meinen Vertrag zu lösen."

Ich fragte ungläubig: *„Auf den Einwand von Weigel?"*

„Es war nicht Weigel, es war in erster Linie Torberg. Ich konnte dann nicht mehr dort spielen, es wurde ein Prozess geführt und ein Vergleich geschlossen. Meine Gage habe ich gekriegt, Schmerzensgeld, aber den Teufel durfte ich nicht mehr spielen. Das Interessante daran war, dass sich kein österreichischer Schauspieler gefunden hat, der für mich eingesprungen wäre."

„Wer hat ihn dann gespielt?"

„Ein deutscher Schauspieler, der nicht wusste, dass er mich hintergeht. Ich will seinen Namen nicht nennen. Die Österreicher haben ihm dann Vorwürfe gemacht, und er hat gesagt, ich habe ja nichts gewusst davon. Aber von den österreichischen Kollegen war niemand bereit, die Rolle zu spielen. Das war ein schönes Erlebnis für mich, diese Solidarität. Aber 20 Jahre habe ich dort nicht mehr gespielt, erst 1972 war ich wieder in Salzburg."

Kurz verstand ich gar nichts mehr! Ich rechnete blitzschnell nach, er war also wieder einmal in seiner Lebensgeschichte zurückgesprungen. Dieses Ereignis in Salzburg fand nach der Rückkehr aus der Schweiz statt, als man ihn nicht als Emigranten, aber als Kommunisten verunglimpfte.

Ich knüpfte an dieses Ereignis an und fragte ihn, ob es nach seiner Rückkehr aus der DDR auch Angriffe auf seine Glaubwürdigkeit gegeben habe.

„Aber ja, Wolfgang Heinz, Hortense Raky, die Pelikowsky und ich, wir wurden als – also wie nennt man das –, als Spione der DDR bezeichnet, weil wir zwischen Österreich und der DDR hin und her pendelten. Aber lassen wir das. Vorbei. Vorbei. Unerfreulich." Er murmelte unverständliches vor sich hin.

„Du bist irgendwann dann mit Kortner enger zusammengekommen?"

Jetzt wurde er wieder ganz lebendig und war in seinem Redefluss nicht mehr aufzuhalten.

„Kortner hatte eine Aufführung von mir in der Scala gesehen. Es war wie eine Freundschaft. Kortners Freundschaft mit der Scala. Ich habe den ‚Lebenden Leichnam' inszeniert und gespielt. Da saß er im Zuschauerraum. Als wir uns hinterher kennen gelernt haben, hat er mir erklärt, dass er sich in Wien überall Theater angeschaut habe und er dann in einem Arbeiterbezirk das Burgtheater gefunden hat. In der Scala hat er das Burgtheater gefunden! Wir sind dann zusammengekommen, ich habe bei ihm viel gespielt."

„Du hast mit Kortner zusammen in dem sehr berühmten Film ‚Kaufmann von Venedig' gespielt."

„Ja, das war eine kleine Rolle, ja."

„Eine wunderbare Szene – ich erinnere mich gut daran."

„Ja, aber ich habe bei ihm den Robespierre gespielt und den Mephisto. Bei Kortner."

Ich verstand sein Schweigen gut. Was für ein Theatergigant war das, dieser Kortner! Meine Bewunderung für ihn beruht auf Fernsehaufzeichnungen und Tonbändern. Immer habe ich sehr bedauert, dass ich nie das Glück hatte, diesem ungewöhnlichen Theatermann begegnet zu sein. Wie schnell die Zeit doch einen Namen der Vergessenheit übergibt. Die meisten meiner jungen Kollegen wissen nichts mehr von Fritz Kortner. Auch in der Öffentlichkeit wird über Fritz Kortner selten berichtet. Im Gegensatz zu seinem Zeitgenossen Gustaf Gründgens. Meine Überlegungen zu diesen beiden Theatermenschen sind höchst zwiespältig. Hier der Jude, der emigrieren musste, dort der willfährige Karrierist, der sich gerne den Machthabern im Dritten Reich auf den Schoß setzte. Es war nicht der Zeitpunkt, dieses Thema zu diskutieren. Wir mussten langsam zum Ende kommen. Ich wollte versuchen, Paryla zu einem Resümee zu bewegen.

„Was würdest du rückblickend jungen Schauspielern sagen? Was würdest du heute jungen Schauspielern für ihren Berufsweg gerne mitgeben, aus deinen Erfahrungen begründet?"
Schweigen. Er dachte intensiv nach und ich gab ihm eine Hilfe.
„Ihr habt doch in der Scala mit den jungen Leuten gearbeitet, ihnen in eurem Studio Unterricht gegeben?"
„Es ist sehr schwer, in einem Satz zu sagen, auch in drei Sätzen kann man es nicht. Eines scheint mir ganz wichtig zu vermitteln, dass nicht nur der Wunsch nach Rollen spielen – viel spielen – wichtig ist, also die Eitelkeit zu befriedigen. Sondern wichtig ist in erster Linie eine Verantwortlichkeit dem Menschen gegenüber, dem Volk gegenüber. Das Publikum ist das Volk gegenüber. Für unseren Beruf müssen wir viel arbeiten, auch technisch arbeiten. Alles, vom Atem bis zur Beherrschung des Körpers, bis hin zum Denken. Ja, Denken. Und in jedem Schauspieler muss immer mehr ein, das ganze Stück begreifender und mitspielender Künstler entstehen, Schauspieler entstehen, nicht nur der Komödiant, der eine Rolle spielt. Natürlich bedeutet das Disziplin und Arbeit. Dazu braucht man Schulen und Lehrer und Lehrerinnen und auch Kollegen, von denen man was lernt. Beobachten und lernen und arbeiten an sich selbst. Ich habe mein ganzes Leben lang, also jahrzehntelang, technisch an mir selbst gearbeitet. Der Schauspieler muss wissen, was er mit seinem Atem tut, wo er seine Resonanzräume findet. Wie er deutlich ist und trotzdem natürlich bleibt. Fürs Theater ist das notwendig. Im Film ist das nicht so wichtig. Im Film kann man mit technischen Mitteln einen Kopf so nahe an den Zuschauer bringen, dass er sechsmal so groß ist wie der Zuschauer selber. Aber im Theater sind immer der totale Mensch und riesige Räume da, und unten sitzen auch Menschen. Oft sogar die ärmeren und die begeisterungsfähigsten. Da braucht man den Schauspieler, der eine charismatische Ausstrahlung hat. Der imstande ist, die Natürlichkeit des Sprechens, des Lebens, des Reagierens so strahlen, so verständlich zu machen. Das ist Technik. Da braucht man Jahrzehnte, um das zu lernen. Der Schauspieler ist ein Cello, eine Geige, ein Cello und man muss auf diesem Cello spielen können. Das spielt nicht ein anderer, er selber muss spielen. Und das muss man lernen. Das Handwerk."
Ich wagte den Sprung in ein anderes Thema.
„Kannst du dir vorstellen, dass Mitbestimmung am Theater tatsächlich sinnvoll und durchsetzbar wäre? Ihr habt mit dieser Sozietät in der Scala auch etwas Ähnliches versucht. Das bürgerliche Bildungstheater, wie es so schön heißt, wird ja oft als autoritär beschrieben. Was ist Autorität am Theater?"
„Da muss man erst einmal Begriffe klären", sagte er etwas herablassend, als ob er zu einem Kind spräche. Autoritär ist unberechtigte Autoritätsausübung und Autorität

ist eine echte Autorität, durch Können, durch Wissen, durch Miteinander, aber das heißt ja nicht, dass man es nicht der Kritik und der Mitarbeit anderer aussetzen darf und soll. Ich habe in sehr vielen Theatern gearbeitet und überall, auch im Schauspielhaus Zürich ist die Frage aufgetaucht: Wer hat das denn geleitet? Üblich ist doch: Da ist ein Direktor, dort ein erster Regisseur, ein zweiter Regisseur, ein Dramaturg. Die sitzen zusammen und bestimmen: Den Spielplan und auch alles andere. Und da haben die anderen dann nicht mitbestimmt. Nein, so war das bei uns nicht. Was wir da versucht haben in der Scala, war eher eine Mitarbeit. Oft haben wir in einer Garderobe miteinander gesessen, Dramaturg und Schauspieler und ich und haben besprochen, was werden wir spielen? Und wie werden wir es besetzen? Es war eine Mitarbeit und nicht eine Mitbestimmung. Wenn man dieses Wort in seiner Bedeutung richtig auslegt."

Ich wagte nicht, meine Meinung in diesem Punkt zu äußern. Es war mir erzählt worden, dass es in der Sozietät oft zu lauten Auseinandersetzungen über Besetzungsfragen gekommen war. Die Mitglieder dieser Sozietät waren natürlich im Verhältnis zu den übrigen Schauspielern privilegiert und konnten ihre Wünsche – Rollenwünsche – ganz oft und leicht verwirklichen. Immer wieder gibt es in den Ensembles den Wunsch nach Mitbestimmung. Mehr Miteinander würde ich es lieber nennen. Aber es geht doch nicht ohne Arbeitsteilung. Jeder Theaterarbeiter in seinem Ressort sollte so ausgebildet sein, dass er ohne Schwierigkeiten seine Meinung in Diskussionen einbringen kann. Sei es als Schauspieler, Dramaturg, Maskenbildner, Regisseur oder in den technischen Bereichen. Jeder sollte Gehör finden, aber den Schlusspunkt muss EINER setzen und damit auch die Verantwortung übernehmen. Warum soll es parlamentarische Demokratie nicht geben? Ich wagte einen kleinen Disput mit ihm über diese Fragen. Er setzte darunter einen markanten Schlusspunkt:

„Warum muss das Theater ein archaischer Fetzen sein aus dem Vormittelalter?"
Er schien noch immer unverbraucht und kämpferisch und ich konnte mir nicht verkneifen ihn zu provozieren.

„Du sagst immer, du wärst zeitlebens angeeckt. Du wolltest nie und nirgendwo strammstehen, du hast immer kritisiert, immer gegen den Stachel gelöckt. Nun bist du ein bisschen älter geworden. Ist es immer noch so?"

„Ich möchte gleich darauf antworten, und das Wort ‚immer' streichen. Ich habe nicht immer gegen den Stachel gelöckt, ich hab' auch nicht immer kritisiert, sondern ich habe auch Kompromisse gemacht, wie alle anderen Menschen. Ich glaube, das sollte man deutlich sagen. Man sollte keinen Menschen zu einem schlechten und zu einem

positiven Helden machen. Es gibt von Polgar –, du weißt hoffentlich wer Polgar ist?" Ich nickte zustimmend, um nicht unnötige Zeit mit langen Erklärungen zu verlieren. „Also ein großer, österreichischer Schriftsteller, ein Essayist, einer der berühmtesten Essayisten, der eine glänzende Feder schrieb, auch ein Emigrant. Er hat in Zürich gelebt und dann in Paris. Er ist sehr alt geworden, war ein sehr charmanter, gescheiter Mann. Und er hat gesagt, er würde auf seinem Schreibtisch lieber eine Statue von seinem Briefträger haben als eine Statue von Napoleon. Das unterschreib' ich. Ich bleibe auch lieber bei den Briefträgern. Es ist also nicht so, dass ich sagen kann, wenn ich an mein Leben zurückdenke, es war ein ewiger Kampf. Ich war auch ein sehr vorsichtiger Mann. Ich war nie beim Militär."
„Hast du Glück gehabt?"
„Nein, ich war schon als junger Mensch nicht beim Militär. Ich habe Glück gehabt durch die Umstände."
„Rückblickend auf dein Leben, wenn ein Freund etwas über dich sagen sollte, was würde der sagen und – was würde ein Feind über dich sagen?"
„Das weiß ich nicht. Das muss ich den Feinden und den Freunden überlassen."
Ich wollte, ich musste zum Ende kommen.
„Wie siehst du die jetzige politische Lage? Was hältst du von der Wiedervereinigung? Wie denkst du über die Belastung, die die Deutschen durch den Holocaust empfinden?"
Schon war ich wieder in meinen alten Fehler gefallen, hatte zuviel Fragen auf einmal gestellt. Einen kleinen Tadel musste ich mir von ihm gefallen lassen, bevor er mir antwortete.
„Ich möchte nicht eine Nation verantwortlich machen für das, was geschehen ist. Das trifft auch für den Holocaust zu. Es ist eine große Nation mit außerordentlich gescheiten, begabten und wunderbaren Menschen. Aber es gab auch andere, die Dummen geraten leider in die Verantwortung für das Verbrechen. Das Schlimmste ist die Dummheit. Es war eine großartige Organisation, die hinter allem stand. Aber Organisation ist kein Zeichen von Gescheitheit. Organisieren kann jeder Feldwebel. Das ist noch kein Zeichen von Intelligenz. Aber auch besondere Intelligenz kann den falschen Weg gehen. Ich glaube nicht, dass auch das, was jetzt in Deutschland geschieht, bedrohlich ist. Es ist bedrohlich nur im Zusammenhang mit der ganzen Welt. Wenn dieses Deutschland sich nicht in das europäische Geschehen einordnet oder einfügt, dann kann es bedrohlich werden, weil dann in Deutschland und auch bei anderen Nationen wieder revanchistische Rachegefühle, nationalistische Vorurteile aufwachen. Die nationalistischen Vorurteile gibt es überall. Drum, wenn es ein einiges Europa gäbe, wenn die kleinen Staaten ihr na-

tionales Eigenleben haben dürften ohne Grenzen, dann, glaube ich, ist eine Gefahr eines Großdeutschlands gebannt."
„Lieber Karl, zum Schluss noch zwei Fragen!"
„Zwei auf einmal?"
„Sie haben miteinander zu tun. Also einmal möcht' ich Dich nach deiner Regiearbeit fragen. Weißt du eine Rolle, die dir ganz besonders wichtig erscheint? Ich glaube, ‚Lebender Leichnam' war eine ganz wesentliche Arbeit von dir."
„Die schönste Rolle der Weltliteratur überhaupt ist die Figur der Liebe, der Romeo. Es gibt ein Stück von Shakespeare, das heißt ‚Romeo und Julia'. Den Romeo habe ich einmal in Darmstadt gespielt und einmal in der Emigration in Zürich, mit der Hortense Raky, mit meiner damaligen Frau. Und der Regisseur war Max Ophüls. Das ist eine der schönsten Erinnerungen als Schauspieler. Man kann nicht sagen, dass es Lieblingsrollen gibt, aber der Vorzug der Rollen und wenn ich so zurückblicke, muss ich erschreckend feststellen, ich habe fast alle Rollen gespielt, die man sich so wünscht im Laufe des Schauspielerlebens. Da waren sicher nicht alle Leistungen hervorragend, aber ich hab' sie alle gespielt, durchlebt. Und mit einer Rolle sich zu beschäftigen, mit einer Figur, besonders der dichterischen Dramaturgie, also mit Dichtung und dem großen Drama, ach – das ist dummes Zeug, was ich da rede, weg damit! Du hast noch eine Frage gut!"
„Vielen Dank! Du hast in Deutschland, in der Schweiz, in Österreich Theater gespielt, inszeniert, gearbeitet, gekämpft. Hast du irgendwo Heimatgefühle oder kennst du diesen Begriff für dich persönlich nicht, zu Hause zu sein irgendwo?"
„Man kann ja doch an viele Orte sich so gewöhnen, dass man sagt, da ist man ein bisschen zu Hause. Heimat, ich weiß nicht, das Wort riecht so nach Schnulze, ja. Ich weiß nicht, ob ich dazu ein stimmiges Wort sagen kann. Aber zu Hause fühlen, kann man sich, ich fühle mich sehr zu Hause in der Arbeit, in jeder Art. Sowohl in der Vorbereitung der Arbeit als auch auf der Bühne.
Wenn ich ehrlich bin, muss ich sagen, mein Zuhause ist das Theater."
„Ich danke dir, Karl."

Als Schauspielerin fühle ich tiefe Bewunderung für diesen ungewöhnlichen Menschen und großen Schauspieler. Aber ich fühle auch tiefe Trauer über den Verlust eines Theaterbegriffes und einer Theaterarbeit, die der Vergangenheit angehört.

Karl Paryla war am 12. August 1905 in Wien geboren und starb am 14. Juli 1996 ebenda.

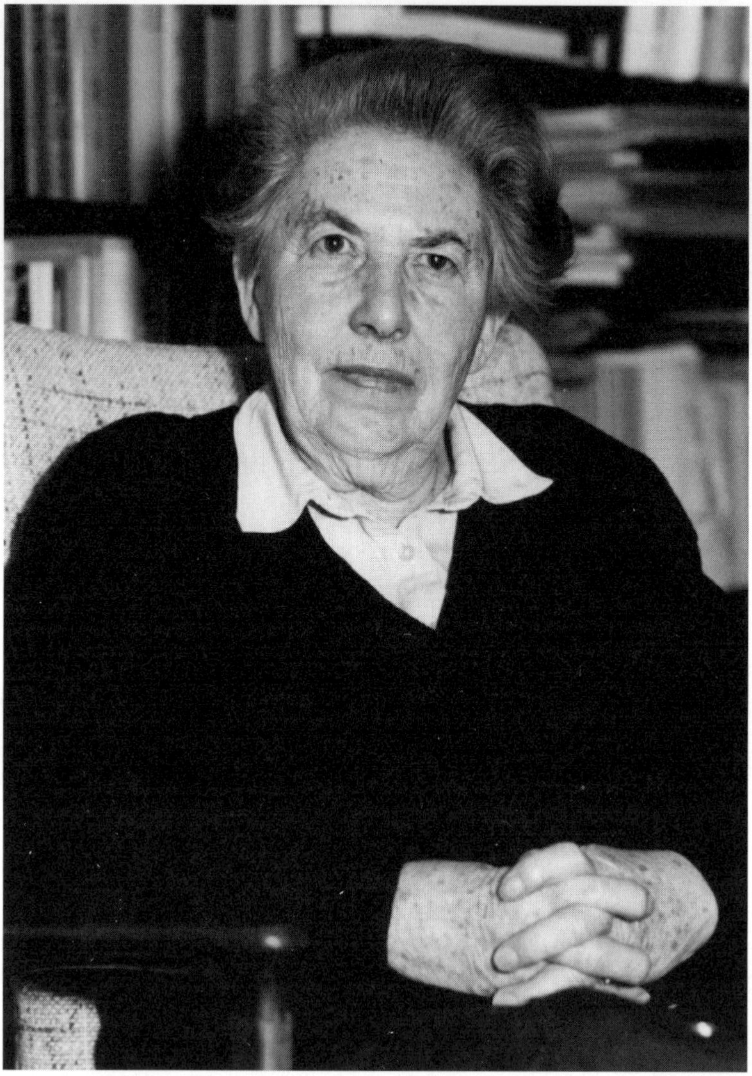

Trude Simonsohn

WARUM HAB' ICH ÜBERLEBT?

Trude Simonsohn – ihren Namen hatte ich schon oft gehört. Eine Überlebende des Holocaust! Unter dieser Bezeichnung war mir Trude Simonsohn ein Begriff. Und ich hatte eine genaue Vorstellung von ihr: eine schlanke große Frau, mit ernstem, eher traurigem, melancholischen Gesicht. So stellt man sich doch einen Menschen vor, der solch ein Schicksal mit sich trägt. Dessen jetziges Leben nur durch Zufälligkeiten existent ist.
Und dann sah ich sie. Sie saß in der zweiten Reihe im Römer, Frankfurts guter Stube, wo wieder einmal die Ehrung eines verdienten Mitbürgers stattfand. Meine Begleitung machte mich auf sie aufmerksam: „Da ist Trude Simonsohn!" Sie sah natürlich ganz anders aus, als ich sie mir vorgestellt hatte. Sie war eben nicht groß und überhaupt nicht melancholisch. Ganz im Gegenteil. Sie schaute lebhaft und neugierig nach allen Seiten, plauderte mit ihrer Nachbarin in der zweiten Reihe. Und als ich sie dann persönlich kennen lernte, war ich überrascht. Sie schien ohne jeden Vorbehalt einer unbekannten Deutschen gegenüber. Dabei war mir immer eher etwas mulmig zu Mute, wenn ich mit Menschen in Berührung kam, deren Lebensweg dank der Deutschen und ihrem „Führer" so tragische Formen angenommen hatte. Ich wusste ein bisschen von ihrer Geschichte, dass sie 1921 in Olmütz geboren war, eine Tschechin also, der die Deutschen übel mitgespielt hatten. Ich war bei dieser, unserer ersten Begegnung mehr als zurückhaltend, eher gehemmt. Sie lachte, hatte ein Sektglas in der Hand, an dem sie nur nippte und sprach unbekümmert mit den Umstehenden wie es bei solchen Empfängen üblich ist. Ich beteiligte mich vorsichtig an dem Gespräch, ich hatte eine Idee im Kopf und wusste nicht recht, wie ich sie in die Tat umsetzen könnte. Aber Trude, gut gelaunt und heiter, sagte tatsächlich irgendwann: „Kommen Sie doch auf einen Kaffee zu mir. Und wenn sie Kuchen mögen, backe ich meine Lieblingstorte."

Und so kamen wir zusammen, Trude und ich. Und so begann unsere Freundschaft. Ein paar Tage später empfing sie mich an der Tür ihrer kleinen Wohnung in Frank-

furt. Es roch nach Kaffee und die Schokoladentorte stand auf dem Tisch. Ich spürte diese gewisse Vertrautheit, bei der alle Blockaden des gesellschaftlichen Umgangs wegfallen. Es wurde eine sehr gemütliche Kaffeestunde, so als würden wir uns lange kennen. Wir tratschten – so könnte man unsere Unterhaltung nennen – ganz ungezwungen und hechelten die neuesten Nachrichten der Stadt durch. Trude war gut unterrichtet und ich hatte auch meine Nachrichtenquellen. Mit einem Wort, es war eine äußerst angeregte Kaffeestunde. Und dann wagte ich den wichtigen Satz.
Ich sagte: *„Liebe Trude Simonsohn, ich möchte gerne einen Film über Ihr Leben machen. Ich möchte die Geschichte ihres Lebens erzählen. Würden Sie mir dazu die Erlaubnis geben?"*

Es entstand eine ziemlich lange Pause. Das hatte sie ganz offensichtlich nicht erwartet. Ich schaute sie an und ich sah Tränen in ihren Augen. Ich war erschrocken. Hatte ich sie durch irgendetwas verletzt? War ich ihr mit meinem Wunsch zu nahe getreten? Ich war mir darüber im Klaren, was so ein Ansinnen bedeutete. Musste sich der Befragte doch in eine Vergangenheit zurückbegeben, die voller schmerzlicher und demütigender Erinnerung war. Ich bereute meine Frage schon, als Trude diese bedrückende Stille zerbrach: „Machen Sie keinen Film über mich – machen Sie einen Film über Sonja Okun!", sagte sie.
Ich war verwirrt und nach einem kurzen Aufatmen begann sie zu erzählen.
„Sonja Okun, sie ist immer noch – neben meiner Mutter und meinem Mann – der wichtigste Mensch in meinem Leben. Wenn Sie sie nur einmal gesehen, gehört hätten, Sie wären auch fasziniert von ihr! Sie war einmalig, ich verstehe sehr gut, dass ein Mann – ein so berühmter Mann wie Erich Engel nicht von ihr loskam so lange Jahre. Sie war in Berlin mit ihm, dem erfolgreichen Theaterregisseur, in den Jahren vor der Nazizeit zusammen. Sie hat mir so viel erzählt, das ist mir sehr gut in Erinnerung, von den Künstlerfesten, vom aufregenden Leben unter Theaterleuten. Sie hat mir eine Welt erschlossen, die mir doch völlig fremd war. Ich kam aus der Tschechoslowakei, hatte nie Kontakt zu Künstlerkreisen gehabt. Ich hatte meine Erfahrungen doch nur in der Jugendbewegung gesammelt, war jung und unerfahren und hörte durch sie von der großen Welt der Künstler und Prominenten."
Ich fragte nach, ich verstand den Zusammenhang nicht.
„Wer war Sonja Okun, und wie kamen Sie mit ihr zusammen?"
„Wie habe ich sie kennen gelernt?" Trude überlegte einen Moment.
„Sonja war ja auch wie ich in der Jugendbewegung, sie in Berlin, ich in Olmütz.

Über den Hechaluz[4] – in Theresienstadt hab' ich sie kennen gelernt. Sie war eine wunderbare Frau, ich habe sie so bewundert – und geliebt."
Sie schwieg. Es lag eine seltsame Spannung in der Luft und ich hatte viele Fragen auf der Zunge, aber ich stellte sie nicht. Ich spürte, dass es hier um mehr ging, als um ein Interview. Trude schien abgetaucht in eine längst vergangene Zeit und schließlich fragte ich sie, ob es nicht besser sei, das Gespräch ein anderes Mal fortzusetzen. Sie schien froh über meinen Vorschlag und so verabredeten wir einen Termin ein paar Tage später. Auch ich hatte Zeit gewonnen nachzudenken. Ich machte mir einen chronologischen Fragenkatalog, denn in erster Linie ging es mir darum, mehr über das Leben Trude Simonsohns zu erfahren. Ich ging also mit einem kleinen Blumenstrauß bewaffnet zum verabredeten Treffen und da standen dann wieder Kaffee und Kuchen auf dem Tisch, als ich jetzt mit meiner vorbereiteten Befragung begann.
„Erzählen Sie mir doch, wie Ihre Kindheit in Olmütz verlief?"
„Also, ich würde schon sagen, dass ich eine sehr glückliche Kindheit hatte. Ich bin zweisprachig aufgewachsen und habe Tschechisch so gut wie Deutsch gesprochen, zuerst die tschechische Grundschule besucht und dann das deutsche Gymnasium und wäre nicht der Nationalsozialismus gekommen, wäre ich vielleicht an die tschechische Universität gegangen. Es war keine Frage der Überzeugung, sondern einfach, dass man beide Sprachen gleich gut spricht. Ich war das einzige Kind und hab' eine sehr sorglose Jugend gehabt, von Anfang an sehr viel Sport betrieben – schon als Kleinkind – und ich habe auch in vielen Sportarten Preise gemacht, weil mir Wettkämpfe einfach Spaß machten. Ich war befreundet sowohl mit tschechischen Freundinnen, jüdischen und deutschen Freundinnen ohne Unterschied. Später, als die Zeiten kritisch wurden, hat sich das dann radikal geändert."
„Hat sich die Haltung Ihrer Freunde geändert aus politischen Gründen?", fragte ich.
„Ich erinnere mich noch, – ich weiß nicht, welche Religion bei uns überwogen hat, ich denke katholisch, Olmütz war katholisch und ich erinnere mich, irgendwann haben einmal Kinder gesagt, wir mögen dich und wir spielen mit dir, obwohl ihr doch den Jesus umgebracht habt. Daran erinnere ich mich genau und ich denke, dass ein Kind in der Diaspora mit diesen Sachen immer groß geworden ist."
„Und Ihre Eltern?"

---

[4] Der Hechaluz („Der Pionier") bestand seit 1917 als zionistische Weltorganisation. Ein deutscher Landesverband gründete sich 1922. Er bildete einen Dachverband mit der Hauptaufgabe der Organisierung von Alijah und Hachschara (Einwanderung nach Palästina und deren Vorbereitung durch landwirtschaftliche Ausbildung).

„Mein Vater hatte eine sehr klare Beziehung zum Judentum, die aber erleichtert wurde durch die Möglichkeit, sich zur jüdischen Nationalität zu bekennen. In der Tschechoslowakei konnte man ein tschechoslowakischer Bürger sein und dann – wir würden heute sagen angemessen dem Selbstverständnis – wählen, ob er deutsch, tschechisch, slowakisch, ungarisch oder jüdisch als Volkszugehörigkeit angibt, weil Masaryk gesagt hat, Judentum ist nicht nur eine Religion, es ist auch eine ethnische Gruppe. Und dadurch habe ich nie Probleme mit meiner jüdischen Identität gehabt, weil ich immer angegeben habe: Nationalität: jüdisch.
Das ist etwas, was man hier und auch in andern Staaten sehr wenig versteht. Die Tschechoslowakei war, was wir heute nennen würden, ein multikultureller Staat. Mein Vater war Zionist, das hat er auch immer betont. Ich bin dann in der Gymnasialzeit in die jüdische Jugendbewegung eingetreten, die es bei uns gab. Ich war da sehr glücklich und hab' vom ersten Moment an mitgearbeitet als – ja wie nennt man das? – Betreuerin ist falsch – als Gruppenleiterin. Wir haben in gewissem Sinn kulturelle Arbeit gemacht – bezogen auf die jüdische Geschichte und auf die Geschichte Palästinas, immer mit Blick auf einen Staat Zion."
„Ich nehme an, das war dann auch im Sinne ihrer Eltern?"
„So einfach war das nicht. Ich hatte noch Träume, ich wusste damals nicht, werde ich Turnlehrerin, Sportlehrerin – aber letzten Endes wollte ich eigentlich Medizin studieren. Diese Jugendbewegung aber hatte überhaupt nur das eine Ziel: für Palästina zu erziehen. Das Ziel war, in den Kibbuz zu gehen und das Ziel dieser zionistischen Jugendbewegung war auch, eben Nichtintellektuelle heranzuziehen, sie umzuschulen für die Landwirtschaft und in den Kibbuz zu gehen als landwirtschaftliche Arbeiter. Das war seit 1938 ganz klar für mich. Aber da war auch die politische Lage anders. Da war die Abtretung der Sudeten beim Münchner Abkommen 1938 und ich hab' eigentlich meinem Vater immer gesagt, wir sollten aus diesem Land weggehen. Es war aber nicht so leicht, weil man ja Geld haben musste – 1938 sind ja bereits die österreichischen Juden emigriert und es war sehr schwer, ein Visum zu bekommen. Auch für Palästina musste man Geld haben, um ein Zertifikat zu bekommen, und das hatten wir nicht. Ich bin mir nicht sicher, ob mein Vater meinen Wunsch so ernst genommen hat. Sein Traum war immer, ich sollte Abitur machen und studieren. Das wollte ich ursprünglich ja auch."
„Als politisch denkende Familie hätten Sie doch unbedingt emigrieren müssen, oder?"
„Ja, ja, mein Vater war wohl Zionist, aber an die Realisation hat er sicher, solange nichts Schlimmes passierte, nie gedacht. Sonst hätte er sich ja viel mehr darum bemühen müssen, dass wir irgendwie herauskommen."

Pause, – sie atmete tief durch: „Alles wäre anders verlaufen, wenn … Heute glaube ich, dass mein Vater vor 1938 nie an die Auswanderung nach Palästina gedacht hat."
Eine Frage, die sich mir immer wieder stellt. War das zionistische Denken für die Menschen nur eine Abstraktion? Die Idee, einen jüdischen Staat zu schaffen, war ja schon Ende des 19. Jahrhunderts geboren worden. Die Geschichte hat uns gelehrt, wie schwer die Umsetzung dieser Idee war. Hat erst die Bedrohung des Faschismus dazugeführt, die existentiellen Pläne in die Tat umzusetzen?
„Der Kriegsausbruch hatte zur Folge, dass auch im Protektorat[5] sofort die Nürnberger Gesetze in Kraft traten. Mir wurde klar, dass ich meine Schule nie mehr betreten würde. Als ich mein Abschlusszeugnis abholte, hat sich zwischen meinem Klassenlehrer und mir eine sehr interessante Szene abgespielt. Er war einigermaßen entsetzt, dass ich die Schule verlassen sollte. Ich hab' gesagt: Aber Herr Professor, ich muss doch. Und er sagte: Ich werde Sie schützen. Und so jung wie ich war, hab' ich gesagt: Herr Professor, Sie werden mich nicht mehr schützen können! Aber alles hat sein Gutes!"
Sie lachte in Gedanken an diese Situation.
„Ich habe ein sehr schönes Abschlusszeugnis gekriegt. In Mathematik eine viel bessere Note, als ich sie je verdient hatte! Ich bin nie mehr in die Schule gegangen, sondern sofort auf das Gut, wo auch meine Gruppe von der Jugendbewegung war, um Landwirtschaft zu lernen, was mir übrigens sehr, sehr viel Spaß gemacht hat."
Da konnte ich mir einen Einwurf nicht verkneifen, dass sie mir schlecht vorstellbar war mit einem Spaten in der Hand! Aber sie widersprach mir heftig und versprach später die Beweis führenden Fotos zu zeigen.
„Es war ein fabelhafter Lernprozess", erklärte sie. „Wir waren beflügelt von unserer Idee ‚Palästina' und es fehlten Arbeitskräfte in der Landwirtschaft. Wir lebten also zusammen dort am Land, haben alles geteilt, auch unseren Lohn. Und da merkten wir auch, wie furchtbar schlecht die Landarbeiter bezahlt werden. Aber im Vordergrund stand die Idee, bei der ersten Möglichkeit nach Palästina zu gehen."
„Das war zwar eine wunderbare – aber doch nur eine nicht zu verwirklichende Idee, oder?"

---

[5] Das Reichsprotektorat Böhmen und Mähren war von 1939 bis 1945 ein Besatzungsareal des Deutschen Reiches. Es wurde am 15. März 1939 aus den übrig gebliebenen Gebieten der Tschechoslowakei gebildet, die weder zur Slowakei noch zum schon vorher an Deutschland angeschlossenen Sudetenland, noch zu den an Polen und Ungarn abgetretenen Landesteilen gehörten.

„Es gab eine Zeit, da war es nicht so schwierig, – das war zum Zeitpunkt, als meine Heimat schon Böhmen und Mähren hieß. Weil die Nazis alle Fremdkörper aus dem Land heraushaben wollten, haben sie die Auswanderung unterstützt. Das Problem war, nach Palästina hineinzukommen, weil die Engländer sehr restriktiv waren. Palästina war damals ziemlich leer, und wenn all diese Menschen hätten kommen können, wäre das überhaupt kein Problem gewesen. Die Jugendalijagruppen[6], die dort hinkamen, wurden alle sofort integriert. Es sind diese Kinder-Dörfer entstanden und alles wäre kein Problem gewesen, wenn die Engländer es gestattet hätten."

„Wie ging es nun mit Ihnen weiter?"

„Mein Vater wurde am 1. September 1939 bei Ausbruch des Krieges sofort als Geisel verhaftet. Die Zentrale der Jugendbewegung beschloss, dass ich ein Zertifikat bekommen sollte, damit meine Mutter nicht auch um mich Angst haben müsse. Das heißt, ich sollte legal nach Palästina gehen und hatte auch meine Kisten schon gepackt. Ich hatte auch ein Zertifikat bekommen. Zweimal hab' ich mich endgültig von allen verabschiedet. Das zog sich hin bis 1942 und dann sagten sie, sie lassen keine Juden mehr ins feindliche Ausland. Also alle Menschen, die Zertifikate verschiedenster Art hatten, sind nicht mehr hinausgekommen."

„Ich denke", warf ich ein, *„ein entscheidender Schritt auf diesem Vernichtungsweg war die Wannsee-Konferenz (20. 1. 1942), die auch auf die Vorgänge in Ihrer Heimat Einfluss hatte. Die Endlösung wurde hier endgültig beschlossen."*

„Ja, sicher. Der Judenstern war schon 1941 eingeführt, natürlich habe auch ich ihn tragen müssen. Ich weiß nicht, ob im ganzen Protektorat Böhmen und Mähren unsere jüdische Jugendarbeit wirklich verboten war. Ich weiß nur, dass der Gemeindevorsitzende, dessen Kinder ich vorher unterrichtet hatte, eines Tages zu mir kam und mir sagte: Ich war heute bei dem Gestapomann, der hieß Bankel, und der hat gesagt, wen er bei der jüdischen Jugendarbeit erwischt, der käme ins KZ und fragte: Wollt Ihr weitermachen? Und dann hab' ich – ohne nachzudenken – gesagt: Selbstverständlich machen wir weiter! Ich muss dazusagen, dass ich bestimmt nicht die Phantasie hatte mir auszumalen, was ein Konzentrationslager ist. Der Vorgang hatte später Folgen, denn derjenige, der mich angezeigt hat, machte in seiner Anzeige aus der zionistischen, illegalen Jugendarbeit eine illegale kommunistische! Daraufhin wurde ich verhaftet. Die Anklage wurde mir nach erst 6 Monaten Haft

---

[6] Alija/Aliya bezeichnet die jüdischen (zionistischen) Einwanderungswellen nach Palästina beziehungsweise nach Israel.

vorgelesen und die lautete: Hochverrat wegen illegaler kommunistischer Tätigkeit. Das alles geschah zu dem Zeitpunkt, als Heydrich in Prag von tschechischen Widerstandskämpfern ermordet wurde und das Standrecht ausgerufen wurde. Jeder, der den geringsten Verdacht erweckte, wurde sofort erschossen. Ich wundere mich heute noch, dass man mich tatsächlich für eine Hochverräterin gehalten hat! Sie haben mich aus dem tiefsten Böhmen immer mit einem Privatwagen, zwei Gestapobeamten und einem Chauffeur über 4 Gefängnisse transportiert. Ohne mir zu sagen, was ich überhaupt gemacht haben sollte."
Sie schwieg, die Stille war ziemlich lastend, draußen raste ein Auto vorbei. Ich war ein bisschen hilflos.
„Wollen wir eine Pause machen? Wollen wir aufhören?", fragte ich vorsichtig.
„Nein, nein, nein!", widersprach sie, „ich kann darüber reden – in den Gefängnissen selber ist mir nichts an Folter passiert. Ich hatte nur die entsetzliche Angst, standrechtlich erschossen zu werden, weil wir davon wussten! Ich war in Brünn im Kaunitz-Kolleg, das Gefängnis der Gestapo, an der man standrechtlich erschossen wird und da habe ich geglaubt, so wird es sein. Diese Todesangst kann man nicht gut beschreiben. Zu meinem Erstaunen wurde ich in ein anderes Gefängnis in Brünn gebracht und da wusste ich zumindest, dass ich nicht sofort erschossen werden würde. Dann kam ich in das Gefängnis nach Olmütz. Das Sonderbare war, dass mein Schulweg mich jeden Tag an diesem Gefängnis vorbeigeführt hatte und ich mir nie vorstellen konnte, mir nie Gedanken darüber gemacht hatte, wie Leuten zumute ist, die da hinter Gittern sitzen. Das wurde mir erst jetzt bewusst, als ich selber hinter Gittern saß. 4 Monate, Juni, Juli, August, September, Oktober, – nein 5 Monate war ich in diesem Gefängnis. Und das Schlimme war, dass ich im letzten Monat Einzelhaft bekam. Aus welchem Grund, weiß ich nicht."
„Gab es keine Kontakte nach außen?"
„Nichts. Ein einziges Mal wurde ich verhört und die Anklage wurde mir vorgelesen. Ich habe natürlich sofort gesagt, dass ich mein Leben lang nichts mit Kommunismus zu tun gehabt habe. Als sie mich fragten: Wie lange waren Sie in der KP?, wusste ich nicht einmal, was das für eine Abkürzung war. Ich habe illegale zionistische Jugendarbeit gemacht aber mit Hochverrat hab' ich nichts im Sinn, sagte ich. Aber es war völlig gleichgültig, ob ich was gemacht hatte oder nicht. Mein Urteil stand fest. Es ist vielleicht wichtig zu sagen, dass ich in dieser Zeit, ein politischer Häftling war, in der Abteilung 2 A – also noch nicht rassisch verfolgt, sondern politisch erfasst und verfolgt."

„Das ist schon ziemlich verrückt", sagte ich, *„Sie waren einfach in die Mühlen geraten und sicher war es für die Verantwortlichen unmöglich, einen Fehler einzugestehen! Es war doch eigentlich ein Irrtum, Sie als politischen Häftling einzustufen."*
„Aber alles hat sein Gutes – denn am Anfang war ich wirklich mit der Haute-Volée des tschechischen Widerstands zusammen. Das hat mir sehr geholfen, man konnte sich geistig austauschen. Es gab keinen Bleistift, kein Buch – nichts, wir haben nur Tüten geklebt. Aber es war ein Kommen und ein Gehen und immer wieder kamen andere Häftlinge – nur am Schluss, da war ich eben ganz alleine."
„Wie steht man so etwas durch? Was gab Ihnen die Kraft, das alles auszuhalten, – Sie waren so jung?"
„Ich weiß nicht, – weiß ich es nicht. Ich weiß nur, dass es wirklich die absolute Verzweiflung war – und diese unwahrscheinliche Einsamkeit. Und dann kam die Todesnachricht von meinem Vater, er war am 1. September 1939 erst nach Buchenwald gebracht worden und ist in Dachau 1942 gestorben – ich habe ihn nie wieder lebend gesehen. Und da hatte ich das Gefühl, dass alle Bindungen weg waren in diesem Moment in der Einzelhaft. Meine Mutter war der einzige Anhaltspunkt. Ich dachte, sie müsste in Theresienstadt sein, aber ich wusste ja nicht, was draußen passiert war. Ich hatte das Gefühl, es gebe niemanden mehr auf dieser Welt, für den es wichtig ist, ob ich lebe oder nicht. Ich habe damals sehr mit dem Gedanken an Selbstmord gespielt. Aber das war gar nicht so einfach zu bewerkstelligen. Wirklich geholfen hat mir ein tschechischer Maurer, der gegenüber von meiner Zelle in der Verwalterwohnung gearbeitet hat und mir eigentlich jeden Tag unglaublich Mut zugesprochen hat. Eine der schönen Erinnerungen aus dieser Zeit muss ich erzählen: Als wir im Hof herumgingen, hat ein Kassenknacker, der glaub' ich lebenslänglich hatte und bekannt war im Gefängnis, mir auf Tschechisch zugerufen: ‚Gib nicht auf, der Hitler wird draufgehen und du wirst leben!' Das hat mir doch sehr gut getan. Dann geschah das Wunder. Im Oktober 42 bin ich entlassen worden und von einem politisch verfolgten Häftling in einen rassisch verfolgten Häftling der Abteilung 2 B verwandelt worden. Das geschah mit Hilfe des deutschen Polizeipräsidenten. Ich war dann noch zwei Tage in der Wohnung des Gemeindevorstehers bei seiner Familie und wurde nach Prag gebracht. Olmütz war ja wie man sagt: ‚judenrein', alle Juden waren deportiert. Ende Oktober, Anfang November 1942 bin ich nach Theresienstadt gekommen."
„Der deutsche Polizeipräsident? Was hat er damit zu tun?"
„Es gab ja nicht nur schwarze – es gab auch weiße Schafe. Man wusste, dass ich nach Theresienstadt wollte, denn ich war ziemlich sicher, dass meine Mutter dort war.

Auf meiner Karteikarte wäre schon Ravensbrück gestanden, hat man mir gesagt. Aber alle Juden aus Olmütz hat man nach Theresienstadt deportiert, so war es ziemlich logisch, dass auch ich dort hinkomme, wenn nicht gleich nach Auschwitz. Von Prag aus, im Messegelände wurden alle Prager Transporte abgefertigt, wurde auch ich nach Theresienstadt geschafft. Dort habe ich meine Mutter wieder gefunden und musste ihr vom Tod meines Vaters erzählen. Auch meine Jugendgruppe habe ich wieder gefunden. Die Freundschaft dieser Gruppe, die zu mir gehörte aus der Jugendbewegung, ist etwas so leuchtendes in dieser ganzen dunklen Zeit, das kann ich gar nicht beschreiben. Sie hatten sich um meine Mutter gekümmert, als sie dort allein war, sie haben alles getan, damit meine Mutter nicht vorher nach dem Osten deportiert wurde. Ein großer Teil der Olmützer Leute war längst schon nach dem Osten deportiert worden von Theresienstadt aus."

„Osten, das hieß wohl Auschwitz?", warf ich ein.

„Nein, nein, das weiß ich nicht, ob das schon zweifelsfrei Auschwitz war. Es war auch möglich nach Treblinka oder Sobibor zu kommen. Aber das wussten wir damals nicht. Man kam mit dem Transport nicht in Theresienstadt an, die Station hieß Bauschowitz. Erst später haben die Häftlinge die Geleise gebaut. Spätere Transporte konnten dann bis Theresienstadt fahren, und die berüchtigten Transporte nach dem Osten gingen nach den Gleisbauten direkt von Theresienstadt ab. Ich musste noch zu Fuß von Bauschowitz nach Theresienstadt gehen. Aber man wurde nicht sofort in die Stadt hineingelassen, man kam erst in eine Schleuse. Viele kamen erst gar nicht nach Theresienstadt hinein, sie wurden sofort nach dem Osten deportiert. Damals wusste ich Gott sei Dank nicht, dass ich, als ehemaliger Häftling, eigentlich hätte sofort nach Auschwitz oder dem Osten gehen müssen. Aber da die zionistische Jugendbewegung – nicht nur meine, es gab ja mehrere Jugendbewegungen – das Getto mit aufgebaut hatte und führend in den Leitungspositionen war, haben sie mich herausbekommen. So konnte ich erst einmal in Theresienstadt bleiben."

„Bei aller Verzweiflung", warf ich ein, *„es muss auch eine große Freude für Sie gewesen sein, die Mutter, die Freunde."*

„Ja, sicher! Die Freunde, das Wiedersehen mit meiner Mutter, – so groß auch der Hunger war und was es sonst Schreckliches in Theresienstadt gab, für mich war es, verglichen mit der Einzelhaft, die ich hinter mir hatte, das Paradies! Mein Empfang dort hat mich auch überrascht. Ich war avisiert, es sprach sich herum, man wusste, dass ich komme. Dann habe ich auch erst erfahren, dass in dieser Affäre, in der ich angezeigt worden war, insgesamt 15 Leute verwickelt waren und ich als einzige lebend aus dieser Geschichte herausgekommen bin. Als man im Messegelände in Prag meine Personalien kontrollierte, wurde schon gesagt: Was, Sie leben noch? Sie haben wir schon längst nicht mehr erwartet! Das wurde nach Theresienstadt zur Leitung weitergegeben. Alle politischen Gruppen haben sehr zusammengehalten, das war ein großes, großes Netz, das aus gegenseitiger Hilfe bestand. So erschütternd das Wiedersehen war, ich war nervlich in einem schrecklichen Zustand, dass ich gar nicht fähig war, etwas zu empfinden. Nur das beglückende Gefühl, ich bin da, ich habe meine Mutter wieder, ich bin mit meinen Freunden wieder zusammen."

Wir machten eine kleine Pause. Mir schien es, als müsse Trude alles noch einmal erleben. Die Verzweiflung, aber auch das Glück des Wiedersehens. Sie schien aufgewühlt – nicht bedrückt – nur psychisch ungeheuer angespannt. Wir tranken unseren Kaffee zuerst schweigend, aber Trude hatte die Gedanken nicht losgelassen, die Geschichte ging weiter, der Faden riss nicht ab.

„Ich war zwar sehr kaputt, aber ich wollte etwas tun, ich wollte als Krankenschwester arbeiten. Als junges Mädel wollte ich Medizin studieren, hatte einen Kurs des tschechoslowakischen Roten Kreuzes gemacht und ich dachte, ich sollte am besten so viel arbeiten, dass ich nicht denken kann, weil ich nicht denken wollte. Aber dann hat mich der Leiter der Jugendfürsorge, der auch aus dieser Jugendbewegung kam, gleich als Betreuerin in ein Mädchenheim geschickt. Am Anfang habe ich in dem Kinderheim gewohnt, meine Mutter hat in einem anderen Haus gewohnt."

„Wie soll man sich das vorstellen, Kinderheim, Mädchenheim?"

„Also Heim ist in dem Falle ein Zimmer. Das Ganze ist zwar auch ein Heim, das L 410, aber jedes Zimmer hatte eine Nummer und wenn man sagte ‚im Heim', dann war das ein Zimmer. Und dort habe ich mit den Kindern zusammengewohnt."

Ich wusste natürlich, dass Theresienstadt eine wirkliche Stadt mit großen kasernenähnlichen Gebäuden gewesen war, in denen all diese Häftlinge eingelagert wurden. Oft in unglaublich beengten Zuständen.

„Und wie verlief der Tag, was machte man dort?"

„Also, ich hatte für Ordnung zu sorgen, denn die Kinder gingen arbeiten in den so genannten Stabsgarten, sie waren schon über 14. Ich hab' mich in der Zwischenzeit um alles kümmern müssen, was ein Betreuer halt zu machen hat. Später war ich in einem anderen Heim mit älteren Mädchen und mit denen bin ich dann in die Landwirtschaft arbeiten gegangen. Das war genau aufgeteilt, die kleineren Mädchen gingen in den Garten innerhalb der Mauern. Außerhalb des Gettos gab es auch Landwirtschaft, da wurde für die Deutschen gearbeitet. Wir hatten ja auch gelernte Agronomen unter den Häftlingen und mit denen haben die größeren Mädchen gearbeitet."

„Außerhalb der Mauern? Gab es von dort eine Möglichkeit zu fliehen?"

„Das war eine etwas ambivalente Sache. Das Getto selbst wurde an den Toren von der tschechischen Gendarmerie bewacht, die bis auf wenige Ausnahmen mit uns kollaboriert und uns sehr geholfen hat. Aber wohin hätte man fliehen sollen? Wer hätte einen Häftling geschützt da draußen? Nein, nein – da konnte ganz Schlimmes passieren. Die SS hat schon Leute aufgehängt, die sie beim Briefeschreiben erwischt hat. Der Transport nach dem Osten – das hing immer wie ein Damoklesschwert über einem."

„Wie hat das eigentlich funktioniert, diese Transporte nach dem Osten. Wer hat denn die Leute ausgesucht, die von Theresienstadt nach Auschwitz geschickt wurden? War das die SS?"

Nach einer Pause sagte sie: „Ich glaube, ich muss Ihnen erst einmal genauer sagen, was Theresienstadt eigentlich war. Ursprünglich war das eine Stadt, eine Festung. Die Deutschen haben sie 1941 in ein jüdisches Getto verwandelt. Man kann sagen, mit Doppelfunktion: auf der einen Seite Durchgangsstation für unzählige Juden auf dem Weg in die Vernichtungslager. Und dann war es das Vorzeigelager der Nazis. Aufgebaut und ausgebaut von jüdischen Häftlingen, und zugleich Sonderlager mit jüdischer Selbstverwaltung, das ausländischen Besuchern vorgeführt wurde, als Beweis für die ‚humane' Haltung der SS. Wichtig ist zu betonen, dass es eine jüdische Selbstverwaltung gab. Geleitet wurde das Ganze vom Ältestenrat. Diese Selbstverwaltung war mit keiner Selbstverwaltung in den anderen Gettos zu vergleichen. Sie war wirklich sehr gut strukturiert zum Wohle der Häftlinge. Es gab eine Jugendfürsorge, was das Wichtigste war. Das hat sogar H. G. Adler als lobenswert in seinem Buch ‚Antlitz einer Zwangsgemeinschaft‘[7] vermerkt. Es gab eine Gesundheitsfürsorge, es gab ein Arbeitsamt, da wurden die Leute zum Arbeiten eingeteilt. Bei uns haben alle gearbeitet, das hat schon sehr geholfen. Bis auf die alten Leute. Die Entscheidung, wer in den Transport kam, lag aber auch bei der jüdischen Selbstverwaltung. Die Listen wurden zwar zusammengestellt auf Befehl der SS, die bestimmt hat, ob Deutsche oder Tschechen oder welche Jahrgänge in diesen Transport zu gehen haben. Und die Selbstverwaltung hatte dann natürlich auch noch Möglichkeiten sich einzumischen."

---

[7] H. G. Adler: Theresienstadt 1941–1945. Das Antlitz einer Zwangsgemeinschaft. Tübingen 1955.

„Was bedeutete das? Ich kann mir vorstellen, dass das große Gewissenskonflikte zur Folge hatte?"

„Das kann man wohl sagen. Eines war wichtig, die Zahl musste stimmen, die die Deutschen vorgegeben hatten. Man konnte also austauschen. Aber die Zahl musste stimmen. Jungen Leuten, die eine Diktatur nicht kennen gelernt haben, sage ich immer: Es kommt in einer Diktatur niemand mit sauberen Händen durch. Das muss man ein für alle Mal wissen. Dazu kann ich ein Beispiel geben. Meine Mutter war in einem Transport zu einem Zeitpunkt, als ich schon meinen Mann und Paul Eppstein, den Judenältesten, gekannt habe. Ich habe meine Bekanntschaft mit Eppstein ausgenutzt, um meine Mutter aus diesem Transport herauszubekommen. Ich wusste genau, es wird jemand anderer für sie gehen müssen. Aber ich möchte den Menschen sehen, der anders gehandelt hätte! Und ich weiß auch, ich habe mir damit die Hände schmutzig gemacht."

Das schien Trude doch auch jetzt noch zu bewegen, sie zu belasten. Sie atmete tief durch und wurde fast ein bisschen heftig: „Ich hab' die Gesetze doch nicht gemacht! Man sollte das wissen! Anders geht es nicht in einer solch unmenschlichen Diktatur. Meine Mutter ist letzten Endes später dann doch nach Auschwitz gekommen. Aber wie war ich damals glücklich, dass ich sie herausholen konnte. Niemand, der das nicht erlebt hat, kann diese Entscheidungen beurteilen oder bewerten. Niemand kann theoretisch sagen, wie man sich in einem solchen Fall verhalten würde."

„Der Ältestenrat war sicher um seine Arbeit nicht zu beneiden!"

„Das war ja das Schreckliche! Was glauben Sie, wie Paul Eppstein angefeindet wurde. Ich habe ihn und seine Frau Hedwig sehr gut gekannt. Feine Menschen, die immer nur an die Anderen dachten. Aber er war ein Deutscher, von Eichmann aus Berlin in den Ältestenrat abkommandiert. Es gab viele Tschechen in Theresienstadt, die sich von einem Deutschen – ja, von einem deutschen Juden – nicht gut behandelt fühlten. Der Ältestenrat hat alles sozusagen erledigt, er hat ganz ernsthaft gearbeitet und auch die Leute nach Möglichkeit eingeteilt für die Arbeit, für die sie geeignet waren. Das klingt heute alles sehr blauäugig, aber wir waren immer noch in dem Glauben, wir werden in den Kibbuz nach Palästina gehen. Deshalb haben unsere Jungens zusammengewohnt, haben zusammen auf dem Feld gearbeitet und haben geglaubt, das ist eine ganz gute Vorbereitung, wenn wir's hier überleben."

„Das ist sehr schwer nachzuvollziehen!"

„Man hat gehofft. Man muss eins wissen: Opfer hoffen immer! Wenn sie nicht hofften, würden sie Selbstmord begehen. Es gab sehr viele Vorgänge, Ereignisse, die aufbauend waren. Zum Beispiel diese Jugendbewegung. Das war ja nicht nur eine

Jugendbewegung. Es war von der ganz religiösen bis zur marxistischen Jugendbewegung alles unter einem Dach, das nannte sich Hechaluz, das heißt Pionier. Das war die Dachorganisation und da wurde mit den jeweiligen Mitgliedern gearbeitet wie vorher zu Hause, so weit es ging. Darum hat sich niemand gekümmert, weil sich die SS sehr im Hintergrund hielt. Ich denke mir – das ist auch etwas, was ich erst heute sagen kann – sie wussten offenbar, dass wir zur Vernichtung bestimmt waren, da war es ihnen vielleicht auch egal. Ich weiß es nicht."
"Mit anderen Worten, alles funktionierte in dieser Gemeinschaft?"
„Ja, wenn ich heute darüber nachdenke, war das schon erstaunlich. Es gab eine Reihe von Aktivitäten, die das Leben der Menschen in Theresienstadt erleichtert hat. ‚Die helfende Hand' war eine Aktion, die von Sonja Okun ausgelöst worden war. Die Jungen wurden angehalten, sich um die Alten zu kümmern. Man darf nicht vergessen, dass viele alte Leute in Theresienstadt waren. Diese ‚Jad tomeched', das bedeutete: die helfende Hand für die alten Menschen, das war Sonjas ureigenste Idee, die sofort aber von sämtlichen zionistischen Jugendbewegungen, die in Theresienstadt waren, aufgenommen wurde, mit Freude aufgenommen wurde. Sie hatte gesagt: Wenn die alten Menschen weniger zu essen bekommen, weil die Kinder etwas mehr bekommen müssen, sind wir den alten Menschen etwas schuldig. Und was für die alten Menschen besonders schwer war, war in diesen sehr mangelhaften hygienischen Verhältnissen Sauberkeit zu halten. Das bedeutete, dass wir an dem einzig freien Tag in die Kasernen gingen und alles sauber gemacht, gelüftet, gescheuert haben und was sonst noch nötig war. Die alten Leute waren unendlich dankbar. Es haben sich Adoptivgroßeltern und Adoptivenkel entwickelt und die tschechischen Kinder, wir hatten ja als Tschechen die Erlaubnis bekommen, einmal in drei Monaten ein großes Esspaket zu bekommen, falls es jemanden gab, der es geschickt hat, haben dann diesen alten Menschen auch zum Geburtstag irgendwelche Süßigkeiten oder Essen gebracht und es war eigentlich eine sehr, sehr harmonische Sache, auf beiden Seiten, die Kinder haben das alle begriffen. Nur sind alle diese Bindungen jedes Mal durch einen Transport zerrissen worden – entweder die alten Menschen sind weggekommen oder die Kinder. Und so war ‚Die helfende Hand' eine Initiative, die erst in den zionistischen Jugendbewegungen Fuß gefasst hat, aber dann von allen anderen übernommen wurde. Das war also im ganzen Getto, soweit es möglich war, verbreitet, diese Art von Hilfe. Und das ist wirklich Sonjas Idee gewesen. Als sie dann ziemlich krank war, hab' ich das weitergeführt.
Die alten Menschen, die aus Deutschland kamen, waren für mich wirklich am schlimmsten dran, denn sie hatten Verträge für ein Altersheim in Theresienstadt be-

kommen, die sie unterschreiben mussten. Sie mussten ihr letztes Geld einzahlen und haben auch tatsächlich geglaubt, dass das ein Altersheim sein würde, wo sie ein Zimmer hätten und gut untergebracht wären. Sie kamen an und wenn es Winter war, wurden sie auf die kalten Dachböden einquartiert und im Sommer auf den heißen Dachböden. Und es sind so viele Menschen an Einsamkeit und Enttäuschung gestorben! Das war bei den Tschechen ganz anders, denn sie sind im Familienverband gekommen. Es bedeutet nämlich unendlich viel, in so einer Zwangslage mit Menschen zusammen zu sein, die einen stützen. In Deutschland waren die jungen Menschen entweder rechtzeitig emigriert oder gleich nach Polen geschickt worden.

In Theresienstadt waren diese alten Menschen oft zusammengepfercht in engen Räumen, und niemand war da, der ihnen half, den Alltag zu bewältigen. Die Jugendlichen gingen also am Nachmittag zu diesen Leuten, putzten die Zimmer, gingen alle bürokratischen Wege für sie, kümmerten sich um ärztliche Versorgung. Das war ‚Die helfende Hand' und es gab viel zu tun für die Jungen und Mädchen. Aber man darf das nicht überbewerten, denn auf der anderen Seite war Theresienstadt ein absolut Potemkinsches Dorf – schon am Anfang. Dann wurde es ganz besonders verrückt, als sich die internationale Kommission des Roten Kreuzes angemeldet hat. Aber das ist ein besonderes Kapitel. Theresienstadt, das war zwar der Vorhof zur Hölle, aber es hat unendlich viel Kultur und Kunst gegeben. Was mir wichtig ist zu sagen, wir waren uns völlig im Klaren darüber, dass das instrumentalisiert wurde. Trotzdem war es für die Menschen, die dort waren, eine solche Bereicherung. Es gab Theater und Konzerte und wenn man darüber nachdenkt, was aus den Menschen nachher geworden ist, dann muss man dafür dankbar sein, was die, die nicht überlebt haben, an Schönem vorher noch erleben konnten. Manchmal hat man auch vergessen, dass man in einem Gefängnis war. Es gab eine Bank und es gab Theresienstädter Geld, auf dem Moses mit den Gesetzestafeln, den 10 Geboten abgedruckt war. Ein Wiener Experte hat das entworfen, eigentlich für die normale österreichische Währung. Er hat das Getto-Geld minuziös, so wie damals in Österreich, entworfen und das haben wir dann bekommen."

„*Erzählen Sie doch von dieser Verschönerungsaktion. Das hatte doch mit einem Besuch des Roten Kreuzes zu tun, nicht wahr?*"

„Ich war an den Verschönerungsaktionen nicht beteiligt, ich war nur Zuschauer. Man wollte dem Roten Kreuz eine heile Welt vorführen, das war der Grund für all das. Sogar in der Wohnung von Hedwig und Paul Eppstein, wo ich ja sehr oft war, hat man ‚verschönt'. Hedwig sagte eines Tages: Du musst jetzt mal hereinkommen

– guck Dir an, was sie gemacht haben. Und da stand eine Couch, mit hellblauem Samt überzogen und zwölf hellblausamtene Kissen drauf. Hedwig sagte, sieht das nicht aus wie in einem Puff? So hab' ich es mitgekriegt. Ich habe gesehen, dass dieser Glaspavillon gebaut wurde, dass da Bettchen hineinkamen für die Kinder – der war genau einen Tag in Betrieb. Ich wusste auch, dass das Programm des Besuches auf die Minute genau durchorganisiert war. Alles war genau und gründlich geplant – so sind die Deutschen! Es durfte überhaupt nichts anders laufen. Da wurden die Gehsteige geschrubbt und es wurden vor allem vorher mindestens 5000 Leute deportiert, damit es nicht so voll ist. Das hab' ich alles mitgekriegt und auch die sehr berühmte Rede von Paul Eppstein, der in sehr verschlüsselter Weise gewarnt hat, man solle nicht glauben, dass wir es überstanden hätten. Ob die Rote-Kreuz-Kommission das verstanden hat, weiß ich nicht. Ich glaub', sie hat alles geschluckt, was man ihnen zeigte. Sie durften ja mit niemandem reden. Also das war die Kommission, die ich erlebt habe. Und dann gab es noch diese berühmte Geschichte, im Kinderpavillon mussten die Kinder zu dem SS-Obersturmbannführer Rahm sagen: ‚Onkel Rahm, heute schon wieder Sardinen'? Das war alles wunderbar einstudiert und eingetrichtert. Und ein Kaffeehaus war da und die Kapelle spielte. Es machte alles den Eindruck, als ob es uns blendend ginge.

Das war im Juni 44. Und so wurde dieser unglaubliche Film gedreht: ‚Der Führer schenkt den Juden eine Stadt'. Das war wirklich der größte Zynismus.

Vor nicht langer Zeit hat der tschechische Kameramann ausgesagt, wie das wirklich abgelaufen ist. Damals war man nicht informiert. Ich selber habe von den Details nichts mitgekriegt, wir haben ja gearbeitet. Es sprach sich aber herum, dass Kurt Gerron, ein ganz toller Schauspieler aus Berlin, beauftragt worden war – von den Deutschen – diesen Film zu drehen. Ach …"

Sie unterbrach sich: „Jetzt bin ich in meiner Geschichte sehr hin und her gesprungen und habe das Wichtigste vergessen. Sonja, die ja schon eine Sonderstellung hatte, durfte jemand mit zum Wohnen in ihr Zimmer nehmen. Und da hat sie mich ausgesucht. Ich war sehr stolz und habe sie wirklich angebetet. Ich hab' also nichts mitbekommen von diesen Vorgängen um den Film, aber Sonja hat mir alles erzählt am Abend, wenn wir im Bett lagen. Sonja hat Gerron große Vorwürfe gemacht, dass er sich von den Deutschen praktisch kaufen ließ, nur um diesen Film zu machen. Sicher haben sie ihm etwas versprochen, was für ihn wichtig war."

„Was meinen Sie damit?"

„Vielleicht haben Sie ihm versprochen, dass man ihn schützen will – oder dass er nicht nach Auschwitz kommt – oder so etwas. Ich weiß es nicht. Jedenfalls sollte der Film beweisen, wie edel der Führer ist, dass er den Juden eine so schöne Lebensmöglichkeit gibt. Und dafür wurde in Theresienstadt alles wunderbar hergerichtet. Alles Lüge, alles Vortäuschung falscher Tatsachen. Sonja hat Gerron sehr übel genommen, dass er sich für die Deutschen einspannen ließ. Ich muss sagen, heute, nach dieser langen Zeit, sehe ich das in etwas milderem Licht. Er wollte vielleicht noch einmal in seinem Metier arbeiten und vermutlich hat man ihm versprochen, dass er nicht deportiert werden würde. Und er hat es geglaubt. Er ist aber doch deportiert worden und ist sofort vergast worden. Im Oktober 44 war's dann so weit, dass wieder eine Komödie gespielt wurde, man sagte: Es wird ein neues Lager aufgebaut, vergleichbar mit Theresienstadt. Es werden Arbeitskräfte gebraucht. Aber es dürfen nur junge kräftige Männer mit. In den ersten drei Transporten durften die Frauen nicht dazu. Und dann haben sie die Maske fallen lassen und es durfte jeder – Kinder und Frauen – gehen. Wohin? Das war dann klar.

Das war genau der Punkt, von dem Paul Eppstein immer gesprochen hat: Es wird ein Zeitpunkt kommen, wo ich nicht mehr ‚ja' sagen kann und für diesen Zeitpunkt habe ich ja das Zyankali bei mir."

Ich stellte fest, dass Trudes Gemütsverfassung bei all dem Erzählen wirklich hergenommen wurde. Sie stand auf, ging in die Küche und stellte eine Flasche Mineralwasser auf den Tisch und zwei Gläser. Aber diese Aktion schien wie eine Flucht aus einer bedrückenden Situation. Ich versuchte Entspannung in unser Gespräch zu bringen. Versuchte sie abzulenken durch ziemlich sinnlose Bemerkungen über das Mineralwasser. Da schnitt sie mir fast das Wort ab.

„Das ist ein so entscheidender Punkt in meiner Geschichte, ich möchte Ihnen das jetzt erzählen. Ich erinnere mich so genau! Wir waren in der Küche von Eppsteins und ein deutscher Arzt – Dr. Pollnow – untersuchte das Zyankali, ob es noch wirksam genug war. Es war ein Moment des Schreckens und der Neugier, was geschieht hier. Ich war ja ganz ahnungslos und nur zufällig in diese Situation hineingeraten. Ganz ruhig standen sie beieinander die Lebensfreunde, Paul und Hedwig Eppstein und Sonja. Man sprach ganz ruhig mit Dr. Pollnow über die Wirksamkeit des Zyankalis, das alle drei besaßen. Paul Eppstein hatte es immer bei sich, in der Schlaufe seines Hosengürtels. Drei Menschen schicksalhaft verbunden. Ich ein dummer Zaungast. Das Schlimmste geschah erst später, für Hedwig Eppstein war es eine Katastrophe, für uns alle, die wir das wussten! Paul Eppstein hatte am Tag, als man ihn verhaftete, das Zyankali nicht bei sich."

Wieder entstand eine verhängnisvolle Pause und ich ließ einige Minuten vergehen, bevor ich vorsichtig fragte:

„Glauben Sie, es hätte irgendeine Möglichkeit zur Flucht gegeben?"
„Theresienstadt war absolut bewacht – absolut. Aber abgesehen davon, fliehen wäre nur möglich gewesen, wenn man jemand gehabt hätte, bei dem man hätte untertauchen können. Fliehen, – nein, nein … ich weiß auch von niemandem, der geflohen ist. Aber das beweist nichts. Ich weiß vieles nicht. Aber ich weiß, dass Leute gekommen sind, von außen – um Nachrichten zu bringen, die es geschafft haben, sich ins Getto hereinschleusen zu lassen. Ich hab' aber erst nach dem Krieg erfahren, dass es eine Widerstandsgruppe gegeben hat. Ich habe zum Beispiel nie gewusst, dass mein Mann der Verbindungsmann vom Hechaluz zu den Kommunisten war, die ihrerseits aber Verbindung mit den Kommunisten in Prag hatten. Ich bin nicht sicher, ob man von Widerstand reden kann – sicher, man hat einiges gemacht, aber es hat – es hat nichts gebracht. Man war doch machtlos."
„Sie haben eben von Ihrem Mann gesprochen, wie haben Sie ihn kennen gelernt?"
„Das war schon sehr sonderbar. Die Gruppe der Jungs aus meiner Jugendbewegung haben zusammengewohnt. Man hat ja versucht, in irgendeiner Weise die Gemeinschaft fortzusetzen. Die Gemeinschaft, die man auch schon auf Hachscharah[8] – also auf der Umschulung – hatte. Man hat gemeinsam gewohnt, alles gemeinsam geteilt, so wie wir es gewohnt waren und wie wir es auch in Palästina machen wollten. An einem Abend wurde gesagte, heute dürfen keine Mädchen dableiben, heute Abend kommt der Doktor Simonsohn und hält einen Vortrag. Ich weiß gar nicht, warum keine Mädchen dableiben durften – dann sagten sie zu mir: Du kannst bleiben. Ich hatte nämlich einen von diesen Jungs gepflegt, der sehr krank war und da durfte ich bleiben. Das witzige war, ich hatte eine vollkommen klare Vorstellung, wie ein Doktor Simonsohn auszusehen hat: ein alter Herr mit weißem Haar – mit weißem Haar und einem langen Bart. Vollkommen klar, ich hatte überhaupt keine Zweifel, dass er nicht so aussieht! Und dann kam er – und ich war sprachlos. Er hat einen sehr, sehr guten Vortrag gehalten. Ich war fasziniert vom ersten Augenblick an. Und da wir im Hechaluz – in der Dachorganisation aller Jugendbünde – mitgearbeitet haben, kamen wir öfter zusammen. Da gab es allerdings eine Geschichte, die ziemlich blamabel für mich war. Da er mir sehr gut gefallen hat, wollte ich ihm irgendwie imponieren. Wir sind zusammen gegangen, ich bin gestolpert und in den

---

[8] Unter Hachschara (hebr.: Vorbereitung, Tauglichmachung) wurde die systematische Vorbereitung von Juden auf die Einwanderung verstanden, d. h. für die Besiedlung Palästinas vor allem in den 1920er und 1930er Jahren. Ideologische Grundlage war der Zionismus, getragen und propagiert wurde sie von der jüdischen Jugendbewegung. Meist fanden Hachschara-Kurse auf landwirtschaftlichen Gütern statt.

Dreck gefallen. An das erinnere ich mich noch heute. Also von imponieren war da nichts mehr! Aber er hatte die Geschichte meiner Haft gehört und war wohl sehr beeindruckt. Zu diesem Zeitpunkt kannte ich schon Sonja. Und mein Mann hat Sonja schon aus Hamburg gekannt und wir haben immer das Gefühl gehabt, dass sie uns zusammenbringen wollte. Sonja kannte auch die Freundin meines Mannes aus Hamburg, die mit der Patria umgekommen ist. Das war eine Tragödie, dieses Schiff mit Flüchtlingen, das nicht in Palästina landen konnte und das in die Luft gesprengt wurde. Viele Menschen sind dabei umgekommen. Auch die Freundin meines Mannes. Also das war der Anfang unserer Bekanntschaft."

"Eine große Liebe nahm ihren Anfang", sagte ich ein bisschen pathetisch. Ich war unsicher, wie man auf diese Mitteilung reagieren sollte – oder konnte. So aussichtslos wie sich der damalige Zustand dieser Menschen für mich darstellte.

Aber da hatte Trude Einwände:

„Nein, was heißt Liebe? Man hat ja damals nicht an eine Zukunft geglaubt. Ich war nach dieser Haft und allem – so unwahrscheinlich glücklich, einen Menschen gefunden zu haben. Wir konnten uns sehr wenig sehen, er hat in der Arbeitszentrale gearbeitet und ist am Vormittag oft an meinem Heim vorbeigekommen und man sah sich in der Freizeit. Er hat sich aber auch rührend um seine Mutter und seine Schwester gekümmert, die auch in Theresienstadt waren. Ich kann mich nicht erinnern, dass wir damals über die Zukunft gesprochen haben. Sie können das schwer verstehen."

Damit hatte sie Recht. Ich konnte das wirklich nicht verstehen. Ich dachte an meine Jugend zurück – im Jahr 1943 ging ich mit irgendeinem dummen Jungen im Park spazieren, Händchen haltend.

Ich wusste nicht, was ich erwidern sollte, und es entstand eine bedrückende Pause. In mir bauten sich heftige Schwierigkeiten mit meiner eigenen Position in dieser Sache auf. Trude spürte das wohl auch und wechselte das Thema.

„Vielleicht kann ich meine – unser aller Haltung, unser Denken damals in Theresienstadt so erklären: Ich werde oft gefragt, wie habt ihr die Kinder in Theresienstadt erzogen? Wir haben die Kinder erst einmal erzogen, dass sie die Gegenwart überstehen – mit so wenigen Schäden wie möglich. Das war eigentlich das Hauptziel. So war das auch mit unserer Beziehung. Die Zukunft war ungewiss und man hat vielleicht in eine sehr weite Zukunft gedacht, gesprochen, ja – man geht nach Palästina in den Kibbuz, aber wann das sein wird, das war in ganz ganz weiter Ferne. So war das auch mit der Liebe. Ich war glücklich, mich anlehnen zu können. Das war damals in dieser Situation schon sehr viel. Sich zugehörig zu fühlen, – das war das Glück."

„*Es war also nicht das, was wir heute unter einer ‚Beziehung' verstehen?*" Sie wusste gleich, was ich meinte.

„Nein, nein, nein, so gut waren wir noch nicht. Erstens waren wir beide sehr schüchtern und das war am Anfang überhaupt noch nicht so … wie soll ich sagen: vordergründig. Das ist eigentlich erst später – 1944 – besser geworden. Mein Mann hat auch immer Angst gehabt, dass er nicht der Richtige ist. Dazu gibt es einen berühmten Ausspruch von Hedwig Eppstein, die ja einen sehr komplizierten Mann als Ehemann hatte. Sie sagte mir immer, und das war ein ewiger Spruch in unserer Ehe: Trude, heirat' einen Gemüsehändler, heirat' einen Eisverkäufer, heirat' – nur keinen komplizierten Juden! Und das bezog sich auch auf meinen Mann. Später, bei irgendwelchen Problemen hat mein Mann oft im Scherz gesagt: Die Hedwig hat dich doch gewarnt!"

„*Aber irgendwie haben Sie doch auch noch geheiratet*", warf ich ein.

„Also das war nicht ganz einfach. Als mein Mann in den Transport kam, war für mich ganz klar – ich gehe mit ihm."

„*Freiwillig? Obwohl Sie gar nicht mussten?*"

„Er war ja sehr leidend, er hat sehr unter Migräne gelitten, schon in Theresienstadt, und irgendwie habe ich mir eingebildet, ich werde irgendetwas für ihn tun können, nicht? Ich hab' mich völlig überschätzt, ich wusste ja überhaupt nicht, wo wir hinkommen. Aber ich war fest entschlossen. Außerdem wäre ich ganz sicher im nächsten Transport gewesen. Mein Mann hat mir nachher erzählt, dass Sonja ihm gesagt hat: Es wird dir gar nichts nützen, wenn du sagst, sie soll nicht mitfahren, sie wird mitfahren und sie wird auch sowieso im nächsten Transport sein. So war das also. Und wir haben dann rituell vor der Deportation geheiratet. Das heißt aber nur auf dem Papier."

„*Das haben die Deutschen gestattet? Und wie ging das vor sich?*"

„Ja, das konnte man. Da war ein Rabbiner und dann konnte man rituell heiraten, was ja bei Juden üblich ist, dass man nicht nur standesamtlich, sondern auch nach jüdischem Gesetz heiratet. Aber ich wollte noch etwas Wichtiges erzählen. Etwas über Theresienstadt. Es liegt mir so sehr am Herzen. Ich muss von Eppsteins erzählen und von Sonja! Ich war mit dem Ehepaar Eppstein sehr befreundet. Sie waren ja mit Sonja Okun im Schlepptau nach Theresienstadt gekommen. Ich glaube Eppstein hat Sonja als Verwandte ausgegeben, dadurch hatte sie gewisse Privilegien. Eppstein kam von Berlin geschickt, von der – ich weiß nicht, ob vom Reichssicherheitshauptamt[9] – oder einer anderer Stelle. Da war wohl auch Eichmann im Spiel; er wurde als Judenältester eingesetzt – praktisch als Gegenstück zu Edelstein.

Jakub Edelstein wurde später nach Auschwitz deportiert. Er wurde mit Frau und Kind auf der Flucht in Auschwitz erschossen. Das ist bekannt, das kann man auch in dem Buch[10] nachlesen. Und Eppstein hatte es natürlich als deutscher Jude innerhalb des Gettos, das ja vorwiegend von Tschechen bewohnt war und auch mentalitätsmäßig anders war, am Anfang sehr, sehr schwer. Ich denke aber schon, dass er sich mit der Zeit durchgesetzt hat. Er hat natürlich – es ist mir wichtig, zu korrigieren, was Adler in seinem Buch ‚Antlitz einer Zwangsgemeinschaft' über ihn geschrieben hat, nämlich dass er ein gebrochenes Rückgrat hatte, das hatte er überhaupt nicht. Er war eingeweiht in all unsere Aktivitäten, auch in die Aktivitäten, die sich auf den Widerstand, den möglichen Widerstand bezogen. Er hat meinem Mann einen Durchlass-Schein ermöglicht, damit mein Mann in die verschiedenen Gruppen gehen und Seminare abhalten konnte – politische Seminare. Er wusste also von allem und da wir auch mit der Zeit befreundet waren, erinnere ich mich ganz genau, dass er gesagt hat: Es wird einen Tag geben, an dem ich nicht mehr ‚ja' sagen kann zu all dem, was hier geschieht! Und ich hoffe, dass ich das Zyankali dann bei mir habe.
Das Zyankali …"
Trude schwieg – aber nur einen Moment. Dann sagte sie mit einer Entschlossenheit, die das Drama noch deutlicher machte: „Das Zyankali war bereit – für Paul Eppstein, seine Frau und für Sonja. Ich war ja nur ein zufälliger Zeuge als dieser Arzt in der Küche das Zyankali auf seine Wirksamkeit überprüft hatte und Paul Eppstein es wieder in einer kleinen Lasche in seinem Gürtel verbarg. Und an dem Tag, als man ihn verhaftete, hatte er die Hose gewechselt und das Zyankali nicht bei sich. Es gibt Leute, die Eppstein diffamieren, aber es ist mir ein Bedürfnis, diese falschen Meinungen über ihn richtig zu stellen."
„Was ist mit Eppstein geschehen?", fragte ich vorsichtig.
„Das war eine besondere Tragödie. Er wurde abgeführt und in die kleine Festung gebracht. Man hat Hedwig Eppstein aufgefordert, ihm täglich was zu essen zu bringen, gesehen hat sie ihn aber nicht. Erst viel später haben wir erfahren, was wirklich passiert war. Im Prozess gegen den SS-Obersturmbannführer Rahm in Prag

---

[9] Das Reichssicherheitshauptamt (RSHA) war die am 27. September 1939 durch die Vereinigung von Sicherheitspolizei (Sipo) und Sicherheitsdienst (SD) von Reichsführer-SS Heinrich Himmler geschaffene zentrale Behörde, die alle Polizei- und Sicherheitsorgane des nationalsozialistischen Deutschlands leitete. An der Spitze des RSHA stand Reinhard Heydrich.

[10] Adler, H. G.: Theresienstadt 1941–1945. Das Antlitz einer Zwangsgemeinschaft. Tübingen 1995.

nach dem Krieg stellte sich heraus, dass Eppstein sofort erschlagen worden war in der Kleinen Festung. Und dieses ganze Theater mit dem Essen, das Hedwig für ihn brachte ... es ist unglaublich!"

Ich war froh, dass ich mit einer neuen Frage dem Gespräch eine leichtere Wendung geben konnte. Aber war es wirklich leichter?

„Es heißt doch, dass so viel Kulturelles in Theresienstadt geboten wurde. War das wirklich so?"

„Oh ja!", sagte Trude, „Freizeit hieß das und wurde von den Nazis sehr gefördert, weil es ja dann auch noch in dem Film vorkam. Aber es gab ja auch ein Zeichenbüro, in dem ganz wunderbare Künstler saßen, Bedrich Fritta und Otto Ungar und Karel Fleischmann. Ich habe in der Nachbarschaft von Frittas[11] gelebt und hab' ihren kleinen Sohn, diesen goldigen, dreijährigen Tommy jeden Tag in der Früh gesehen. Dieses Zeichenbüro gehörte zur technischen Abteilung und die Leute, die dort saßen, waren natürlich eigentlich für andere Arbeiten vorgesehen. Erst nachher habe ich erfahren, sie mussten auch Bilder malen für die SS. Die haben sich ja von den Künstlern alles geben lassen, was sie nur kriegen konnten. Aber alle Maler haben dann im Geheimen ihre wirklichen Kunstwerke gemalt und haben versucht, sie ins Ausland zu bringen. Einiges ist erhalten geblieben, aber die Künstler sind, soweit ich weiß, alle gefasst worden und sind alle deportiert – nein, ich glaube sie sind erst auf die kleine Festung gekommen – auch der kleine Tommy Fritta mit seinen Eltern. Und der Vater ist in Auschwitz umgekommen und die Mutter ist in – wenn ich nicht irre – in der kleinen Festung gestorben und der kleine Tommy Fritta blieb bei der Frau von Pavel Haas (1899–1944), bei ihr hat er überlebt.

Und viel viel später habe ich den Tommy in der Odenwaldschule wieder getroffen. Es war ein furchtbar erschütterndes Erlebnis, weil – ich hatte mich sehr gefreut, ihn wiederzusehen, er war halt ein erwachsener Mann und ich sagte zu ihm: Tommy, dich kenn' ich, da warst du ein kleiner dreijähriger, blond gelockter Junge. Er guckt mich an und ich sag: Ich hab' neben Euch gewohnt, in Theresienstadt. Und dann sagte er: Sie haben neben uns gewohnt? Haben Sie meine Eltern gekannt? Ich bejahte. Und er sagte: Erzählen Sie mir, wie haben Sie ausgesehen? Ich weiß von meinen Eltern nichts, gar nichts. Ich besitze nur dieses Buch.

---

[11] Bedrich Fritta (eigentlich Fritz Taussig), geb. 19. 9. 1909 in Višnová u Frydlantu (Mähren)/Österreich-Ungarn, gest. 8. 11. 1944 im KZ Auschwitz, Illustrator und Karikaturist.

Ach, dieses Buch! Ich habe es auch. Sein Vater hat dem kleinen Sohn zum dritten Geburtstag ein Buch gemalt[12] – ja, mehr gibt es nicht dazu zu sagen!"

Trude schwieg. Ich auch. Was für eine Kindheit! Das einzige, was ihm von seinen Eltern geblieben ist, waren die erschütternden Bilder, von seinem Vater gemalt.
„Für Leute, die schöpferisch tätig sein konnten", sagte Trude, „oder spielen konnten und singen konnten und Kabarett und Theater machen konnten, hat das unendlich viel bedeutet. Weil, wenn man einem Menschen sagt: Du bist weniger als eine Wanze! – und er das, was ihm Kultur bedeutet, machen kann, dann hat man ihn noch lange nicht zerstört. Das hält einen aufrecht – das war unsere Art des Widerstandes. Wir wollten uns nicht demoralisieren lassen. Es war ein Glück, dass uns das möglich war. Die Kunst hat für uns unendlich viel bedeutet – unendlich viel bedeutet! Im ganzen Leben von Theresienstadt. Ich habe mal auf dem Dachboden auf einem Speicher gesessen und Leo Baeck gehört. Das war eine Vorlesung über Judentum und Hellenismus und da hab' ich gedacht, ich bin an der Uni und nicht im KZ. Man konnte sozusagen vergessen. Man konnte die Kunst benutzen – ja, um sich nicht immer bewusst zu machen, wo man eigentlich war. Für meine Person würde ich sagen, dass ich irgendwo eine Hoffnung hatte und irgendwo optimistisch war. Aber es ist mir auch wichtig zu sagen, dass das nicht bei allen Menschen so war. Wann immer wir mit Hedwig und Paul Eppstein gesprochen haben und Sonja dabei war, und ich – es war ja ein riesiger Unterschied zwischen ihnen und mir, eine ganze Generation – und ich immer erzählt habe: Wenn wir erst frei sind, werden wir … und aufgezählt hab', was wir alles werden, dann haben die drei mir nie zugestimmt. Es kam nie ein Wort. Und letzten Endes wurde mir dann klar, ich weiß nicht, ob erst nach der Befreiung, dass jedenfalls Paul und Hedwig nie geglaubt haben, dass sie je befreit werden würden."
„Ich versuche es mir vorzustellen, diese Hoffnungslosigkeit …", wagte ich einzuschieben. Und im selben Moment schämte ich mich, dass ich überhaupt den Mund aufgemacht hatte!
„Und dann war eben Hedwig Eppstein im letzten Transport und Sonja hatte sich zu ihr freiwillig gemeldet. Sonja hatte ja immer gesagt: Mein Schicksal ist mit dem von Eppsteins verbunden. Ich bin ganz sicher, dass Hedwig und sie das Zyankali bei

---

12 Die Mappe mit Zeichnungen Frittas für seinen Sohn Tommy, die Bedrich Fritta noch in Theresienstadt hinter einer Mauer hatte verstecken können, wurde später gefunden und von seinem Sohn Tomáš Fritta Haas als Buch herausgebracht.

sich hatten und nicht lebend in Auschwitz angekommen sind. Und dann gab's eine Geschichte nach dem Krieg mit Benjamin Murmelstein, der ja nach Paul Eppstein Judenältester wurde. Er war von den Tschechen verhaftet worden und wurde verhört von den tschechischen Sicherheitskräften. Mein Mann war quasi als Zeuge geladen, um ihn zu entlasten. Murmelstein hat sich verteidigt und gesagt: Ich wollte Frau Okun retten, aber sie wollte nicht, würden Sie mir das bestätigen? Und das musste mein Mann ihm bestätigen. Das war dann seine große Entlastung."
Wir trennten uns an diesem Tag. Trude wirkte nun doch mitgenommen und auch mein Kopf war voll von neuen Tatsachen. Heute ist es leicht, über diese Zeit zu sprechen – nein nur für uns, die nicht dort gelitten haben. Ich kam mir wieder einmal wie ein Ausbeuter vor.

Eine Woche später setzten wir unser Gespräch fort.
„Mir ist etwas Wichtiges eingefallen", sagte Trude, „da gibt es doch etwas klarzustellen. Es war ja so, dass die Theresienstädter über das Kriegsgeschehen absolut perfekt informiert waren. Zuerst über die Siege und dann auch über die Niederlagen. Es gab verschiedene Kanäle, auch durch die Gendarmerie. Und wir hatten die Hoffnung, solange wir in Theresienstadt sind, haben wir die Chance zu überleben. Es war uns völlig klar, dass wenn wir woanders hinkommen, diese Hoffnung sehr viel kleiner wird. Jede Deportation bedeutete eigentlich das Ende – den Tod. Der Hechaluz hatte auch beschlossen, dass die Kinder nicht freiwillig mit den Eltern in den Transport gehen, obwohl dies eigentlich von ihnen zu erwarten gewesen wäre. Sie dachten wohl dabei: Wir wissen nicht, wie viel Menschen überleben werden, aber wenn wir eine Chance haben, die Jugend zu erhalten, dann müssen wir das machen. Aber so etwas kann man in einer Gemeinschaft nicht einfach befehlen! Es war eine Gewissensfrage! Das war eine ganz klare Entscheidung. Und als meine Mutter in den Transport kam, hab' ich gesagt: Ich sollte mich doch zu dir melden. Und sie hat gesagt: Nein, das wirst du nicht machen. Jetzt hast du den Bertl, und ich möchte nicht, dass du Dein Schicksal an meines bindest und ich möchte, dass du dich nicht meldest und hier bleibst. Sie kannte ja meinen Mann und war begeistert von ihm und unserer Verbindung. Diese Situation ist schwer zu beschreiben."
Es entstand eine schwerwiegende Pause. Trude sah mich unsicher an. Kannst du das verstehen, schien ihr Blick zu fragen?
„Es hat – es hat niemand müssen. Wenn sich jemand gemeldet hat, ist er natürlich gegangen. Aber es war eine schwere Entscheidung. Das ist nur zu verstehen aus der Situation damals.

Es gab noch andere schwierige Entscheidungen. Zum Beispiel gab es soundso viele Kalorien für das ganze Getto und die mussten verteilt werden. Die Schwerarbeiter bekamen soundsoviel – also mehr – aber eigentlich hätten die Kinder mehr bekommen sollen, aber was ein anderer mehr bekam, wurde den alten Leuten praktisch entzogen, weil sie nicht gearbeitet haben. Und das ist auch eine Entscheidung, die im normalen Leben ganz schlimm klingt, die man aber aus der Situation heraus einfach verstehen muss. Aus dieser Konstellation ist ja auch unsere Organisation entstanden ‚Die Jugend hilft den Alten', um etwas auszugleichen. Das ist heute alles sehr schwer zu verstehen. Mit unserem Wissen heute denke ich, war die Entscheidung richtig. Aber was war überhaupt richtig in dieser Zeit? Wenn nämlich die Kinder mit den Eltern gegangen wären und an der Rampe auch noch gesagt hätten, wir gehen nach links mit –, dann wären sie alle ins Gas gegangen …"
Pause. Ich wagte nicht zu atmen. Trude schwieg und sagte dann ganz ruhig, als wollte sie ihren Worten noch faktischen Nachdruck geben: „Ich bin mit einer Frau zusammen gewesen, nach Auschwitz, in einem Lager, eine junge Frau, der man das Kind weggerissen hat, sie wollte mit dem Kind gehen. Wäre selbstverständlich ins Gas gegangen, doch die SS hat sie nicht lassen und sie auf die rechte Seite gebracht. Es sind Dinge, die man sich sehr, sehr schwer vorstellen kann."
„Was war nun eigentlich mit Sonja Okun?", fragte ich.
„Ja, die Familie Eppstein und Sonja Okun kamen, wenn ich nicht irre 1943. Sonja lernte ich durch meinen Mann kennen, der sie schon aus Hamburg kannte. Sie hat sofort in unserer Jugendbewegung mitgearbeitet. Ich war also vom ersten Moment von ihr fasziniert und hab' mich sehr gut mit ihr verstanden. Sonja war ja sehr befreundet mit Hedwig Eppstein, die ich auch sehr verehrt habe, aber auch mit Paul Eppstein. Sie hatte den Status einer Verwandten, dadurch hatte sie einige Privilegien. Sie war ein kranker Mensch und hat ein Zimmer in der Magdeburger Kaserne bekommen. Sie durfte sich jemanden auswählen, der mit ihr dort wohnte, auch im Hinblick auf ihre Krankheit. Ich muss gestehen, ich war unendlich stolz, dass sie mich ausgewählt hat. Sonja war, außer meinen Eltern und meinem Mann, überhaupt der entscheidende Mensch in meinem Leben. Ich habe sie genau in Erinnerung. Sie war eine Generation älter als ich, grauhaarig, mit der Gipskrawatte um den Hals, meist im Schlafrock, weil sie ja sehr oft bettlägerig war. Sie hatte eine faszinierende Ausstrahlung auf alle Menschen. Jeder hat das bestätigt, der sie gekannt hat. Das habe ich nie wieder bei irgendeinem Menschen kennen gelernt. Das ist schwer zu definieren, das muss man spüren. Ihre Krankheit kann ich nicht genau beschreiben, vielleicht war es auch nur ein Tuch um ihren Hals. Rückstände von ei-

ner Röntgenverbrennung – sie hatte wohl Tuberkulose oder Krebs – sie hat darüber nie gesprochen.

Das Zusammenleben mit ihr war sehr einfach. Ich habe unendlich viel von ihr gelernt und ich hab' das aufgesogen wie ein Schwamm. Sie hat mir von dem Leben vor der Nazizeit in Deutschland erzählt, von all den Künstlern, die sie gekannt hat. Das war eine ganz neue aufregende Welt, von der sie mir erzählt hat. Und ich hing an ihren Lippen! Ich hatte gar kein Verlangen, mit Gleichaltrigen dann zusammen zu sein. So fasziniert war ich."

„Sie waren doch sehr viel jünger als Sonja – das ging gut in einem gemeinsamen Zimmer?", fragte ich.

„Erstmal muss gesagt werden, wir waren damals gar nicht anspruchsvoll. Man war doch froh, wenn man ein Bett hatte – und sehr dankbar dafür. Für mich war es ein Segen. Ich glaube Sonja mochte mich – so war es ganz leicht. Und die Betten standen jedes in einer Ecke und auf Sonjas Nachttisch war ein Bild von einem Mann. Ich bin ein sehr diskreter Mensch, wenn man mir nichts erzählt, würde ich auch nicht fragen, aber eines Tages hat Sonja begonnen zu erzählen. Erich Engel hieß der Mann auf dem Bild. Für mich war er damals kein Begriff, aber ich lernte ihn kennen als den Regisseur, der ‚Dreigroschenoper', deren Uraufführung er gemacht hat. Und Sonja erzählte mir, dass sie 18 Jahre mit ihm liiert gewesen sei, obwohl er verheiratet war und zwei Söhne hatte. Aber sie stand auch mit den Söhnen in guter Verbindung. Das war eigentlich schon alles, was sie über dieses Verhältnis erzählt hat. Sie hat nur immer wieder gesagt: Ich werde nicht zurückkehren – ich habe die Familie zusammengebracht, ich werde nicht wieder eine Familie zerstören. Für mich war das alles schwer zu begreifen, so jung wie ich war. Und dann sagte sie einen Satz und den habe ich nach dem Krieg Erich Engel geschrieben: ‚Es ist nicht wichtig, wie lange man lebt, es ist wichtig, wie intensiv man gelebt hat und ich habe sehr intensiv gelebt und dafür bin ich dankbar.' Das war also die Geschichte. Ich hatte nach dem Krieg einfach das Bedürfnis: Ich muss Sonjas Vermächtnis weiterbringen und ich muss Erich Engel schreiben, wie sie war und wie großartig sie im Lager war und dass sie an ihn die Erinnerung wachgehalten hat. Und das habe ich auch getan, aber ich bekam nie eine Antwort."

„Wie ging es aber weiter mit Sonja? Kam sie auch in einen Transport?"

„Sie hat ja immer betont: Mein Schicksal ist mit dem der Eppsteins verbunden. Damals wusste ich nicht, dass Hedwig auch deportiert wurde. Ich weiß, dass Sonja sich freiwillig zu Hedwig Eppstein gemeldet hat und dass der Judenälteste, Herr Murmelstein, sie mit aller Macht wirklich davon abhalten wollte."

Trude seufzte: „Ach Sonja", sagte sie „Sie hatte eine solche Ausstrahlung auf alle Menschen, auf kleine Kinder, auf alte Menschen, auf Männer, auf junge Menschen, wie ich es war. Ja, auch auf Eichmann, der sie einmal erlebt hat, erkundigte sich regelmäßig, wenn er in Theresienstadt mit Eppstein zusammentraf, nach der Frau mit der Gipskrawatte. Sie hatte einen unwahrscheinlichen Humor und einen bestechenden Charme – sie war kein trauriger Mensch. Aber ob sie ganz glücklich war, weiß ich nicht, dazu war sie auch zu krank. Aber alles über ihr Ende, ihr Schicksal – über das Schicksal Eppsteins habe ich erst nach dem Krieg erfahren. Auch über ihre Freundschaft mit Fritz Kortners Frau Johanna Hofer. Sonja hat nie von den Freundschaften erzählt, erst als ich schon in Frankfurt war, habe ich das alles durch die Familie Kortner erfahren. Erst sehr spät. Ja, das war Sonja."
„Aber als Sie in den Transport nach Auschwitz kamen, war Sonja noch in Theresienstadt?"
„Ja, mein Mann kam in einen Transport. Vorher musste man vor der SS ein Defilee abhalten, man wurde registriert. Zu diesem Zeitpunkt wurden nur die Leute zurückbehalten, die unbedingt nötig waren, um das Getto irgendwie aufrechtzuerhalten. Alle andern wurden deportiert und ich war ganz sicher, ich würde im nächsten Transport sein. Ich wollte aber unbedingt mit meinem Mann zusammen gehen in der seltsamen Vorstellung, ich könnte irgendwas für ihn tun oder ihm helfen, er war ja nicht sehr gesund. Wir hatten vorher – vor der Deportation – wir haben ja nie gewusst, ob wir überleben werden, uns bei dem Rabbiner trauen lassen. Das war eher eine reine Formalität – nach jüdischem Recht –, und dann sind wir also gemeinsam deportiert worden. Sonja hat uns begleitet zum Transport. Mein Mann wollte absolut nicht, dass ich mitfahre, obwohl er sich auch ausrechnen konnte, dass ich beim nächsten Transport dran gewesen wäre. Aber Sonja hat ihm gesagt: Es hat keinen Zweck – lass sie mitgehen."
Trude unterbrach sich ganz abrupt. „Wir haben die Pädagogik vergessen!"
Sie rief es fast. „Die Kinder – darüber muss ich Ihnen erzählen. Es ist wichtig zu sagen, dass in Theresienstadt Schulunterricht verboten war, der aber natürlich illegal gemacht wurde. Die Lehrer, die dort waren, haben aus dem Stehgreif den Unterricht glänzend gestaltet. Und die Kinder selber haben aufgepasst, unten stand eine Wache. Wenn die SS kam, wurde das durchgegeben und falls sie bis nach oben kamen, um zu kontrollieren, dann haben die Kinder gebastelt und gesungen. Das war nämlich gestattet. Und was ich immer den Schülern erzähle, wenn ich irgendwo einen Vortrag halte: Für ein Kind in Theresienstadt wäre es die schlimmste Strafe gewesen, nicht am Unterricht teilnehmen zu dürfen. Dann hat es aber noch andere

pädagogische Probleme gegeben. Die Kinder, die in den Gärten und die älteren Kinder, die in der Landwirtschaft gearbeitet haben, haben selbstverständlich versucht, zu ‚schleusen'. Das ist ein Wort, das in Theresienstadt geprägt wurde: schleusen. Ich glaube, in Deutschland hat man das organisieren genannt. In Theresienstadt hat das ‚schleusen' geheißen, weil man, bevor man nach Theresienstadt ins Getto hinein durfte, in einer Schleuse war, wo man alles abgenommen bekam. Und aus dieser Situation hat sich das so genannte ‚schleusen' entwickelt. Die jungen Leute, die draußen in der Landwirtschaft arbeiten mussten, haben versucht, Gemüse und andere Sachen von draußen ins Getto hineinzubringen. Wir hatten einen deutschen Erzieher, der ein perfekter Landwirt war, mit dem wir immer diskutiert haben, der hatte gesagt, wir dürften den Kindern nicht gestatten, irgendetwas an Gemüse ins Getto hineinzubekommen, denn was würde aus diesen Kindern werden, wenn sie nach Palästina kommen? Dann werden sie glauben, das kann man so machen, das sei möglich! Das war ein ganz großer Gegensatz zwischen den wenigen deutschen Pädagogen, die mit uns gearbeitet haben, und uns. Wir haben gesagt: Die Kinder merken ganz genau, in was für einer Situation sie jetzt sind und sie können bestimmt unterscheiden, was nachher ist, wenn sie wieder im normalen Leben sind. Jedes Stück Grünzeug, das sie bringen, das sie selbst essen oder jemandem geben, ist eine Möglichkeit, weiter zu existieren. Das waren die Auseinandersetzungen, die wir geführt haben."

„Ich denke auch, unsere Moralbegriffe sind nicht immer gültig."

„Ja, das würde ich auch so sehen", sagte Trude, „und für uns war ganz klar, wenn man den Menschen im Getto etwas wegnimmt, das ist Diebstahl. Aber was man den Feinden wegnimmt – von außen – ist völlig gerechtfertigt."

Wir tranken eine Tasse Kaffee, denn Trude hatte gemeint, jetzt brauche sie eine Pause, bevor das Kapitel Auschwitz beginnen sollte. Sie sagte das ziemlich ungerührt und ganz sachlich.

„Wir kamen dann in den Waggon und fuhren aber nicht sehr lang. Von Theresienstadt nach Auschwitz ist es nicht so weit Ich erinnere mich, als wir angekommen waren, gab es die bekannte Prozedur, alles sehr schnell – schnell heraus. Dann erinnere ich mich nur an den Doktor Mengele, mit seinen Daumen rechts und links. Dabei war mir nicht klar, dass ich dadurch, dass ich nach rechts geschickt wurde und nicht nach links, dem Tod entgangen war. Dann kamen wir in diese Badehäuser, mussten alles ausziehen, wurden kahl geschoren und mussten duschen. Ich wurde sofort von meinem Mann getrennt, natürlich. – Dann erinnere ich mich – und das ist für mich, muss ich sagen, die grauenhafteste und demütigendste Erinnerung, dass wir nackt durch den Kordon der SS gehen mussten. Dann bekamen wir irgendwelche Kleidung – zwar nicht diese gestreifte Kleidung – wir wurden auch nicht mehr tätowiert im Oktober 44. Und dann erinnere ich mich nur noch an das stundenlange Appellstehen und das Gefühl von einer unglaublichen Müdigkeit und Schwäche und an das Gefühl: Jetzt möchtest du tot umfallen. Und ständig diese Musikkapelle, die dazu gespielt hat. Und damit hört meine Erinnerung in Auschwitz absolut auf. Ich weiß nicht, wie lange ich dort war, es war sicher nur kurz, aber ich erinnere mich an nichts. Gar nichts, es ist nie wiedergekommen. Man hat mich oft gefragt, wie ich mir das erkläre. Ich denke, wenn Menschen sehr große körperliche Schmerzen haben, werden sie ohnmächtig. Es könnte wohl sein, dass das auch mit einer Seele möglich ist. Das war also mein Aufenthalt in Auschwitz.

Und dann wurden wir wieder einwaggoniert und in ein Lager nach Kurzbach bei Trachenberg gebracht, wo wir Panzergräben ausgehoben haben. Hier gab es aber keine Schikane, der Lagerälteste war kein SS-Mann, sondern ein invalider Mann von der Wehrmacht – ein früherer Offizier, der außerdem von Auschwitz für uns anständige Kleidung verlangt hat mit der Begründung, wenn wir arbeiten, müssen wir auch anständige Kleidung haben. Die haben wir sogar bekommen, was sehr hilfreich war. Ihm verdankten wir vor allem, dass er nicht – wie alle anderen Lagerältesten – aus unseren Mänteln hinten einen Streifen herausgeschnitten und einen roten Streifen eingenäht hat. Damit wäre man als Häftling sofort erkennbar gewesen. Wir waren also nicht tätowiert, das einzige Zeichen, das wir in Auschwitz hatten, war dieser kahle Kopf! Wir bekamen zwei Tücher, das zu kaschieren. Das war auch sehr nützlich. Die Arbeit war unendlich schwer, vor allem bei dem Minimum an Essen. Wir haben gefroren und ich hab' eine Art Ruhr bekommen und war im Krankenrevier. Als ich herauskam, war ich schon sehr, sehr geschwächt.

Beim Einmarsch der Russen in Schlesien sind alle Lager aus dem Osten Richtung Westen in Marsch gesetzt worden. Unser Lagerkommandant hat aber keinen Menschen erschossen, der irgendwie geschwächt war. Der Lagerkommandant hat gesagt: Wer nicht weiter kann – wir machten irgendwo Rast, ich weiß nicht mehr in einer Stadt oder in einem Dorf –, soll zurückbleiben. Und das hab' ich auch gemacht – ohne klare Absicht. Die anderen, die weniger geschwächt waren, haben das mit sehr klarer Absicht gemacht. Sie haben diese Möglichkeit zur Flucht ergriffen. Ich bin also zurückgeblieben und bin in eine Gruppe von Mädchen aus Theresienstadt gekommen, die ich eigentlich vorher gar nicht gekannt habe. Es waren nicht nur Mädchen, auch drei ältere Frauen, die schon erwachsene Kinder hatten. In diese Gruppe bin ich gekommen. Die Front war schon sehr nahe und in dem Moment, als Panzerspitzenalarm gegeben wurde, haben sich die deutschen Menschen formiert und wir sind mit diesen deutschen Leuten im Treck marschiert, Richtung Westen jedenfalls. Niemand hat uns gefragt, woher wir kommen oder wer wir sind, das hat niemanden interessiert. Und so sind wir also weitergegangen – immer mit dem Treck zusammen.

Und wenn man uns gefragt hätte, was ja später auch der Fall war, haben wir gesagt, wir seien tschechische Fremdarbeiterinnen, die Papiere und Gepäck verloren hätten. War ja eigentlich auch keine Lüge!"

Trude lachte. Sie lachte laut und herzlich in Erinnerung an schreckliche Zeiten, die nur zu oft auch eine Portion Komik in sich verbergen.

„In diesem Zusammenhang gibt es noch eine unglaubliche Geschichte", fuhr sie fort. „Da war ein Mädchen in unserer Gruppe, die in irgendeiner Stadt in Schlesien – den Namen hab' ich vergessen – bei einem Bürgermeister war. Sie hat behauptet, er habe sie erst erschießen wollen, das hat er sich aber anders überlegt und ihr einen ‚Wisch' gegeben. Darauf war festgeschrieben: Mannschaftsführerin plus 10 Mädchen Mannschaft, überall Quartier und Essen zu geben, mit allen Stempeln versehen. Mit diesem Wisch sind wir also durch die ‚Deutschen Lande' gegangen und es ist uns nichts passiert. Mich erinnert das immer an den ‚Hauptmann von Köpenick'."

Wir lachten beide. Das klang ziemlich abenteuerlich, aber Trude sagte:

„Diese Elvira, so hieß sie, hat gesagt, dieser Bürgermeister wollte sich noch einen guten Punkt beim lieben Gott holen. Es war ja 1945, der Krieg war ganz klar verloren. Die Leute in Schlesien hatten große Angst vor den Russen. So lässt sich das vielleicht erklären, ich kann mich in die Seele des Bürgermeisters nicht hineinversetzen.

Mit in dem Treck weiter zu marschieren, haben wir als die einzige Chance gesehen, immer mit der Absicht, näher nach Böhmen zu kommen. Das war die nächste Grenze, dort würde es leichter werden, hinüberzukommen. Es hat Leute gegeben, die es geschafft haben, genauso illegal wie wir, aus Theresienstadt, aus Auschwitz in einen Zug zu steigen und nach Prag zu fahren. Die waren schon im April in Prag, das ist uns nicht gelungen. Aber es war überhaupt kein Kunststück und keine Heldentat, sich einem Treck anzuschließen. Es hat uns niemand bewacht. Es war nicht das, was man einen Todesmarsch nennen könnte. Wir konnten uns relativ frei bewegen. Mit diesem bewussten Dokument sind wir immer zu dem jeweiligen Ortsbauernführer gegangen, so nannte sich das – der Oberste in den jeweiligen Dörfern, in denen wir nur waren, falls sie bereits evakuiert und die Front ziemlich nahe war. Das war das Wichtigste für uns. Die Deutschen hatten vor den tschechischen Fremdarbeiterinnen irgendwie Respekt, so wurden wir immer irgendwo brav einquartiert und bekamen auch zu essen. Vielleicht sollte ich das noch erzählen: Wir sind einquartiert worden in einer Scheune, zusammen mit dem Volkssturm. Wir haben da gesessen, sozusagen in einem Boot, und haben wie Menschen miteinander geredet. Dabei musste ich immer denken, dass das nicht wahr sein konnte, weil ich drei Monate davor, noch in Auschwitz, weniger als ein Mensch gewesen war, und nun sollte ich mit anderen Leuten wieder normal reden können? Und ich muss sagen, ich habe ohne Hassgefühle gesprochen. In diese Scheune kam eines Tages ein deutscher Offizier und sagte etwas Unvergessliches, nach all dem, was wir erlebt hatten. Er fragte, wer von den Damen bereit wäre, mit ihm ins Dorf zu fahren. Er würde uns ein neues Quartier zuweisen, hier würden nämlich die Kanonen eingestellt werden. Die Mädchen hatten sich auf mich geeinigt und ich fuhr also mit ihm in einem Wagen durch ein unglaublich langes schlesisches Dorf, ich hab' so ein langes Dorf überhaupt noch nie gesehen. Dann hat er mir ein Haus zugewiesen, ist mit mir hineingegangen, hat mir gezeigt, welche Vorräte dort waren – ich hatte so viele Vorräte noch nie gesehen – und meinte, die könnten wir alle essen und dann hat er mich wieder zurückgebracht. Ich muss das immer wieder erzählen: Ich kam mir vor, als ob ich mir im eigenen Film zugucke. So unwahrscheinlich war das! Und kein Mensch hat also gemerkt, dass wir Jüdinnen sind. Ich fand zwar, dass wir nicht so arisch aussahen. Vielleicht haben wir – für die Rassentheoretiker – slawisch ausgesehen. Dort haben wir also nun gelebt. Das war alles sehr nahe an der Front. Dann kamen deutsche Soldaten, die die einzige Frage stellten: Was werdet ihr mit uns machen, wenn der Krieg zu Ende ist? Wir haben das erst gar nicht verstanden. Sie haben uns dann gesagt: Wir wissen doch, was Heydrich getan hat – wir wissen, was Lidice ist, das tschechische Dorf nahe von Theresienstadt, das nach dem Attentat auf Heydrich dem Erdboden gleichgemacht wurde.

Es ist mir wichtig das zu erzählen, weil doch immer behauptet wird, man hat ja nichts gewusst. Danach war die Front leider etwas stehen geblieben und schon war die Gestapo wieder da und hat uns gefragt, wer wir sind. Wir sagten brav unser Sprüchlein auf und wurden bei einem Unternehmen, das hieß Barthold, zum arbeiten eingewiesen. Da sind wir auch hingegangen. Tschechische Fremdarbeiter, französische Kriegsgefangene, wehrunwürdige Deutsche und Polen haben dort gearbeitet. Sie haben hinter der Front Gräben geschaufelt. Wir haben zum Teil in der Küche gearbeitet und zum Teil draußen und wieder hat niemand erkannt, wer wir sind. Als die Front näher kam, sind wir mit diesem Unternehmen Barthold auch wieder weitergetreckt. Innerhalb dieses Trecks sind wir natürlich mit anderen bekannt geworden, einmal habe ich mich mit einem Franzosen unterhalten. Während man unterwegs war, hat man ja gesprochen und als es einmal zu regnen begann, hat mir dieser Franzose sein Lodencape um die Schulter gegeben. Ich habe darauf einen Weinkrampf bekommen. Da war er völlig fassungslos! Nachdem ich mich gefangen hatte, meinte ich: Es ist so unwahrscheinlich für mich, dass es jemand nicht egal ist, ob ich nass würde oder friere.

Wir haben eine ganze Zeit lang mit diesem Unternehmen Barthold und all den Leuten in einem Dorf gelebt. Oberhalb dieses Dorfes war der Generalstab für Breslau eingesetzt und dort war auch ein Arzt des Generalstabes. Ich wurde dann als Krankenschwester eingestellt. Sie hatten eine phantastische Apotheke mit den besten Medikamenten und Mitteln von der Schweizer Firma Geigy-Hoffmann-La-Roche und ich weiß nicht was. Alles Medikamente, die es sonst gar nicht mehr in dieser Zeit gab. Ich bin also mit dieser Apotheke durchs Dorf und habe so genannte Wunder bewirkt. Das Wunder war nicht ich, sondern das waren die guten Medikamente und Salben. Eine Frau, die auf einem Gut gearbeitet hat, es gab ja keine Männer mehr, hatte einen vollkommen kaputten Arm und konnte nichts mehr tun. Ich wurde gerufen, gab ihr eine Salbe, und alles heilte in der kürzesten Zeit. Dafür bekam ich dann für meine Gruppe Eier und Milch und war natürlich unglaublich stolz. Aber es lag nicht an mir, es lag an diesen sehr guten Mitteln. Und wenn ein Fremdarbeiter eine schwerere Sache hatte, musste ich mit ihm auf das Schloss zu dem Herrn Doktor. Und dieser Herr Doktor sah aus – ich hab' ja das Nibelungenlied gekannt – wie Jung-Siegfried. Groß, unglaublich groß, blauäugig und blond und ein überzeugter Nationalsozialist. Er hat sich aber sonderbarerweise vom ersten Moment an mit mir immer sehr, sehr lange unterhalten, über alles mögliche. Und eines Tages bat er mich vor eine Landkarte und sagte, dass also Hitler nur das vollenden würde, was Napoleon nicht ganz gelungen war. Ich war inzwischen schon an die Freiheit gewöhnt und hatte auch wieder Mut, und sagte ihm darauf: Herr Doktor, Sie wissen doch, dass der Krieg verloren ist und die Menschen, die da unten arbeiten, so wenig zu essen haben und eigentlich keine Lust mehr – wortwörtlich – hier zu arbeiten. Und dann hat er gesagt: Das kann ich verstehen, wen immer Sie mir bringen, den werde ich krankschreiben. Und das haben wir auch durchgeführt. Eines Tages hat es mir keine Ruhe gelassen und da sagte ich ihm: Wie ist das, wie stehen Sie zu Juden? Hassen Sie Juden? Und da antwortete er: Ich bin ein Arzt, ich hasse niemanden. Juden? Ich wüsste überhaupt nicht, was ich mit ihnen reden sollte! Das sagte er mit einer unnachahmlichen Arroganz! Mir blieb nur ein: Ja, also das kenn ich anders! Und damit war das Thema beendet. Nur innerlich habe ich gedacht: wenn du wüsstest!

Dann gab es noch einen schlimmen Zwischenfall. Elvira hatte sich eine gefälschte Kennkarte verschafft. Aber es fehlte die letzte Unterschrift, und da wurde sie von der Gestapo gestellt. Man dachte, sie wäre eine russische Spionin und schließlich hat sie halt zugegeben, dass sie Jüdin sei. Nachdem sie die Liste von uns dabei hatte, wurden wir am 25. April noch einmal verhaftet. Damit wird besagter Doktor auch erfahren haben, mit wem er sich so gut und so lange immer unterhalten hat. Wir kamen dann noch einmal in ein Gefängnis in Waldenburg und von dort noch einmal in ein KZ nach Merzdorf, wo auch Mädchen aus Theresienstadt waren, die denselben Weg gegangen waren. Alles stand unter dem Eindruck von verlorenem Krieg und Chaos. Aber wir hatten, nachdem wir die Freiheit genossen und auch genug zu essen hatten, etwas wiederbekommen, was man menschliche Würde nennt. Wir waren ja in Auschwitz keine Menschen mehr gewesen. In Auschwitz haben wir nicht mehr reagiert vor Erschöpfung, sowohl vor psychischer als auch vor physischer Erschöpfung. Jetzt war alles zurückgekommen. Und als die Lagerälteste, das muss um den 5. Mai herum gewesen sein, unsere Mäntel verlangt hat, um uns einen roten Streifen einzunähen, haben wir klipp und klar ‚nein' gesagt und es wäre ein Leichtes gewesen, uns dafür zu erschießen. Ich will nur damit sagen, wir haben was riskiert, wir haben nicht mehr mit uns alles machen lassen. Sie war so perplex, dass sie es gelassen hat. Damit möchte ich nur erklären, was das bedeutet hat für uns. Und am 9. Mai kamen zwei kleine Russen und sagten, was wir schon längst wussten, dass der Krieg zu Ende ist.

Das war für uns gar nicht überraschend. Wir waren ja völlig auf dem Laufenden. Wir haben ganz genau gewusst, dass am 8. Mai die Kapitulation war. Wir haben aber nicht mehr abgewartet, bis wir repatriiert werden sollten, sondern sind dann mit Rädern, die die Deutschen weggeworfen hatten, weil es ein zu großer Ballast war, losgefahren. Jedenfalls hatten wir Räder. Eine einzige Sache ist mir noch wichtig: Als wir dann hörten, dass wir frei seien, sind viele, viele von den Häftlingen in Häuser gegangen und haben sich Sachen geholt. Als ich der Underdog war in Auschwitz, hatte ich unglaubliche Hassgefühle und mir geschworen, wenn erst der Krieg zu Ende ist, dann werde ich … und nun war er zu Ende, und ich konnte überhaupt nichts. Überhaupt nichts tun. Aber aus dieser Zeit stammt das einzige ‚Souvenir', meine berühmte Zuckerzange. Ein russischer Offizier ging in ein Haus, stellte eine Kiste heraus und hat gesagt: Ich darf mir nichts nehmen, aber nehmt ihr! Und das alte Ehepaar, aus dessen Haus er das gebracht hat, ist zu ihm gegangen und hat vorwurfsvoll gesagt: Wie können Sie uns das antun? Und dann hat er für mich unvergesslich gesagt: Ich bin ein Jude und wissen Sie, was Ihre Leute mit meinen Leuten in Russland angestellt haben? – Mehr nicht. Und aus dieser berühmten Kiste – ich hab' nichts auf der Welt besessen, als das, was ich anhatte – habe ich eine Zuckerzange genommen, die ich noch heute habe und ich werde nie begreifen, warum."

Jetzt stand Trude ganz entschlossen auf. Ich fürchtete schon, dass alles war viel zu viel für sie. Sie hatte die letzte halbe Stunde eigentlich ununterbrochen geredet. Und sehr lebhaft geredet. Mir schien, als ob sie alles noch einmal durchmachen müsste. Aber jetzt kam sie aus dem Nebenzimmer ganz munter zurück und sie lachte, als sie sich zu mir wandte: „Hier sehen Sie! Das ist sie. Die Zuckerzange! Zu albern! Ich kann mich selbst nicht verstehen! So was mitzunehmen! Dabei ist sie gar nicht besonders schön. Auch nicht besonders wertvoll!" Sie drehte das merkwürdige Gerät herum und schüttelte immer wieder den Kopf. Ich dachte, wer hat heute noch eine Zuckerzange und sagte: *„Es hat Sie vielleicht an Ihre Kindheit, an ihr Zuhause erinnert. Damals hatte man das doch in jedem besseren Haushalt, oder?"*

„Ja schon", meinte sie, „trotzdem …"

Sie brachte das ‚Fundstück' ins Nebenzimmer und ich konnte sehen, wie sie es vorsichtig in ein Kästchen legte. Als sie zurückkam, sprach sie schon weiter:

„Und dann sind wir nach Prag gekommen, noch sehr euphorisch, dass wir es überlebt hatten, es war Sommer, es war schön und wir waren frei. Aber in Prag begann eigentlich der Anfang des Elends. Jetzt begann man zu suchen, wer hat überlebt. Und das war eine furchtbar traurige Bilanz. Ich bin dann zuerst, warum, weiß ich bis heute nicht, nach Olmütz gefahren. Acht Stunden lang, was man sonst vier Stunden fährt, weil die Brücken gesprengt waren. Ich hätte also acht Stunden Zeit gehabt nachzudenken, – wieso hab' ich nicht nachgedacht? Denn als ich in Olmütz ankam, in der Stadt, wo ich groß geworden bin und bis zur Deportation gelebt habe – ich bin in Olmütz angekommen am Bahnhof und ich habe nicht gewusst, wo ich gewohnt hab'. Ich hab' nicht gewusst, wer in der Stadt ist, und ich habe überhaupt nicht gewusst, warum ich überhaupt gekommen war. Das war der absolut schlimmste Augenblick nach der Befreiung. Ich bin dann mit meiner tschechischen Freundin gegangen, die mich aufgenommen hat und zum zweiten Mal setzte das Gedächtnis völlig aus. Mir erzählen Freunde, dass ich mit ihnen da und dort gewesen wäre und ich weiß es nicht. Da war also der Schock offenbar genau so groß wie in Auschwitz gewesen – diese Totenstadt.

Und ich habe dann später erfahren, dass mein Mann überlebt hat und in Theresienstadt sei, wie wir es besprochen hatten. Und was mit mir geworden wäre, wenn das nicht gewesen wäre, weiß ich nicht …"
„Und wie sind Sie wieder mit Ihrem Mann zusammengetroffen?"
„Ich traf eine Freundin und die sagte: Wie findest du das, dass dein Mann mit meinem Bruder gekommen ist? Und ich sag: Das darf nicht wahr sein! Er lebt? Ja und er ist in Theresienstadt. Er hat sich von Dachau nach Prag repatriieren lassen, weil er gesagt hat, er hat eine tschechische Frau, sonst hätte er nicht dürfen. Und in Prag haben alle unsere Freunde gesagt: Um Gottes willen, du kannst nicht Tschechisch? Sofort nach Theresienstadt, bevor sie dich hier erschlagen, wenn du den Mund aufmachst und deutsch sprichst. Das war damals ja von großer Animosität geprägt und da ist er dann gleich nach Theresienstadt, das ja noch intakt war, weil die zurückströmenden Leute von den berüchtigten Todesmärschen erst nach Theresienstadt kamen."
„So ein Wiedersehen!", sagte ich, *„das muss ja unglaublich gewesen sein unter solchen Umständen!"*
Trude überlegte ein bisschen bevor sie antwortete.
„Das Wiedersehen war schön auf der einen Seite, aber auf der anderen Seite habe ich das Gefühl gehabt, wenn ich mich recht erinnere, wir stehen uns zwar wieder gegenüber, aber etwas Fremdes ist zwischen uns. Ich hab' das so definiert: Man geht nicht ungestraft durch eine Hölle und steht dann demselben Menschen gegenüber, der auch durch eine Hölle gegangen ist. Man kann nicht so tun, als wäre nichts geschehen. Wir haben darüber gesprochen, wir haben das miteinander besprochen."
Trude sagte das sehr bestimmt, so als wollte sie damit ihre lange Ehe unter Beweis stellen.
„Kompliziert", sagte ich, und kam mir mal wieder völlig fehl am Platze vor.
„Es gab gar nicht die Frage, ob wir zusammenbleiben wollen oder nicht. Das stand vollkommen fest und ich habe mir überlegt, ob ich überhaupt mit einem Partner hätte leben können, der das alles nicht nachvollziehen kann. Bertl verstand mich – er verstand alles. Ich hatte fürchterliche Ängste, aber erst nachher. All diese Angst, die ich nicht hatte in der Illegalität, die kam nachher. Das hat sicher meinen Mann sehr, sehr belastet. Das war sehr schwierig. Wenn er zu spät kam – konnte ich mir nur vorstellen, dass was Schlimmes passiert sei. Ich konnte mir eine normale Verspätung nicht vorstellen! Nein! Ein Stück davon ist bis heute geblieben. Das ist nie weggegangen."
„Konnten Sie in Prag bleiben, was haben Sie dort gemacht?"

„Ich war ja schon beim Ministerium angestellt in der Repatriierungsabteilung. Und mein Mann wurde dann auch genommen. Die Chefin dort war eine ganz großartige Frau. Die hat es überhaupt nicht gestört, dass mein Mann kein Wort Tschechisch sprach. Er hatte eine gute Übersicht über Deportationslisten und Todeslisten. Welche Menschen in Theresienstadt gestorben waren oder wer weiter nach dem Osten gekommen war. Diese Repatriierungsabteilung wurde häufig von alliierten Soldaten besucht – jüdischen Soldaten, die nach den Eltern fragten, den Verwandten, von denen sie wussten, sie waren nach Theresienstadt gekommen. Und auch vom französischen Ministerium waren Leute gekommen. Die deutschen Listen waren zum Teil total vernichtet worden und da war es Bertls Arbeit, nach dem Verbleib der Überlebenden zu suchen. Es gab tschechische Listen, und wir haben die englische und französische Korrespondenz erledigt, um den Leuten mitzuteilen, was mit Ihren Angehörigen passiert war."
„Aber das konnte doch nur eine vorübergehende Arbeit sein. Haben Sie Pläne gemacht? Zukunftspläne?", fragte ich.
„Erst einmal war es gar nicht so schlecht", sagte Trude.
„Wir waren richtig angestellt und besonders schön war, dass das Büro in der alten Karls-Universität am Obstmarkt in Prag war. Wir waren wieder zusammen – wir wohnten in Prag, in Untermiete, weil wir keine Wohnung bekommen konnten, und haben uns weiter nicht den Kopf zerbrochen. Wir wollten ja nach Israel, nach Palästina wie es damals noch hieß. Sicher wären wir auch gegangen, wenn es ohne alle Formalitäten möglich gewesen wäre. Aber erst musste man in ein Lager gehen, Papiere zusammensuchen und so weiter. Wir waren nicht bereit, wieder in ein Lager zu gehen. Meine Schwägerin war durch viele glückliche Umstände in der Schweiz gelandet. Sie war in Davos, durch Zufall, und hat die Buchenwaldkinder, die aus dem KZ dort hingekommen waren, als Lehrerin betreut. Wir wollten sie sehen, sie war der einzige Mensch aus unserer Familie, der überlebt hatte. Ich habe mich, da ich ja fest angestellt war, von meinem Amt beurlauben lassen. Es war noch vor der Währungsreform in der Tschechoslowakei. Wir haben für unser Geld, das wir in Theresienstadt und auch in Prag verdient hatten, richtige Schweizer Franken bekommen. Mit denen sind wir dann – ich glaube 300 Franken pro Person – in die Schweiz gefahren und haben dort meine Schwägerin wieder getroffen. Der Leiter der Flüchtlingshilfe in der Schweiz war der Vater vom Professor Brumlik. Mein Mann kannte ihn noch aus Deutschland. Er hat sich über unser Kommen sehr gefreut und sofort begonnen nachzudenken. Er war sehr rührig und hat sehr viel getan, auch für uns. Durch eine Spende gab es Geld für ein Lungensanatorium, das

für lungenkranke Menschen aus den verschiedensten Jugendbewegungen, die im KZ Tuberkulose bekommen hatten, eingerichtet werden sollte. Er hatte das Geld, er hatte das Haus, aber es war kein Personal zu bekommen. Also sollte mein Mann die Verwaltung übernehmen und ich sollte als Krankenschwester arbeiten. Wir sagten uns, wir sind ohne TBC aus den Lagern gekommen, es ist eigentlich unsere Pflicht, das zu machen. Ich praktizierte dann in der Baseler Heilstätte und lernte alles bis zu Labortätigkeiten und allen Dingen, die man dort brauchte, ich hatte vorher einen Kurs des tschechoslowakischen Roten Kreuzes gemacht und hatte schon viel im Spital praktiziert, also es war mir nichts fremd. Und dadurch konnte das Sanatorium eröffnet werden und so sind wir in Davos erstmal geblieben. Da habe ich acht Monate gearbeitet und in diesen Monaten, ich war alleine, das Penizillin war aufgekommen und man musste alle 3 Stunden spritzen, bestand jeder Tag aus 16 Arbeitsstunden. Wenig Schlaf – die Nächte ständig unterbrochen, verantwortungsvolle Aufgaben, und dazu das Klima: Davos liegt 1600 Meter hoch und das endete für mich mit einem totalen Kollaps. Mit einer tiefen Ohnmacht und der Chefarzt sagte damals: Wer seine Frau liebt, lässt sie in der Schweiz nicht Krankenschwester sein. Ich musste also aufhören, das war absolut zu viel für mich. Mein Mann bekam vom jüdischen Studentenbund ein Stipendium für sein Soziologiestudium, und ich arbeitete als Kinderbetreuerin und dabei kam es zur Begegnung mit Jizchak Schwersenz."

„Und wer ist das? Wer ist Jizchak Schwersenz?", fragte ich.

„Ein ganz ungewöhnlicher Mann, der in Berlin mit seinen Schulkindern im Untergrund gelebt hatte, bis das Unternehmen aufflog und er auf abenteuerliche Weise in der Schweiz gelandet ist. Das ist eine andere, sehr lange Geschichte. Eine Gruppe Kinder, die zum Teil aus dem KZ kamen, oder die mit Partisanen im tiefsten Russland unterwegs gewesen waren, wurde in ein sehr gutbürgerliches Kinderheim, jüdisches Kinderheim, eingewiesen. Diese armen Kinder, die natürlich völlig verwahrlost waren, konnten nicht unterscheiden zwischen Deutsch und Schwyzerdütsch.

Sie beschimpften die Schweizer Betreuer als Nazi und dachten, sie seien noch in Deutschland und haben den ersten Abend den Kaffee an die Wand geklatscht, die Leute mit Tomaten beworfen. Das waren Kinder von 4 bis 12 Jahren. Es war das komplette Chaos, wobei ich sagen muss, dass man weder das Kinderheim dafür verantwortlich machen konnte, noch die Kinder selbst. Beide Seiten waren nicht vorbereitet. Und die Organisation ‚Hilfe und Aufbau', die die Kinder ja gebracht hatte, sagte, wir können um Gottes willen diese Kinder nicht zurückschicken. Also

müssen wir sie herausnehmen und sie erst einmal ganz gesondert betreuen. Mein Mann sagte, dass er mit so kleinen Kindern nicht umgehen kann und hat Jizchak vorgeschlagen. So kamen wir zusammen. Wir haben dann eine Jugendherberge in Wedenswill oberhalb des Züricherseees gemietet. Dort sind wir mit den Kindern eingezogen und engagierten als Köchin eine Frau, die für meine Begriffe eines der schlimmsten Schicksale hatte. Auch eine Verfolgte, die alle ihre Kinder überlebte. Ich muss das deswegen erzählen, weil diese Kinder vom ersten Moment an sofort gespürt haben, mit wem sie es zu tun hatten. Es gab dann überhaupt keine Probleme mehr. Natürlich haben wir sie nicht mit ‚Grüezi', sondern mit ‚Shalom' begrüßt, ohne nachzudenken. Wir hatten noch vorher gesagt, es wird keinen Kaffee geben, es wird keine Tomaten am ersten Abend geben, weil wir auch wirklich Angst hatten. Und dann war da noch eine Sache: Ein Kind hatte Läuse. Also für eine Schweizer Familie waren Läuse sicher was ganz Schlimmes, aber für mich waren Läuse und Wanzen etwas, womit ich gelernt habe, umzugehen. Ich hab' also diesem Mädchen, das ja auch unglücklich war, mit Petroleum den Kopf gewaschen und die Läuse waren weg. Sie hatte aber nicht nur Läuse gehabt, sie war auch Bettnässerin. Mich konnte das auch nicht erschüttern, es war dieser traumhafte Sommer 47, wo es sechs Wochen nicht regnete. Ich habe ihr gesagt: Es ist überhaupt kein Problem, wir waschen das Laken aus und es ist am Abend wieder trocken. Eine einfache Methode – das Kind war in acht Tagen trocken. Es gab noch andere erschütternde Vorgänge. Stellen Sie sich vor: ein 4- oder 5-jähriges Kind habe ich dabei ertappt, wie es seine eigenen Schlüpfer ausgewaschen hat und hab' gesagt: Um Gottes willen, warum machst du das, das kann ich doch machen? Und da sagte das Kind: Das hab' ich doch immer allein gemacht. Dieses Kind überlebte in einer Hundehütte, nachdem man hat die Eltern erschlagen hatte. Dieses Mädchen hat nie erfahren, woher sie kommt und wer sie ist. Jetzt lebt sie in Israel, ich habe sie besucht! Sie ist verheiratet, hat Kinder und ist ein glücklicher Mensch geworden."
Trude unterbrach sich. Ich machte wohl ein sehr betroffenes Gesicht.
„Jetzt nur noch positive Geschichten", sagte sie lachend.
„Das Älteste der Kinder war 12 Jahre alt, war ein unglaublich intelligentes Kind, spielte Schach. Niemandem ist es gelungen – wir haben gelegentlich doch Leute in der Jugendherberge aufgenommen, die sehr gerne mit ihm Schach gespielt haben – es ist niemandem gelungen, diesen kleinen Joseph zu schlagen. Diese Kinder waren also sechs Wochen bei uns und sind richtig manierliche, gut erzogene Kinder geworden. Später wurden sie in Privatfamilien aufgenommen. Sie sollen ganz verschwyzert gewesen sein, hat man uns nachher erzählt. Sie haben ordentlich am

Tisch gesessen, sich umgeguckt und gesagt: Was, du hast dir noch nicht die Hände gewaschen?"
Trude lachte: „Das war unsere Erziehung! Sie sind aber dann nach Israel."

Wir beschlossen eine Pause von ein paar Tagen einzulegen. Trudes „Weiterleben", nach all den Schrecknissen des Krieges, sollte das nächste Thema sein. Ich wusste einiges über sie, aber es waren viele Fragen offen. Vor allem interessierte mich, wie geht ein Mensch mit so einer Vergangenheit um? Wie lebt man als Jüdin in einer Stadt wie Frankfurt? Einer Stadt, die ehemals eine Hochburg jüdischen Lebens war. Und die heute noch unter dem Verlust der jüdischen Bevölkerung leidet, der viele Spitzen, nicht nur der Gesellschaft, auch der Wissenschaft und der Kunst angehörten. Nicht zu vergessen ist in diesem Zusammenhang das Gefüge von Stiftungen und Mäzenen, das der Stadt Frankfurt um die Jahrhundertwende einen Stempel aufgedrückt hatte. Das alles gibt es nicht mehr. Um all das ist die Stadt Frankfurt ärmer geworden. Und Trude?

„Wie haben Sie in Frankfurt weiterleben können?", fragte ich sie. *„Sie sind doch mit Ihrem Mann nach Frankfurt gekommen?"*
„Mein Mann, der ja an der Goethe-Universität Sozialpädagogik und Jugendkriminalität lehrte, hat mich in alles einbezogen. Ich habe autodidaktisch sehr viel mitbekommen, hab' auch in der Schweiz die Universität besucht, aber nicht als regulärer Hörer. Ich war sieben Jahre Jugendschöffin, das hat mir sehr geholfen und als mein Mann starb, wollte ich etwas Sinnvolles tun und bin zur Arbeiterwohlfahrt gegangen und sagte, dass ich gerne helfen würde. Ich wollte etwas in der türkischen Jugendgerichtshilfe machen, also ehrenamtlich. Sie waren sehr froh. Zuerst bin ich mit einer sehr, sehr netten Jugendgerichtshelferin vom Jugendamt in die Gefängnisse gegangen. Diese Arbeit hat mir wirklich geholfen, ich war ja todunglücklich, ohne meinen Mann. Aber als ich die Schicksale dieser jungen Menschen erlebt habe, ganz gleich, ob es Kinder waren, die von den Eltern vernachlässigt worden waren, oder sie aus anderen Gründen straffällig geworden sind, ist mir in dieser für mich schweren Zeit sogar klar geworden, trotz allem Leid, das ich gehabt hatte, war es doch ein Glück, in so einem guten Elternhaus groß geworden zu sein. Schon vor dem Krieg hatte ich in der Jugendbewegung eine Gruppe, ich habe immer gern mit Jugendlichen gearbeitet. Irgendwann in Frankfurt wurde ich praktisch ins Wasser geworfen, weil eine Klasse zum Zuhören in den Gerichtssaal kam. Dann bin ich sehr viel in die Gefängnisse gefahren, vorwiegend nach Höchst und hab' mit den Jugendlichen gesprochen. Ich habe auch ein Stück türkische Kultur kennen gelernt,

auch ihre Zerrissenheit. Einen Brief habe ich aufgehoben, den ein Jugendlicher, der ein sehr schweres Schicksal hatte, mir mit sehr ungelenker Schrift geschrieben hat: ‚Es hat noch niemand so viel für mich getan wie Sie.' Den Brief habe ich mir aufgehoben. Das war eine richtige Bestätigung für meine Arbeit."
„Ich habe darüber noch nie nachgedacht", sagte ich. *„Was ist eigentlich genau Jugendgerichtshilfe?"*
„Jugendgerichtshilfe hat die Aufgabe, ins Gefängnis zu gehen, den Jugendlichen zu befragen, wie es zu der Tat gekommen ist, die Hintergründe aufzuspüren, wenn es geht, mit den Eltern zu reden. Das war bei den türkischen Jugendlichen nicht möglich, weil ich für einen türkischen Vater keine Person war, mit der man spricht. Das war bei deutschen Jugendlichen ganz anders, aber ich hab' das ja für Türken gemacht, um herauszufinden, woran es liegt. Ein Beispiel: Wenn ein Junge der einzige Junge in einer türkischen Familie war, dann ist er sehr verwöhnt worden. Die Eltern sind so begeistert und glauben, dass er nie was falsch machen kann. Solch ein Jugendlicher kann manchmal den Gefahren, die so eine Großstadt bietet, nicht ausweichen. Das konnte ich halt dann dem Gericht erklären. Ich hatte ja keine Entscheidungsfunktion. Ich konnte nur beraten oder berichten. Auch ob noch nach Jugendrecht abgeurteilt werden soll oder schon nach Erwachsenenrecht, wenn so ein Straftäter über 18 war. Auch meine Vorschläge, was man für seine Rehabilitation tun könnte, wurden eingeholt. Es waren nur Ratschläge, aber mit der Zeit habe ich doch erreicht, dass meine Vorschläge ernst genommen wurden. Auch die Anwälte, die mich erst sehr von oben herab angeguckt haben, so nach dem Motto: Was will diese kleine Sozialarbeiterin von mir? Aber dann hat sich das gegeben und ich muss sagen, dass die Jugendgerichtsbarkeit hier in Frankfurt sehr fortschrittlich war, sehr fortschrittlich. Das habe ich sieben Jahre gemacht und wenn ich sonntags zur Erholung in den Taunus fuhr, hab' ich mich oft verfahren, weil ich ganz automatisch in das Gefängnis nach Höchst einbiegen wollte.
Aufgrund dieser Jugendgerichtshilfetätigkeit bin ich auch zum Jugendgerichtstag gefahren und hab' da sehr viel gelernt. Mein Mann hatte ja in all diesen Gremien einen sehr guten Ruf, weil er für die Erneuerung des Jugendhilferechtes gearbeitet hat. Da hat mir der Name Simonsohn, glaub' ich, auch oft geholfen. Das, was ich übrigens schamlos in meiner Tätigkeit als Jugendgerichtshelferin ausgenutzt habe, das Einzige woran mir doch lag, war, für meinen kleinen Kriminellen das Beste herauszuschlagen, ja! Ich habe immer versucht, klar zu machen, dass man nicht nur bei körperlichen Schäden eine Schonung braucht, bis man wieder gesund ist, dass auch die Seele so was braucht. Und wenn einer mich gar nicht verstehen wollte, habe ich

sehr überzeugend gesagt: Aber Sie kennen doch sicher das Buch … ? Und keiner hat darauf gewagt zu sagen, dass er das Buch nicht kennt …
Also so in dem Stil.
Aber dann habe ich, weil mir Kinder immer sehr am Herzen lagen, meinen Schwerpunkt in die Schulen verlegt. Innerhalb dieser Arbeit ist mir vollkommen klar geworden, und das ist jetzt für mich eine ganz entscheidende Sache, dass man als Überlebender des KZ die Pflicht hat, für all jene zu reden, die nicht mehr reden können. Das ist für mich eine ganz wichtige Sache.
In den Schulen habe ich einiges gelernt, man lernt sehr viel von den Schülern! Sie haben mir erzählt, dass sie ihre Eltern und Großeltern gefragt haben: wie war das damals mit den Nazis? Und die geben keine Antwort, oder sagen, sie haben nichts gewusst. Das hab' ich noch und noch gehört und immer wieder. Das heißt, dass also Eltern oder Großeltern darüber nicht reden wollen. Und das ist ein Unglück. Wir müssen immer wieder darüber reden – nur so kann man solche Tragödien in Zukunft verhindern."
„Und was bleibt?"
„Ich habe einen Sohn, mit dem Namen Michael, der heute Arzt ist. Und ich habe, was mich sehr, sehr freut, weil es für mich so wichtig ist, eine Schwiegertochter und die dazugehörigen Eltern und einen Enkel – David. Das bedeutet mir unendlich viel. Nur wenn man keine Familie hat, weiß man erst, was es heißt, alleine zu sein. Wenn man niemanden hat, der zu einem verwandt ist."
„Freunde?" fragte ich, *„die Jüdische Gemeinde?"*
„In der Jüdischen Gemeinde bin ich erst seit 1986. Das hatte bestimmte Gründe, warum ich nicht früher wollte – man hat mich schon gebeten. 1986 habe ich dann zum ersten Mal kandidiert und bin auch durch besondere Umstände gleich in den Vorstand gewählt worden. Auch wieder im Sozialbereich. Also Erziehungsberatungsstelle, etwas, was mir sehr gelegen hat. Dazu gehörten die Altersheime und der ganze Sozialbereich."
„Gibt es noch etwas, was Sie nicht geschafft haben? Was Sie sich noch wünschen würden?"
„Ich hätte mir sehr gewünscht, mit den Söhnen von Erich Engel, dem Thomas und Frank Engel, zu sprechen. Es hat mich eigentlich sehr geschmerzt, dass sie nicht mit mir sprechen wollten, denn mir wäre es wichtig gewesen, mit Menschen, die Sonja Okun gekannt haben, noch zu sprechen und mehr zu erfahren, als ich bisher wusste. Weil es für mich so sehr wichtig ist, Sonja sozusagen ein kleines Denkmal zu setzen, weil alle Menschen, die mit ihr zu tun hatten, sich das für sie gewünscht haben.

Das hätte ich mir so sehr gewünscht!"

Das war ein Interview gewesen, das mich noch lange beschäftigte. Dieser Frau war etwas ganz besonderes zu eigen. Ich wusste lange nicht, was mich so an ihr faszinierte. Ich dachte, einen Ihrer Freunde zu befragen.
Ich hatte Karl Brozik immer an der Seite Trude Simonsohns erlebt. Deshalb traute ich mich auch ihn zu fragen, ob er bereit sei, ein paar Sätze über Trude und seine Beziehung zu ihr, seine Einschätzung ihrer Arbeit, ihrer Person, für meinen Film zu formulieren. Er stimmte gleich zu, machte aber die Bemerkung, er habe eigentlich gar nichts zu sagen. Er war mir als besonders bescheidener Mensch geschildert worden, was ihn in meinen Augen sehr sympathisch machte. Wir saßen uns gegenüber bei einer Tasse Tee und ich wollte wissen, wann er Trude kennen gelernt habe.
„Ich muss ihr irgendwann mal als Kind begegnet sein", antwortete er, „weil meine Mutter und sie zusammen in der WIZO[13] gearbeitet haben. Und ich habe bereits so mit sieben oder acht Jahren dort angefangen, für diese WIZO zu arbeiten, bei den Basaren als Losverkäufer in Lotterien. Da waren beide Frauen schon im Vorstand und seit dieser ‚Zusammenarbeit' (er lachte in sich hinein) kenne ich Trude."
„*Es handelt sich also um eine Kinderbeziehung*", bemerkte ich – eher fragend, denn ich hatte sie immer für ein verstecktes Liebespaar gehalten. Auf meine Vermutung bekam ich nur ein leises Lächeln – weder ja noch nein.
Karl Brozik setzte seine Überlegungen einfach fort: „Trude ist eine sehr gradlinige, eine sehr glaubwürdige, eine sehr emotional echte Frau. Das hat mich immer für sie eingenommen, hat mich immer fasziniert. Ihre Wahrhaftigkeit ist einmalig. Ich habe auch ihre Erinnerungsfähigkeit bewundert. Wir haben mit unseren Lebensgeschichten doch auch eine Verpflichtung. Trude hat sie immer wahrgenommen. Das sind wunderbare Voraussetzungen, um sich zu engagieren, für Menschen tätig zu sein. Mit ihrer Art zu vermitteln, was sie erlebt hat und welche Konsequenzen sie daraus zieht, damit gewinnt sie sehr viel. Bei Ihren Gesprächen gewinnt sie schnell Sympathien und macht die Menschen zugänglich, um sie zu neuem Nachdenken zu bringen."
„*Ich weiß, wie engagiert sie auch in politischen Fragen ist …*", warf ich ein.

---

[13] Women's International Zionist Organization; WIZO ist die größte internationale Frauenorganisation der Welt mit 250 000 Mitgliedern in 50 Ländern und 800 Institutionen. Sie nimmt sich in zahlreichen Projekten der Frauen, Kinder und älteren Menschen in Israel an, und zwar ungeachtet deren Nationalität und Religionszugehörigkeit.

„Na ja, sie hatte eine Zeit, wo sie mit manchem in der Politik nicht zurecht kam. Das hat sich geändert, ich finde, sie ist toleranter geworden, sie ist offener geworden, sie ist auch ein Stück weicher geworden in ihrem Alter."
Jetzt hatte ich doch das Bedürfnis, mich heftig einzumischen: *„Ich bewundere Trude wegen ihrer Haltung jungen Leuten gegenüber. Ihre Offenheit und ihr Verständnis – das ist doch bemerkenswert und bei älteren Menschen eher nicht anzutreffen!"*
„Diese Eigenschaften sind unersetzbar, nicht nur bei Trude. Bei allen Überlebenden des Holocaust ist der direkte Kontakt zu jungen Leuten mehr wert als 100 Stunden theoretischer Geschichtsunterricht. Die Öffnung, die Wahrhaftigkeit, die unmittelbare Berührung, die junge Menschen haben können, wenn Überlebende mit ihnen sprechen, hinterlässt einen so tief bleibenden Eindruck und ich kenne viele Jugendliche, die aufgeweckt wurden bei solchen Begegnungen. Ihr Blickwinkel zur Geschichte, zur deutschen Geschichte hat sich verändert. Sie sind getroffen, betroffen. Sie glauben plötzlich die Dinge anders bewerten zu können. Die Theorie ist weg. Es ist Praxis. Es ist keine Geschichte, sondern es ist lebendige Vergangenheit, die sie in ihrer Gegenwart berührt. Ich finde, das ist unglaublich wichtig. Trude ist in der Vermittlung zwischen den Generationen ein leuchtendes Beispiel. Aber es müsste noch weitergehen. Ich würde mir wünschen, dass nicht jüdische Deutsche, also die, die teilweise auch auf der Täterseite gewesen sind, ebenfalls mit diesen jungen Leuten sprechen. Es geht letztendlich hier gar nicht mehr um die moralische Position derjenigen, die berichten. Sondern es geht um die Wahrhaftigkeit und die Ehrlichkeit und die Unmittelbarkeit, die diese Jugend damit erleben kann. Und aus der sie lernen kann.
Für mich ist Geschichte immer eine Erfahrung, die ich für meine Gegenwart und für meine Zukunft verarbeiten möchte. Es gibt da die subjektive Wahrnehmung: ist es genug, ist es zu viel? Ich denke, es ist nie zuviel, denn es gibt die Möglichkeit, sich auszuklinken, wenn man es nicht mehr will, aber das Angebot sollte da sein. Der 8. Mai 1995 – 50 Jahre danach hat für mich drei Kategorien: Das eine ist die Trauer. Die Erinnerung in Trauer über das, was Menschen anderen Menschen antun konnten. In diesem Fall Deutsche den Deutschen. Denn es waren großenteils deutsche Juden – Mitbürger, die zu Tode kamen, verfolgt wurden, gedemütigt. Das zweite ist Hoffnung. Trotz allem und in dieser dunkelsten Zeit, als man schon gedacht hat, nichts wird mehr menschlich sein, gab es wieder einen Schnitt, wo das Menschliche gesiegt hat. Für mich ist die Befreiung ein Sieg der Menschlichkeit, der Hoffnung. Und das dritte, was ich 50 Jahre danach empfinde, ist eine ungeheure Freude, diese Empfindung, so unglaublich privilegiert zu sein, dass ich in

Freiheit und in Frieden leben kann. Dass ich die Chance habe, in einer anderen Zeit, in einer anderen Welt zu leben. Und es ist für mich Verpflichtung, dass das in 50 Jahren für die nächste Generation genauso bleibt. Also, es sind sehr viele Gefühle, die sich um dieses Ereignis bei mir mischen. Aber eines ist für mich das tragende Gefühl: Sich erinnern zu können, in einem freien Land, sich erinnern zu können, in einer Situation in der es den Menschen, jedenfalls was ihre grundlegenden Möglichkeiten angeht, gut geht, dies ist ein Privileg, das wiederum Verpflichtung für morgen ist."

„*Das finde ich nun wieder unverhältnismäßig tolerant – die andere Seite, die Täterseite, ist doch eher gefordert, Veränderungen im Denken anzuregen. Über die Vergangenheit nachzudenken und positive Schlüsse daraus zu ziehen. Die Aufarbeitung der Nazivergangenheit hat ja erst sehr spät stattgefunden. Das Wiederaufkeimen von faschistischem Gedankengut ist doch die Quittung für diese Versäumnisse, oder sehe ich das falsch?*"

„Es gibt eine ganz banale Antwort: Einfach etwas tun. Das hat auch was mit unserer Situation in Freiheit zu tun. Wir können Verantwortung niemandem mehr delegieren. Wir werden nie sagen können, andere sind daran schuld. Wir werden nie sagen können, man musste mutig sein oder man hätte Widerstand leisten können. Wir leben in einer Zeit, in der all diese Entschuldigungen nicht mehr greifen. Das heißt, wir müssen Freiheit auch annehmen, um im Spiegelbild Eigenverantwortung zu haben. Und wer dieser Eigenverantwortung nicht gerecht wird, muss sich eines Tages im Spiegel anschauen. Und dann muss man ein Zweites tun: Man darf nicht glauben, man engagiere sich für die Minderheiten: für Juden, für Ausländer, für Asylanten, also für jemand anders. Sondern man muss endlich begreifen, dass dort, wo die Gewalt in einer Gesellschaft beginnt, sie sich gegen jedermann richtet. Wenn man sich dagegen wehrt, wehrt man sich auch für sich selbst. Es knabbert sich immer an den Rändern. Das ist so die kleine Testphase der Radikalen, der Gewalttäter. Aber letztendlich, wenn die Mehrheit einer Gesellschaft sich davon nicht betroffen fühlt, und da nichts tut, dann knabbert es ins Zentrum hinein und deswegen noch einmal: Ich engagiere mich nicht für die Andern, ich engagiere mich für mich selbst und ich hoffe, dass dadurch auch andere davon profitieren. Also dieser Pseudoidealismus für andere, das ist der falsche Ansatz. Etwas tun, immer wieder etwas tun, nicht nachlassen, nicht nachlässig werden, kleine Schritte. Beim Ich beginnen. Vielleicht sind dann Millionen Ichs genug Mauer gegen die, die letztendlich eine Mauer der Gewalt aufbauen wollen."

Und jetzt wusste ich auch, was mich so stark zu Trude Simonsohn zog: Diese absolute Unbestechlichkeit im Denken. Die unbeirrbare Ehrlichkeit im Reden und das große Herz, das sie der jungen Generation weit öffnete und dadurch so großes Vertrauen schaffte.

Personenverzeichnis:

Adler, H. G.   170, 179
Auernheimer, Raoul   62

Baeck, Leo   181
Bankel, Gestapomann Olmütz   165
Bassermann, Albert   121
Bebel, August   146
Bechmann, Trude   142
Becker, Maria   133
Beer, Rudolf   120, 121
Biederer, Hans   44
Brecht, Bert   12, 126, 130–132, 142, 143–145, 146
Brozik, Karl   200–202
Brumlik, Josef   194
Burger, Ernst   40

Cecil, Robert 1. Viscount of Chelwood   63
Celan, Paul   8
Chaplin, Charlie   61
Cot, Pierre   63
Cyrankiewicz, Józef   29

Danegger, Mathilde   138
de Jong, Isaac   109
Delarbre, Dr. Chefarzt in Murcia   96
Dollfuß, Engelbert   19

Edelstein, Jakub   178, 179
Eichmann, Adolf   171, 178, 185
Eisler, Hanns   145
Entress, Dr. Friedrich   32–35
Engel, Erich   161, 184
Engel, Frank   199
Engel, Thomas   199
Eppstein, Hedwig   171, 173–175, 178–181, 183, 184
Eppstein, Paul   171, 173–175, 178–183, 185

Feuchtwanger, Lion   142
Fischer, Ernst   95

Fleischmann, Karel   180
Franco, General Francisco   90, 98
Friedell, Egon   124
Fritta, Bedrich (Fritz Taussig)   180, 181
Fritta, Tommy (Tomáš Fritta Haas)   180, 181

Gamelin, General Maurice Gustave   23
Gerron, Kurt   174, 175
Giehse, Therese   130, 133, 136
Girardi, Alexander   142, 146
Goethe, Johann Wolfgang von   131, 143
Gorbatschow, Michail Sergejewitsch   150
Gorki, Maxim   147
Gretler, Heinrich   133
Gründgens, Gustaf   153

Haas, Erna   180
Haas, Pavel   180
Haenel, Günther   135
Hegel, Georg Wilhelm Friedrich   150
Heinz, Wolfgang   123, 130, 133, 135, 138, 142–144, 147, 153
Hemingway, Ernest   91
Hesse, Hermann   72
Heydrich, Reinhard   166, 189
Himmler, Heinrich   12, 43, 62, 69, 70
Hirschfeld, Kurt   130
Hitler, Adolf   7, 18–23, 36, 60–63, 65, 66, 68, 78, 88–90, 124, 132, 133, 167, 190
Hochwälder, Fritz   134
Hofer, Johanna   185
Hoffmann, Heinrich   67, 68
Höß, Rudolf   47, 48

Jachmann, Alfred   86
Jesus Christus   150, 162

Kagan, Raya   48
Kaiser Franz Joseph   149
Kaiser Wilhelm   69
Klehr, Josef   32, 50, 51

Klein, Josef   122
Klibansky, Josef   110
Kogon, Eugen   8, 26
Kohl, Helmut   54
Kohout, Pavel   147
Kokoschka, Oskar   76
Kolb, Dr. Walter   110
Kolmar, Gertrud   8
Kortner, Fritz   122, 153, 185
Kraus, Karl   66

Langbein, Hermann   8, 9, 12, 15–56,
Langbein, Loisi (Ehefrau von Hermann)   30
Langbein, N (Bruder von Hermann)   18, 40
Langhoff, Wolfgang   123, 130, 132, 133,
    144, 145
Leichter, Käthe   64
Lessing, Gotthold Ephraim   131
Levi, Primo   51
Lewis, Sinclair   18
Lindtberg, Leopold   130, 136
Littwack, Benko (Bernhard)   10, 12, 83–114
Littwack, Carmen (Tochter von Benko und Eva)
    89, 90, 92, 97, 100, 102, 105, 106, 109, 112
Littwack, Eva   10, 12, 83–114
Löhner-Beda, Fritz   62
Ludendorff, Erich   61

Malinowski, Rodion Jakowlewitsch   93
Mann, Heinrich   36, 126
Mann, Thomas   126
Marschalek, Hans   26
Marx, Karl   150
Masaryk, Tomáš Garrigue   163
Matejka, Viktor   12, 57–82, 135, 140, 142
Mengele, Dr. Josef   186
Moissi, Alexander   121
Molière, Jean-Baptiste   140
Müller, Heinrich   125
Murmelstein, Benjamin   21, 182, 184
Mussolini, Benito   60, 61, 91

N., Elvira, Flüchtling   188, 191
N., Gerrit, Student   52
N., Joseph, Schachspielendes Kind   196

Napoleon   190
Nestroy, Johann   139, 140, 142, 143
Neubauer, Friedrich   135

Okun, Sonja   161, 172, 174, 175, 177–179,
    181–185, 199
Olah, Franz   62
Ophüls, Max   157
Orwell, George   91
Otto, Hans   123
Otto, Teo   136

Palarczyk, (Hanka) Anna   48, 49
Pallenberg, Max   121
Paryla, Anna geb. Stöhr   120
Paryla, Emil siehe Stöhr, Emil
Paryla, Karl   10, 11, 75, 77, 78, 115–158
Pelikowsky, Erika   142, 153
Pétain, Henri Philippe   101
Picasso, Pablo   91
Polgar, Alfred   76, 156
Pollak, Dr. Frontarzt, Spanischer Bürgerkrieg   96
Pollnow, Dr. Max   175
Preminger, Otto   124
Prikryl, Rudolf   74
Pyś, (Edek) Edward   39

Radecki, Sigismund von   66
Rahm, Karl   174, 179
Raky, Hortense   133, 142, 147, 153, 157
Reinhardt, Max   122–124
Renner, Karl   78, 79
Rieth, Arthur   68
Rilke, Rainer Maria   72

Sachs, Nelly   8
Salus, Grete   47
Scheltow, Alexej   142
Schiller, Friedrich   127, 129, 131, 143
Schirach, Baldur von   72
Schmitz, Richard   62
Schnabel, Ernst   67
Schnell, Dr. Arzt, Spanischer Bürgerkrieg   96
Schönberg, Arnold   75
Schuschnigg, Kurt von   19

Schwersenz, Jizchak 195, 196
Semmelweis, Dr. Ignaz 146
Shakespeare, William 131, 157
Simonsohn, Berthold (Ehemann von Trude)
    176–179, 182, 185, 193–198
Simonsohn, David (Enkel von Trude) 199
Simonsohn, Michael (Sohn von Trude) 199
Simonsohn, Trude 12, 13, 159–203
Slánský, Rudolf 107, 108
Stalin, Josif Vissarionovič 107
Stark, Hans 37
Steckel, Leonard 130, 133
Stöhr, Emil (eigentlich Emil Paryla) 120, 129,
    131, 133, 135, 142
Strauß, Johann 119
Strehler, Giorgio 142
Stromberger, Schwester Maria 38–40
Stumpf, Eva siehe Littwack, Eva
Suttner, Bertha von 63

Tausig, Otto 136
Thorez, Maurice 23
Tolstoi, Leo 147
Torberg, Friedrich 152
Traven, B. 18

Uhlenbroock, Dr. Kurt 32, 34
Ungar, Otto 180
Ulitz, Arnold 67

Waldheim, Kurt 54, 78
Waldmüller, Ferdinand Georg 67
Weber, Horst 48
Weigel, Hans 134, 139, 140, 152
Weinert, Erich 93
Wirths, Dr. Eduard 32–35
Wotruba, Fritz 134

Publikationen der Gesprächspartner

Bücher von Hermann Langbein:

„*... nicht wie die Schafe zur Schlachtbank*". Widerstand in den nationalsozialistischen Konzentrationslagern 1938–1945, Frankfurt am Main: Fischer Taschenbuch Verlag 1980.

Menschen in Auschwitz. München: Europaverlag 1972.

Der Auschwitz-Prozeß. Eine Dokumentation, 2 Bde. Wien: Europaverlag 1965

Die Stärkeren. Ein Bericht aus Auschwitz und anderen Konzentrationslagern. Wien: Stern-Verlag, 1949.

„*... wir haben es getan".* Selbstporträts in Tagebüchern und Briefen 1939–1945. Wien: Europaverlag 1964.

Bücher von Viktor Matejka:
Katholik und Kommunist. Wien: Verlag der Berichte zur Kultur- u. Zeitgeschichte 1945.

KPÖ im Niedergang, in: Die Republik. Staatspolitische Blätter des österreichischen Nationalinstituts, Heft 1, März 1970, S. 21–28

Aus den Ansammlungen des Künstlerfreundes Viktor Matejka. Porträts, Hähne, Montagen und andere Sachen. Eine Ausstellung der Wiener Secession, Wien, 30. März bis 25. April 1982. Wien 1982.

Widerstand ist alles. Notizen eines Unorthodoxen. Wien: Löcker 1984.

Das Buch ... Nr. 2: Anregung ist alles. Wien: Löcker 1991.

Das Buch ... Nr. 3. Hrsg. von Peter Huemer. Mit einem Vorwort von Johannes Mario Simmel. Wien: Löcker 1993.

Bildnachweis:

Österreichische Nationalbibliothek, Bildarchiv Austria: S. 14, 114
IMAGNO/Franz Hubmann: S. 56
Privatarchiv: S. 82, 158

Carmen Renate Köper, geboren 1927 in Dortmund, Schauspielerin, Engagements unter berühmten Intendanten wie Schalla, Stroux, Buckwitz, Eschberg und beim Tanztheater Pina Bausch. Buch- und Drehbuchautorin, eigene Fernsehfilme und Filmarbeiten. Zahlreiche Ehrungen in Deutschland und Österreich. Lebt in Frankfurt am Main.